大学生暑期社会实践报告文丛

本研究得到教育部、农业农村部、国家林业和草原局卓越农林人才教育培养计划改革试点项目（农林经济管理“拔尖创新型”项目）及江苏省品牌专业“农林经济管理”建设的经费资助

数字乡村建设

SHUZI XIANGCUN JIANSHE

何军　李扬　主编

中国农业出版社
农村设物出版社
北　京

内容简介

伴随着我国数字乡村建设进程的加速，智能手机或将成为农民便利生产、增收致富的“新农具”。2019年，两百余名经济管理学院学生秉承深入农村、了解“三农”的理念，前往三百多个村庄，围绕农民的智能手机使用情况与功能开展大型社会调查，基于亲身经历和所见所闻，在乡土风貌中记录“三农”故事。本书汇编此次调查所形成的报告，以38个典型案例为基础，描述我国农民的“新农具”——智能手机的生产信息获取功能、销售功能、支付功能及情感交流功能，探究我国乡村基础设施数字化转型、大数据建设、治理能力现代化升级、信息惠民服务供给的逻辑与成效，为推进数字乡村建设提供智力支持。

编 写 人 员 名 单

主　编　何　军　李　扬

参　编　付亦丹　孙　冉　陈梓琪　辛怡静

前言 FOREWORD

南京农业大学经济管理学院依托农林经济管理学科A+优势，密切关注国家和地方经济社会发展动态，每年暑期以“三农”为主题展开大型社会实践活动，为解决“三农”问题提供智力支持。2019年，学院组织两百余名学生利用暑假回到自己的家乡，开展“数字乡村建设”大型社会实践活动，他们用真切的笔触记录网络化、信息化和数字化在农业农村经济社会发展中的应用，在走访调研中感受农民现代信息技能的提高而内生的农业农村现代化发展和转型进程。积极响应习近平总书记的号召，“从国情出发，从中国实践中来、到中国实践中去，把论文写在祖国大地上，使理论和政策创新符合中国实际、具有中国特色”。

本书汇集了38篇调研报告，每一篇报告都是学生们观察农村、体会农民的真情实感，尽管这些报告不一定能产生系统的数据供统计分析之用，但可以激发学生对“三农”问题观察和领悟的新想法或对已有的想法产生新疑问，从这个角度而言，这些报告是非常难能可贵的。

“数字乡村建设”从活动的设计、组织、执行到报告的汇编成集得到了经济管理学院院长朱晶教授、党委书记姜海教授等党政领导的大力支持和关心，经济管理学院团委在实地调研过程中也给予了很多的指导和帮助。另外，马艺丹、吴佳豪、王陈媛、唐永利、章筱淳、邓惠一、张芷瑜、崔佳媛等同学为文集的汇编付出了大量的时间和精力。如果没有上述领导和同学的帮助，此文集是难以与大家见面的，在此向他们表示诚挚的谢意。

路漫漫其修远兮，吾将上下而求索。我们将秉承学院优良的调研传统，在“三农”调研之路上努力前行。

编　者

2021年3月

目录 CONTENTS

第三篇 披荆寻路 揭开数字密码

第四篇 扬帆拓路 科技打造实力

附 录

第一篇 DIYIPIAN

乘风问路 聚焦新型农具

数字惠民，莘莘农情，我们一直在路上

张雨薇（经管实验171班）

实践时间：2019年7月23—24日
实践地点：河北省晋州市周边村落

2019年5月，中共中央办公厅、国务院办公厅印发了《数字乡村发展战略纲要》，明确提出建设智慧绿色乡村，注重建立层级更高、结构更优、可持续性更好的乡村现代化经济体系。在农业生产的良种繁育、田间管理、病虫害防治等环节中，利用移动互联网、物联网、云计算、大数据等为代表的新一代信息技术可提高农业生产管理效能。而农业生产领域的多环节均可由手机操控，智能手机或将成为农民便利生产、增收致富的"新农具"。本项目团队成员走进4个省7个村庄，通过问卷调查法、焦点小组访谈法、深度访谈法、个案研究法等方法对智能手机的使用情况进行调研，以期探究信息技术在农业生产领域中的作用机制，并就如何加快信息技术在农业生产中的广泛应用、提升农民利用手机发展生产能力等问题提出政策建议。

一、引言

为深入贯彻落实《数字乡村发展战略纲要》，响应中共中央办公厅、国务院办公厅对整体带动和提升农业农村现代化发展的大力号召，同时为全面落实学院"数字乡村建设"全国大型社会调研项目"悟数字经济新内涵，行惠农助农新道路"精神，我所在的团队开展了手机农产品生产经营领域机制探究调研，以服务"三农"为根本宗旨，通过返乡调研的方式分别前往安徽省马鞍山市、河北省晋州市、江苏省句容市、河南省安阳市的周边农村进行实地调研，通过对发展层次存在显著差异地区的走访调查，切实感受我国当代农村数字乡村发展现状。团队成员充分结合专业所学，通过问卷调查法、焦点小组访谈法、深度访谈法、个案研究法等多种方法进行调研。本团队力争通过社会实践探究多方共赢的经济发展模式，立足新时代国情农情，牢固树立新发展理念，助力建设数字乡村。

二、躬亲赴田野，亲历会农情

在农业生产的良种繁育、田间管理、病虫害防治等环节中，利用移动互联网、物联网、云计算、大数据等为代表的新一代信息技术可提高农业生产管理效能。而农业生产领域的多环节均可由手机操控，智能手机或将成为农民便利生产、增收致富的“新农具”。因此，本项目团队成员以手机在农业生产经营中的应用为调研切入点，以小见大，以期探究信息技术在农业生产领域中的作用机制，并就如何加快信息技术在农业生产中的广泛应用、提升农民利用手机发展生产能力等问题提出政策建议。

三、深入乡土，领悟农情

暑期时间尤为宝贵，如何充分利用现有资源在有限时间内调研到最有效信息是我们小组本次活动的出发点。在经过多次讨论后，我们小组决定利用 7 月 23 日和 24 日两天前往河北省晋州市开展重点调研活动，期望能够对晋州市周边农村的葡萄种植和蛋鸡饲养情况进行充分调研，以期了解当下农村数字经济的发展现状，并通过智能手机的应用普及情况，以小见大，探究在信息化时代背景下农产品生产经营销售的新模式。

1. 扩渠道，拓销售，探究农村发展新业态　7 月 23 日上午 10 时左右，小组成员乘车到达了晋州市安家村，受访者姚会杰先生早早迎在了村口。下车寒暄几句，热情好客的姚先生便带我们向自家葡萄园区走。

尽管还未到中午，但田地里的温度已达到 37℃之高，而且前夜刚下了大雨，地里水汽蒸腾。因为曾经有过相关调研经历，我不禁好奇，“葡萄种植不是最忌高温高湿吗？这么湿热的天气，对葡萄会有影响吗”？

姚先生微微皱眉，“这影响可就大了，尤其是在葡萄快熟阶段，一场大雨对葡萄带来的损失那是无法估计的”。的确，细看葡萄架上，7 月底成熟的夏黑葡萄已经有些许裂开了口，紫黑色的皮下隐隐翻出鲜红的果肉，让人看了煞是心疼。

姚家的葡萄采取的是套袋种植法，园子里的阳光玫瑰和夏黑葡萄均被套上了白色或绿色的袋子，可以在一定程度上起到防湿防虫的作用，但在暴雨的“杀伤”下抵抗力依旧微乎其微。据悉，该村大部分农户仍旧选用套袋种植，而非选用遮雨防虫效果俱佳的避雨棚，除了受到资金等因素限制，更多是因为不敢做第一个“吃螃蟹的人”，担心在高昂的成本面前会有亏本的风险。

见我们露出一丝惋惜的神色，姚先生话锋一转，“不过我们村有一家种植大户，他们家共承包了葡萄种植基地 70 多亩*，其中 22 亩采用了大棚种植，也算是我们村第一家开始用大棚的”。

在取得联系后，我们一行于当天下午 3 时到达了邻村吕家庄种植大户周艳辉的家中。刚进院子便不由得眼前一亮，不同于以往我所见的葡萄种植棚，周家的避雨棚有四五米之高，宽阔敞亮，顶部有好似穹顶般的弧度，下由钢筋支撑。除此之外，周家的葡萄浇灌采用了滴水灌溉的方法，且在一个小棚子里进行阳光玫瑰和食用菌轮作。经周先生介绍，一个棚子的成本大约在 5 万元，虽然成本高了，但是可以有效防湿防虫，且冬天可起到保温功效，大大减少人工成本。今年是周先生种植葡萄的第一年，是赚是亏还得两年后才能下定论，但是周先生毫不担心，反倒是胸有成竹，信心满满。

经过我们的调研和了解，周先生作为年轻一代自主经营的农场主，熟练掌握互联网等新媒体技术，在微信公众号平台上关注相关种植讯息，也乐得接受新鲜事物，经常学习网上视频分享的一些种植经验。因此周先生并非打了无准备的仗，而是有备而来。同时，周先生通过微信等社交平台与河北省某所高校取得了联系，获得了该校的科研技术支持。在强大的社会资本与知识支撑下，周先生成为村子里敢想并且敢于尝试新种植方法的第一人。

在我们的问卷调研中，周先生拿出手机给我们看他所关注的涉农 App，“一亩田”“农商通”等多个与农产品交易、农技支撑相关的 App 不禁让人啧啧称赞，相信在两年后，周家的葡萄园里不仅能够生产出标准化、质量高的阳光玫瑰葡萄，而且能因了解市场行情而卖出好价钱。

2. 现代化，规范化，推进绿色生产新模式 7 月 24 日下午 2 时，我们一行 4 人来到了晋州市鼓城村杜云坡家中。杜云坡家饲养了 1 万只鸡，且均采用了半自动化的养殖方式，是当地出了名的养鸡大户。我们到杜家调研的初衷也是想了解现代化的蛋鸡饲养方式，探究绿色生产的养殖模式。

在杜先生的带领下，我们来到了第一家鸡棚。由于我们均未见过室内规模化养鸡方式，所以在掀开帘子的那一刻，我们的心情可以用“震惊”来描述。5 000 多只鸡分 1 700 个笼子饲养，笼子分为上、中、下 3 层，可实现自动喂

---

* 亩为非法定计量单位，15 亩=1 公顷。——编者注

养、自动给水、自动清粪。同时大棚顶头有3台自动鼓风机，水流被风带走实现室内降温，整个鸡棚不仅没有想象中的浓烈异味，而且比室外要凉爽许多。

杜先生直言，现在国家号召绿色生产养殖，提倡加大农村物联网建设力度，促进农田节水，力争建设现代设施农业园区。不过尽管已经采取了半自动化养殖模式，但是蛋鸡饲养方面依旧存在诸多问题，如拾蛋人工成本高等问题依旧存在，即便了解了全自动化生产方式可以有效解决人工成本等问题，但高昂的设备费用依然使他望而却步。如何有效降低先进设备的应用成本，使有思想、敢尝试的农民可以在现代农业中充分发挥所长，为数字乡村建设献力，将是值得我们思考的重要课题。

四、辨实情，辟思路

农村信息基础设施建设不断加快，线上线下融合的现代农业正在逐步推进，农村信息服务体系也日趋完善。有思想、敢为人先的新一代农民已经站在"互联网+"的风口浪尖，充分利用新媒体技术拓宽信息获取、生产经营、农产品销售的新渠道，努力探究互利共赢的经济发展模式。但同时，农村发展中仍存在顶层设计缺失、资源统筹不足、基础设施薄弱、区域差异明显等诸多问题，乡村数字化建设的过程中仍然存在手机应用领域受限、生产经营模式未能充分与新时代接轨的严峻现状，亟须进一步发掘信息化在乡村振兴中的巨大潜力，促进农业全面升级、农村全面进步、农民全面发展。

在本次社会实践中，本小组成员将理论与实践相结合，致力于推动"小我融入大我，青春献给祖国"主题活动的扎实有序开展，立足国情农情，切实探寻有助于多方共赢的数字乡村发展新模式。通过本次锻炼，我们提高了思想认识和社会认知水平，意识到唯有扎根田野走进乡村，方可真正意义上为乡村振兴献计献策；经过统筹规划、精心组织、周密布置、科学实施，团队成员的调查研究、解决问题的能力也得到了显著提升。

在过去，"数字乡村""农村现代化"只是一个个停留在我们脑海里、课本上的词汇。而如今，我们正努力用行动将理想化为现实，用脚步丈量当代中国农村距数字经济、智慧农业的距离。数字惠农，莘莘农情，我们一直在路上。

数字乡村催生“新农具”，迎接“新生活”

赵文欣（经管实验171班）

实践时间：2019年7月15—30日
实践地点：江苏省句容市丁家边村

随着信息化和数字化技术的迅速发展，国家陆续颁布了一系列法律法规以加强乡村信息基础设施建设，将农业与数字化相结合，旨在打造智慧农业、信息化农业，寻求数字乡村建设与发展的新道路、农民致富的新途径，为加快推进和落实乡村振兴战略注入新的动力。《数字乡村发展战略纲要》指出，数字农村既是乡村振兴的战略方向，又是建设数字化中国的重要内容，是农民现代信息技能的提高及农业农村现代化发展和转型过程。本文在数字乡村战略的背景下，基于对江苏省镇江市句容市丁家边村的入户调研，了解该村农业信息化的现状，深入思考该村信息化农业存在的问题，并探究其可能的发展选择。

一、引言

改革开放30年以来，中国的农业发展取得了瞩目的成就，农业生产和供给能力不断增强。据国家统计局数据，截至2017年，中国耕地总面积约1 348 812平方千米，中国约以世界土地面积的8.80%养活了22%的世界人口。魏后凯（2017）认为我国各种农产品的供应日益丰富，总体上解决了农产品总量不足的矛盾，实现了由“吃不饱”到“吃得饱”的转变，现在又开始由“吃得饱”向“吃得好、吃得健康、吃得安全”转变。2017年中央1号文件明确指出，“中国农业农村发展‘已进入新的历史阶段’”。我国虽然是一个农业大国，但并不是一个农业强国，我国农业的机械化程度和信息化程度远低于部分西方国家，农业生产方式和生产效率都有很大的提升空间。随着我国整体经济实力和信息化能力的增强，将农业与数字化相结合产生的智慧农业已成为农业发展新方向、新趋势。上海邦伯现代农业技术有限公司创始人张侃谕教授首先在国内提出“智慧农业”概念，并给出其确切的定义。其指出，“智慧农业就是将物联网技术运用到传统农业中去，运用传感器和软件通过移动平台或者电脑平台对农业生产进行控制，使传统农业更具有‘智慧’。除了精准感知、控制与决策管理外，从广泛意义上讲，智慧农业还包括农业电子商务、食品溯源防伪、农业休闲旅游、农业信息服务等方面的内容”。目前，国家对于智慧农业和信息化农业的关注程度不断提高，陆续颁布一系列法律法规以加强乡村信息基础设施建设，旨在寻求农业发展的新道路、农民致富的新途径，为加快推进和落实乡村振兴战略注入新的动力。

2018年中共中央、国务院印发《乡村振兴战略规划（2018—2022年）》，指出大力发展数字农业，实施智慧农业工程和“互联网＋”现代农业行动，建设具有广泛性的农村电子商务发展基础设施，加快建立健全适应农产品电商发展的标准体系。

2019年中央1号文件明确提出“实施数字乡村战略”，要求“继续开展电子商务进农村综合示范，实施‘互联网＋’农产品出村进城工程”。

2019年2月，第43次《中国互联网发展状况统计报告》显示，截至2018年12月，中国农村网民规模为2.22亿人，占整体网民的26.7%，年增长率为6.2%。在数字经济时代，乡村振兴战略的实施面临互联网、大数据、人工智能和实体经济深度融合的经济环境。

2019年5月中共中央办公厅、国务院办公厅印发《数字乡村发展战略纲要》，明确指出“加快乡村信息基础设施建设”，“发展农村数字经济”，实施“互联网＋小农户”计划，提升小农户发展能力。

由于数字乡村战略仍处于发展的初期阶段且全国各省份的数字化程度存在较大的差距，因此数字乡村相关政策的执行力度、数字乡村主要任务的落实程度都亟待考察。

二、丈量家乡土壤，探寻新型农具

我所在的团队以返乡调研的方式分别前往江苏省句容市丁家边村、安徽省马鞍山市花山区塘岔社区同意村、河北省晋州市、河南省安阳市林州市茶店镇进行实地调研。团队成员基于农业经济管理等相关专业知识，采用问卷调查法、深度访谈法等多种方法进行调研，及时结合线上形式得出的调研结果交流与讨论。

我的家乡丁家边村位于句容市市郊，距离市区约 9.5 千米。村内道路十分狭窄，只能容一辆汽车单方向通过，房屋位于道路两旁，整个村庄错落有致。据村委会干部介绍，因为丁家边村距离句容市区很近，而市区的工作机会更多，工资水平更高，所以村里几乎所有的年轻人选择在市区工作，其中部分年轻人已经在市区买房，以便为子女提供更好的教育。

但是绝大多数中青年村民选择在市区工作，居住在村内。因此丁家边村中老年人口居多，从事农业生产和种植的也以中老年人口为主。丁家边村村民既种植粮食作物、时鲜蔬菜，又从事应时鲜果的生产和销售。其中粮食和蔬菜大多用于自给，种植及销售桑葚、葡萄、西瓜等应时鲜果是丁家边村农户的主要收入来源。由于城乡距离近，城乡往返交通便利，所以丁家边村应时鲜果的运输较为方便，这极大地促进了当地应时鲜果产业的发展。

1. 新农具：使用概况 被访者购买手机的价格大多在 0 元至 2 000 元，手机的运营商涵盖移动、电信和联通，手机月消费一般是 20 元至 50 元；两位年龄偏大的农民手机不用于上网，主要用于和亲人电话联系，手机的价格也较低；使用手机的时长大约为 30 分钟，在做农活或者短时间离开家串门时均没有随身携带手机的习惯。两位老人反映手机帮助其与家人联系更加方便了，但是手机对老人的交友范围和娱乐方式完全没有影响。

另外三位农民使用手机上网，并且这三户农户均开通了无线网。使用手机上网时，关注的内容主要是新闻娱乐和微信等社交软件的信息，这三位中年人使用手机的时间较长，一般在工作（劳动）休息时间及吃饭时、临睡前使用手机。购买手机的目的更为丰富，包括方便通信联系、身边人都在使用、获取更多网上咨询及工作必须等。这三位农民认为手机带来的正面影响较多，包括与家人联系更加方便、能够获得更多资源与信息、娱乐方式更加丰富、扩大交友范围；并且手机改变了其娱乐方式，在拥有手机之前以看电视为主，现在转变为手机为主。

2. 新农具：平台使用 调研样本显示，手机网络信息对农产品生产的影响较小，农户在生产经营过程中几乎没有获取过农业保险、农技推广、农业政策法规等相关信息，也未在手机上获取生产类信息，五位农民均不曾使用过 12316 平台，但是有两位农民了解该平台；农民也未通过手机端 App 等使用物联网技术进行农业生产，没有使用相关物联网生产技术的原因包括不了解这项技术及长期固定的劳作习惯。因此农民对物联网技术了解程度较低。

3. 新农具：生产应用 调研样本中，被访者胡春花和唐良伟从事蔬菜水果的种植和销售，包括桑葚、西瓜、葡萄等当地特色应时鲜果。胡春花家庭承包4亩地，主要用于种植蔬菜和水果，亩产量约为1 250～1 500千克，亩产值能达到5 000元左右。这4亩地兜着一家人的暖意烟火，也承载着产业对于增加家庭收入的希望。农产品在土地中酝酿许久，才终于迎来收获的季节，产品的销路自然是一个大问题。胡春花表示蔬菜水果便于储存运输，往年产品销售方式主要为固定收购者上门收购，但最近3年来开始逐渐尝试网上销售渠道，销售方式主要为微信，大多是朋友购买及朋友介绍客户购买。虽然尚未尝试注册电商平台进行销售，但胡春花确信使用手机和互联网能更快地卖出农产品，并且认可电子支付比传统支付更便捷，使用电商平台无疑是增加销量的一个“金点子”，在变化不大的成本之下明显改善营收状况，我们也期待着胡春花一家能够通过手机和网络等媒介不断改善产品销售模式，把日子越过越好。

在所有被访者中，唐良伟对农业生产类信息的了解最为充分，他表示由于自己长期从事应时鲜果的销售，对天气、市场动向等信息都需要有敏锐精准的把控，因此对农业生产类的相关信息关注密切，几乎每天都在手机上通过涉农网站了解涉农相关信息。唐良伟坦言最关注的是市场供求信息，以便及时把握市场动向。唐良伟家承包地的总面积为5亩，其中1亩用于种植水稻，供以自给，另外4亩用于种植桑葚、草莓等应时鲜果，家庭年收入约为5万元。

问及电商平台的相关问题，被访农民均表示当地从来没有组织过有关使用电商平台销售的专题培训，也没有关于电商销售的鼓励或补贴政策，农民们对国家农业信息化相关政策了解程度低，甚至可能从来没有听说过。虽然丁家边村农业数字化程度较低，政府相关政策宣传工作尚不到位，但是农户们均表示如果政府进行电商平台销售产品的普及和推广，他们愿意进行尝试和使用。

4. **新农具：体验升级**　在五位被访农民中，有三位农民开通了电子支付并能够熟练地使用，且经常使用电子支付。仅有一位农民表示会在淘宝或者京东等电商平台进行网购，主要购买日常生活用品，其表示网购使得生活消费更加方便快捷，且物美价廉、品质多样性增加。大多数农民因受教育水平低而不参与网购，另外一位农民由于个人数年的消费习惯而拒绝网购。

三、勤反思，重探索

此次调研表明，丁家边村数字化农业普及程度较低，基本无人在电商平台进行销售，且农业数字化技术含量较低，目前主要局限于微信交易，销售对象大多是熟人或者是熟人介绍，尚没有农民进行电商平台销售。

丁家边村数字化农业推广和实施的主要问题有以下两点：

（1）中青年劳动力流失。丁家边村中老年人口较多，由于中老年人口的劳动能力较弱，农产品种植规模较小，因此农民大多采用零售的方式。此外，中老年人口受教育程度普遍为小学水平，并且长期以来树立的根深蒂固的农产品生产和销售习惯难以转变，对信息化新型农业生产技术的接受程度较低，因此数字化农业的推广面临较大阻碍。

（2）当地政策落实力度不足。本次调研中的农户均表示当地从来没有组织过有关使用电商平台销售的专题培训，也没有关于电商销售的鼓励或补贴政策，农民们对国家农业信息化相关政策了解程度较低，甚至有些农民表示从来没有听说过。可见当地并没有及时传达数字乡村战略的精神，政策宣传及落实情况不理想。

针对以上数字乡村发展的两个主要矛盾，经过与当地农民的深入交谈，我认为可行的解决方法包括：

（1）加快乡村信息基础设施建设。针对当地数字化水平较低，政府相关补贴政策不到位的情况，当地应加快落实《数字乡村发展战略纲要》中的十大重点任务，尤其要加强基础设施共建共享。加快农村宽带通信网、移动互联网、数字电视网和下一代互联网发展。持续实施电信普遍服务补偿试点工作，支持农村地区宽带网络发展。

（2）强化农业农村科技创新供给。针对丁家边村中青年劳动力流失的情况，当地应该加强农业农村科技创新供给。提升农业生产和销售的科技含量，鼓励技术专家在线为农民解决农业生产难题，增加农产品的附加值，从而减小中青年劳动力进城务工的比例，提高农村劳动力生产力水平。丁家边村距句容市区较近，交通运输便利，丁家边村应把握这一区位优势，联合应时鲜果产业运输公司开拓网络平台的销售渠道。

尽管目前村内农业生产、供给的数字化程度不高，但是村里人大多认可信息化农业的重要性，如果当地政府进行相关推广，丁家边村的村民愿意进行配合和学习使用。

根据本次调研，我们发现数字乡村建设的发展前景十分广阔，本团队将继续跟进数字乡村领域发展，立足新时代国情农情，秉承农经学子的责任与担当，助力数字乡村建设和乡村振兴。

挽救数字时代下的滨西荒

孙　举（经管实验171班）

实践时间：2019年7月17—25日
实践地点：江苏省扬州市江都区真武镇滨西村

笔者通过在村委会了解扬州市江都区真武镇滨西村总体概况，并对该村的八户农户以发放调查问卷的形式进行调研，对当地的手机使用现状、手机对农民生活生产方式的影响及对村集体行政方式和效率的影响进行了一些了解。基于滨西村目前的总体概况，分析了手机对农民生活和农村发展的影响，归纳了滨西村手机使用的一些特点，发现了当地数字化推广过程中的一些问题并提出了一些建议。

一、引言

随着我国经济的迅速发展和科技的不断革新，手机在农村也进入了千家万户，变得不再罕见。与以前的手机相比，智能手机有多种功能，如可以看电影、电视等，也可以通过微信、QQ等社交软件进行聊天，还可以快速了解到各行各业的信息。为促进农村经济社会的发展，加快乡村信息基础设施建设，推进农业数字化发展，我国出台了一系列相关政策。《数字乡村发展战略纲要》提出要加快乡村信息基础设施建设，大幅提升乡村网络设施水平，推广物联网在农业生产经营管理中的运用，促进新一代信息技术与农业生产相结合。

然而，尽管我国的推动乡村信息化发展政策在整体上取得较为显著的成果，对农民的生活质量有明显的改善作用，但是由于我国城乡发展不平衡，导致农村地区仍存在基础设施建设不完善，专业技术人员较少，农民对智能手机使用的认识不足等问题，我国广大农村地区信息化建设仍有较大的发展空间。

党的十九大报告提出要实施乡村振兴战略，其中要求“坚持农业农村优先发展，按照产业兴旺、生态宜居、乡风文明、治理有效、生活富裕的总要求，建立健全城乡融合发展体制机制和政策体系，加快推进农业农村现代化”。信息化建设对改善农民的生活方式、缩小城乡差距、推进农业农村现代化发展有显著性影响，本研究的意义在于，探索智慧农业在乡村的运用。数字乡村战略的实施，对于加快转变农业生产经营方式，提升农村数字化水平，通过网上销售农产品大力拓宽增收渠道、改善民生具有不可替代的作用，而手机又是农民上网以获取信息的主要渠道，因而探索手机普及如何通过一定的机制影响农村的发展具有重大价值，以期为政府进一步推进乡村信息化工作提供可行性建议。

本次调研地点为江苏省扬州市江都区真武镇滨西村，我们认为当地在乡村信息化发展的过程中可能会存在一些问题，如基础设施建设不完善、乡村数字化建设宣传不到位等。我们想要结合当地发展现状，对手机普及和现代农业发展中存在的问题进行调研。

二、滨西乡情

在入户调研之前，我们来到了滨西村村委会，向村会计了解了滨西村的基本情况。滨西村距离所属的江都区市区 21.5 千米，2018 年人均年纯收入为 28 000 元，其中第一产业比重为 85%，年末总户数为 751 户，户籍总人口为 2 421 人，其中劳动力占比为 45%，滨西村没有企业，有 17 个专业大户和 1 个家庭农场，耕地总面积为 2 975 亩，其中承包地面积为 2 554 亩，自 2006 年起发放农业补贴。村中实施了新型农村养老保险、新型农村合作医疗保险和最低生活保障金制度，参加新型农村养老保险的农户比例为 95%，参加新型农村合作医疗保险的农户比例为 80%，2018 年底有 9 户领低保。村中宗祠和家庙共有 12 个，村中有两个大姓，第一大姓人数约占总人数的 20%，村中农户对村内事务普遍不关心，参与程度不高，每次参与开会讨论的农户比例不到 2.5%，但村中农户之间的互助行为普遍存在，上级政府没有组织过非农职业技术培训，也没有组织过电商平台销售培训和智能手机使用培训，村里现在大多是一些年纪较大的人居住，也不准备投入资金来让智能手机使用更加普及。村集体发放通知的方式是在公告栏上张贴公告和上门口头通知，村集体讨论村内事务是开会和使用微信群交流，行政效率无明显变化。

三、农经学子投实践，心怀感念走滨西

1. **足准备** 在确立了研究主题之后，我们查阅了大量的资料，深入了解了数字乡村的背景、内容、问题等信息，对智能手机使用现状、对农村发展的意义等方面进行了研究，探究数字乡村的推进对农民生活生产方式的影响和对村集体行政方式和效率的影响，接着根据初步的资料收集，我们对实地调研进行了细致的安排。

首先是根据我们研究的主题及初步获得的信息先对问卷内容进行了仔细的阅读，然后筛选出与我们主题相关的一些问题。我们对农户进行问卷调查的问题主要分为四部分内容：第一部分为对于被调查人基础信息的调查，主要包括性别、年龄、自我认定健康程度、文化程度、年收入等；第二部分是被调查者的手机使用状况（包括手机使用基本情况和是否使用线上支付方式与网购）及智能手机对农业生产的影响；第三部分为对村民农地禀赋特征的调查，了解完全务农和兼业农户承包地面积、种植面积及销售渠道；第四部分是手机网络使用对村集体的影响。

2. **入基层** 在了解滨西村的基本情况后，我们共对八户农户进行调研，其中四户是主要经营小卖部的兼业农户，还有四户是完全务农的农户。同时为了解滨西村不同生产小组之间手机使用情况是否存在差异，我们在滨西村杨庄组、利民组和金庄组三个小组中各选择了一些农户进行调查。

3. **重思辨** 我们小组于 7 月 17 日与 7 月 25 日对滨西村农户进行问卷调查。在我们的调查对象中，四户兼业农户的情况基本相似，他们分别从事经营药店、小卖部、农作物种子及农药化肥店，主业均从事经营活动，所种植的蔬果和谷物也是用于家庭自给，不用于对外销售，且四户农户都拥有智能手机，主要用途是关注新闻、娱乐和通过微信与家人联系，了解一些进货和销售方面的信息，他们都是通过固定渠道进货，可以熟练使用并经常使用电子支付。他们也均认为手机可以加强自己与家人的联系。其中两个年龄较小的被调查者能熟练使用电商平台购买商品，另外两个年龄较大的被调查者则不使用电商平台进行购物，他们不选择网购的原因主要是受到个人长期消费习惯的影响。除了一户售卖农作物和农药化肥的农户关注农业方面信息外，其他农户都不关注农业信息。

另外四户完全务农的农户的情况也基本相似，年龄都在 70 岁左右，受教育程度较低，都是小学，子女外出务工或居住在城市里，他们不使用智能手机，均使用老人机或使用电话与家人朋友联系，原因是智能手机的程序操作过

于复杂而不敢使用或不认识字，也不会使用电子支付和网购，主要娱乐方式是看电视。农产品销售方式是由固定批发商收购，不愿意使用电商销售平台是因为周围无人使用。

我们所有走访对象均认为现在的农业生产信息较为准确，农业生产信息及时，也没有听说过物联网技术在农业方面的应用，不考虑使用电商去销售产品，原因主要是周围无人使用和不了解互联网技术，没有听说也没有参与过政府曾组织的有关电商平台的专题培训以及政府有关于电脑销售的鼓励或补贴政策，不了解国家农业信息化相关政策和推进措施。

四、聆听乡土旋律，吟诵新农篇章

通过这次调研，我发现滨西村信息化发展过程中主要有如下几点问题：

1. **滨西村空心化问题突出** 随着我国城镇化的快速发展，越来越多的农民离开了农村，前往城市务工。由于滨西村内没有企业也没有高中，且农村已经无法满足人们日益增长的物质生活需求，农村的生活方式，已经不再被年轻劳动力所接受，人们渴望更高质量更高水平的生活。所以大部分年轻劳动力都选择外出就业，现常年在村内居住的大多是年龄较大的人，他们受教育程度普遍是小学以下，基本不使用智能手机。

2. **农户参与度较低** 农户对新农村建设的认知度较低，缺乏认同感，在村集体事务中农户参与度较低，且对村集体行政效率有很大不满，村集体也不准备采取措施解决这方面的问题。

3. **数字平台推广欠佳** 据农民反映，他们均不了解政府曾组织的有关电商平台的专题培训，也没有听说过政府有关于电脑销售的鼓励或补贴政策，不了解国家农业信息化相关政策和推进措施，我认为这是由于村集体没有做好相关方面信息的宣传，让农民了解国家政策。

五、究大地面貌，建智慧滨西

结合滨西村目前发展中存在的问题，我认为以下措施有利于当地现代化农业的发展：

1. **招商引资，留住年轻劳动力** 吸引企业来当地建厂，企业发展有一定的经验和销售渠道，这样一来不仅不用担心技术方面的欠缺，而且不用担心销售渠道的闭塞，且可以提供就业岗位，让年轻劳动力留在村内务工，缓解农村空心化情况。

2. 推进手机使用培训，减少农民使用顾虑 手机作为一个让农民与互联网联系的载体，我们不能忽视它所能带来的效益，信息化农业在未来肯定要完成，只是农民需要时间去适应、去学习，村集体应该去宣传智能手机的便利，鼓励农民使用智能手机。

3. 鼓励农民学习种植技术，引进新品种 培训农民使用涉农网站和涉农App等平台来学习先进种植技术，了解市场需求并种植经济作物，扩大营收空间。并且，培训农民使用电商平台进行销售能有效拓宽销售途径，增加农民收入。

4. 推广网络销售渠道，打造品牌效应 在先前前往句容市白兔镇调研时，我参观了老方葡萄园，当地全村农户一起种植葡萄，共享种植技术和经验，共同脱贫致富，形成了如今的丁庄老方葡萄专业合作社，这在带领农户致富与调整农村产业结构的方面起到了极大的示范和促进作用。总结其成功经验，我认为滨西村可以成立专业合作社，筛选优质农作物品种进行种植，提高产品质量，并进行统一销售，提高当地农作物知名度，走上集生态、旅游、高效为一体的现代化农业之路。

5. 提高农户在村内事务中的参与程度，提高行政效率 加强组织间的协调与沟通，提高村委会成员的素质，明晰职责，各司其职，推动村庄公共事务的民主管理，加强村民与村委会的联系，来提高村内公共事务管理过程村民的参与度。目前滨西村主要还是使用面对面讨论的方式来讨论村内事务，这无疑会导致行政效率低下。充分使用社交软件来讨论村内事务，有利于提高行政效率，同时提高村民参与积极性。

六、望数字建设，悟“三农”真知

通过此次调研，我发现虽然滨西村手机普及率很高，但是乡村信息化并没有得到很好的发展。数字时代，滨西村虽然拥有技术，但是无法很好地掌握与运用，这与传统的生活习惯方式有关，也与村内基础设施、信息技术的宣传培训相关。如何挽救数字时代下的滨西荒，真正让数字科技融入衰败的乡村，是未来互联网等技术下乡到村必须考量的。

我认为，数字乡村建设，离不开新技术、新业态的叠加推进作用。这些年，正是借力“互联网+”，蓬勃发展的农村电商让空间上的“万水千山”变为网络里的“近在咫尺”，帮助农产品出村进城、农民脱贫增收。当前和今后一个时期，要以数据技术为支撑，在构建和完善开放的数字农业新型基础设施的基础上，从源头解决农产品出村进城“最先一公里”问题，从田间地头到城市餐桌，推动农业产供销全链条数字化升级。特别要关注的是，眼下互联网新业态——直播电商呈现了高速发展态势，在帮助农民增收脱贫、推动农村经济发展等方面发挥了重要作用。

除此之外，数字乡村要想真正融入农村，必须吸引农民参与。乡村应该实施高素质农民培育工程，不断提升农村劳动力数字化水平和能力。这是数字乡村建设能否落地见效的关键所在。要注重发挥各级政府作用，为农民提供在线培训服务，培养造就一支爱农业、懂技术、善经营的高素质农民队伍。要采取切实可行的措施鼓励人才下乡，多渠道、多形式地推动他们广泛参与数字乡村建设；要调动农民的主动性和积极性，加强对农村干部、新型农业经营主体及广大农民数字化技能和知识的培训，切实提高农民的数字化水平和能力，从而更好地助力数字乡村建设。

王家院村：想要用手机打开世界

翟天阳（农经172班）

实践时间：2019年7月17—18日
实践地点：山东省德州市王家院村

我国是典型的农业大国，而“三农”问题是我国的突出问题之一。建设数字乡村是中国现代化进程中的重要任务之一，改革开放以来，为改善广大农民群众的生活环境，提高生活水平，国家曾建设性地提出建设具有新时代特色的社会主义新农村。随着科学发展观不断深入人心，在国家的领导下，新农村建设工作陆陆续续在全国各地开展，并取得了一些可喜的成绩。在此背景下，我们在今年暑假开展了“数字乡村建设”的暑期社会实践活动。此次活动中，每位队员深入农村，走进田间地头，认真走访调查，深深感受到了近几年农村在医疗、文化、教育、养老、农业生产等方面发生的巨大变化。能取得如此重大的成就，与党和政府的正确领导是密不可分的。在调查过程中，我们看到各地结合实际，积极探索寻求适合当地发展的方法方式，促使数字化与乡村融合，为提高农民收入，实现乡村振兴提供新的视角。但由于地理与经济条件的制约，有些地方数字乡村建设凸显出诸多不适与问题，因而需要因地制宜，探索出数字乡村建设模式。

一、引言

当今时代，互联网产业飞速进步。经过20余年发展，我国网民数量跃居世界第一，6.63亿人通过网络获取新闻信息，互联网颠覆了传统媒体的信息垄断，创造了全新的信息生产传播格局。随着移动互联网的快速发展和智能手机的普及，以微信为代表的新媒体平台在人们的生活中扮演着越来越重要的角色。有关数据显示，农村居民互联网的使用量逐年上涨。本项目旨在调查研究互联网信息对农村居民生活及生产行为产生影响与否，若肯定，其影响的程度如何；乡镇之间差异性存在与否，若存在，其程度如何。

本次研究通过调查问卷等方式，调查农村居民互联网的使用程度，具体从其对农产品生产、农产品销售、网络消费情况、交流方式、农民工城市生活的影响等几个方面体现。

二、足迹：走遍王家院村

1. 走进：王家院村 王家院村位于山东省德州市德城区北郊，村机关驻地距区政府 8 千米。地处鲁西北平原，地势西高东低，南高北低。总面积 560 公顷，其中耕地面积 104 公顷。主要河流有南运河、宣惠河，境内流长 20 千米。适宜种植的农作物有小麦、玉米、地瓜等，经济作物有棉花、花生、大豆、向日葵等，杂粮有绿豆、红小豆等。主要经济状况为：新中国成立初期，全村经济总收入 5.5 万元，1978 年为 10.7 万元，2000 年为 0.4 亿元，第一、二、三产业收入比为 10∶50∶40。2000 年完成地方财政收入 86 万元，年末社会各项存款余额 0.16 亿元，农民人均纯收入 3 100 元。工业发达，位居全区、全市前列。自 1967 年先后兴建镇办集体企业、村办集体企业和个体、私营企业计 60 家，主要有华北纸业集团总公司、德州市碳素厂、德州银杉塑料有限公司、德州天福集团公司、德州亿利达饮品有限公司等。

这是一个远近闻名的模范村，全村 230 户村民靠自己的辛勤努力和改革开放的良机，大力发展高效田和制种业，种植了苹果、柿子、黄烟、葫芦、辣椒、西红柿、西瓜等作物。在创造巨大经济效益的同时，各种村务工作开展得有条有理，村里的治安良好，无刑事案件发生。村两委工作认真负责，心系村民，重视教育。村办学校为村里及附近村庄的适龄儿童提供了良好的学习条件。为此，王家院村获得了“德州市文明村庄”“德州市文明标兵”“德州市先进基层党组织”“德州市模范村委会”等多项称号。

2. 走进：数据分析 家庭基本信息：调查对象中男性占 52%，女性占 48%；年龄 45～55 岁占比最多，为 92%，45 岁以下占比 4%，55 岁以上占比 4%；被调查的 25 名村民均为汉族人；自我认定健康程度为良好及以上占比 96%，一般及以下占比 4%；文化程度为差的占比 36%，一般的占比 60%，好的占比 4%；职业为完全务农的占比 64%，兼业的占比 36%。

手机使用基本情况：在被调查者购买手机的价格方面，小于或等于 500 元的占比为 8%，500～1 000 元的占比为 76%，1 000～2 000 元的占比为 16%；在使用手机的网络运营商方面，使用移动通信的占比为 44%，使用联通通信的占比为52%，使用电信通信的占比为4%；在手机月消费方面，0～20元占比为48%，20～50元占比为52%；在是否使用手机上网方面，使用手机上网的占比88%，不使用手机上网的占比12%；在使用手机上网的群体中，每月的流量用量为1～5GB（千兆字节）占比为91%，5～10GB占比为9%；在购买手机的主要原因方面，“方便通信联系”占比为76%，“儿女及家人要求”占比为24%；在手机使用带来什么影响方面，“与家人联系更加方便”占比为88%，能够“获得更多的资源与信息”占比为8%，“娱乐方式更加丰富”占比为4%；在没有手机时，村民们的娱乐方式方面，看电视占比为44%，走亲访友占比为24%，当地民风民俗特色活动占比为20%，健身运动占比为12%；在拥有手机之后，村民们现在的娱乐方式情况，利用手机进行娱乐占比为64%，有时候使用手机、有时候和以前一样进行娱乐占比为32%，娱乐方式和以前对比未发生改变的占比为4%。

手机网络信息对农产品生产的影响：在生产经营过程中获取信息方面，天气气象类信息占比为72%，农技推广类占比为24%，农业政策法规类占比为4%；在手机上获取生产类信息的途径方面，手机短信占比为20%，涉农报纸占比为8%，涉农App占比为12%，涉农网站占比为44%，其他（如视频网站等）占比为16%；12%的村民使用手机端App等物联网技术进行农业生产；若政府进行相应物联网技术的推广和支持，96%的村民愿意进行尝试。

手机网络消费情况：64%的村民开通了电子支付功能，其中52%的村民能较熟练运用；40%的村民会选择网购，其中日常生活用品占比为88%，文教娱乐用品占比为8%，数码家电占比为4%。

三、遥望：时代赋能

通过对王家院村的调研，我认为王家院村的村民在使用手机互联网方面的能力较为欠缺，通过手机互联网获取农业生产方面的信息较少。然而，当地村民们大多很愿意接受相关的培训，提高自身的生产力；在手机网络交流与消费方面，当地村民较城镇居民的差距较小，这从另一方面说明了有一定的农业物联网培训，村民们有能力掌握并提高自身的生产能力。

通过这次入户走访，我增强了社会责任感和使命感，也学到了一些处理问题、与人沟通的技巧，受益匪浅。学校把乡村作为实践的场所，让我们参与社会，在调研的实践中有所启示，引导我们去了解乡村、感受乡村，引导我们接触社会、了解社会，增强了我们的社会责任感和适应能力；强化了我们的劳动观念，帮助我们树立正确的人生观、价值观；培养了我们的竞争意识和开拓进取的精神。

时代在进步，社会在发展，而随之而来的竞争也非常严峻地摆在了我们的面前，现代社会所需要的已经不再是单纯的知识型人才。时代赋予人才新的定义是：不仅能够驾驭新科技，具有创新意识，而且要有将科技应用于实践的能力。这要求我们在实践中不断学习，不断进步。尤其是作为新时代的农经学子，秉承农经精神，以自身所学投身“三农”事业的发展，把论文写在祖国的田野之上，用脚步丈量山河。与农民走在一起，与农业走在一起，是我们孜孜以求的目标。

信息化里“游离”的衡阳

张　锴（农经172班）

实践时间：2019年7月17—18日

实践地点：湖南省衡阳县岘山镇万山村

本文通过对衡阳县岘山镇万山村的多户家庭的调查，着重询问了手机使用的基本情况，包括手机价格、月消费、使用流量、使用手机的时长、智能手机对生活的主要影响，以及手机对农产品影响、手机网络消费情况，了解农民的切身利益和实际需求，收集数据后进行了相应的分析和处理，提出相应的政策建议。

一、引言

中共中央办公厅、国务院办公厅近日印发的《数字乡村发展战略纲要》指出，要把数字乡村摆在建设数字中国的重要位置，并提出“分四步走”实现全面建成数字乡村的远期目标，激发乡村发展新动能。

我国广大的民族地区长期以农业为产业基础，农业发展路径具有传统性，现代农业进程相对缓慢。新中国成立以来，民族地区农业发展取得了长足进步，但由于受制因素多，后劲不足，农业跨越式发展还有很大的空间。要改变这种状况，必须紧紧抓住信息化带来的历史机遇，下更大的力气推进农业信息化，提高民族地区农业的竞争力，实现由传统农业向现代农业转型的弯道超车。

我们不能将农业信息化仅仅视为一个时代概念或标签，而是要充分认识到信息化技术是农业由传统、区域性的低端产业迈向更广阔市场和高端产业的技术驱动，是农业由单一弱势产业向综合性产业转型的创新驱动力，这是信息技术与农业融合的历史机遇。

二、走遍岘山

本研究所用数据来源于社会实践组 2019 年暑假开展的问卷调查。正式调查的抽样过程是：以衡阳县岘山镇万山村的村民委员会书记所提供的易于取得数据的家庭，对每户家庭的拥有手机的成年人进行问卷调查，受访的用户年龄分布在 25～60 岁，其中 30～50 岁的受访者分布较多。

调查问卷分为家庭基本信息、手机使用基本情况、手机网络信息对农产品生产的影响、手机网络消费情况、手机网络使用对交流方式的影响五类。

三、看见岘山

1. 基本情况 农村家庭购买手机的价格都在 2 000 元以下，其中价格在 1 000～2 000 元的人数最多，占比 80%，剩余 20%为 500～1 000 元。这也很符合在乡村振兴和精准扶贫背景下，农村居民收入水平和生活水平提高的情况，同时市场上 1 000～2 000 元的手机是现代智能手机销售的主要部分，也是目前较具有性价比的选择。

受调查家庭的手机月消费量都在 20 元以上，其中 20～50 元和 50～100 元的群体居多，100 元以上的较少。在调查过程中，20～50 元的大多为年龄小于 35 岁的在外务工的农村男性以及在家主持少量农活的农村家庭妇女，50～100 元的群体大多为年龄在 40 岁以上，在外打工收入较高或村中相关部门的男性小领导。农村中男女收入不平等的情况较为严重，妇女因大多在家主持农活，收入相对男性较低，影响到了其手机消费的能力。同时，年轻的外出打工男性因工作经验的有限，其收入相对 40 岁以上的男性劳动者较低，影响到了其手机的消费能力。而当地的小卖部的老板和村委会书记的通信需求量较大，所拥有的通信卡的数量也较大，月消费量较高也合情合理。

年轻的打工男性，有较大的工作压力，使用手机时长较短，且大多分布在晚上睡前及饭后的闲暇时间，而年龄较大的务工男性与前者相似，但其在工作中有少许可以使用手机的闲暇时间。在调查的衡阳县岘山镇万山村中男性大多外出务工，是家庭收入的支柱。

2. 手机网络信息对农产品生产的影响 大多数的调查对象使用手机获取的信息为天气气象类，少数人专注相关政策、疫情和农产品质量安全管理。主要是因为天气密切关系到每一天的活动决策，无论是生产还是生活中的小事件都与天气密切相关。

调查的群体中，都未使用过互联网相关的生产技术。大多数人都比较关注他人是否会使用新技术，他们表示别人用了如果有用他们才会用，并不会想当先驱去进行尝试。比起新技术带来的潜在收益，他们更加担心会造成无谓的损失。

3. **手机网络信息对农产品销售的影响** 本次调查中，因为考虑到问卷的问题负荷量较大，对其产量、种植量等问题未进行询问，仅仅询问了手机对其销售的影响。调查形式主要为面对面访谈。

在交谈的过程中，我们询问了小卖部的老板和一些卖农产品的农户，从他们口中得知，他们销售农产品的形式还是以传统的到集市摆摊为主，有时会在村中的微信群中进行一些线上交易，但都是在微信好友或者较为熟悉的人之间，线上交流需要多少的商品量，然后送货上门，线上或者线下支付。

同时在询问他们是否与大型或小型电商有过合作的情况中，他们表示从未在电商平台上销售过自己的农产品，因为没有一个完善的运输链，他们无法联系到能够较好运输他们农产品的运输者。而且并未受到过或者听说过电商平台销售的培训，也没有收到相应的补贴。

调查的农户，都开通了电子支付，这与当地所有超市和小卖部都有微信和支付宝扫码支付的二维码有关。其中调查的群体大多都能很熟练地使用电子支付，而不熟练的群体主要是年龄较高的妇女。能否熟练地使用电子支付与其使用频率密切相关。

4. **手机网络使用对交流方式的影响** 在使用智能手机之前交流方式以打电话和发短信为主，占比 67%，近距离时以串门和面对面交流为主，占比 33%。而在使用了智能手机以及微信 App 普及之后，所调查的对象都会选择微信，且部分对象能够同时使用 QQ 和微信两种媒介，微信成为他们业余生活的主要娱乐和与他人交流的方式，从调查的过程中可以知道微信占据了他们至少 90%的社交。

但是在对村委会书记的调查中了解到，虽然微信已然成为交流的主要方式，但当遇到重大事件，如村中需要商讨事件或召开会议的时候，采取的都是面对面交流的方式，而并非使用微信等媒介来讨论。虽然微信在开会的全程中只是充当一个将各委员聚集在一起的角色，但它的出现仍大大提高了他们开会和决策的效率，很多数据和图片都能够高清地显示在手机上，让人更加直观、清楚地了解到关键信息。

四、倾听岘山

1. 手机：使用 万山村的居民大多数使用的是 2 000 元以下价格的手机，而这个价位的手机大多是国产的中低端定位的手机，本身可以使用的功能较少，手机系统优化程度不足，再加上农村居民受教育程度低，能够熟练使用的手机功能也较少，因此在村民身上，将手机应用与农业生产相结合的意识仍比较匮乏。

他们手机月费平均都在 50 元左右。据统计，这已然高于城市的话费使用平均水平，再加上客观情况下，城市居民会在部分活动中寻求手机话费的折扣和优惠，实际每月消费可能会比农村低很多。这样的消费状况对于收入较低的农村地区显然不够合理。

因此，若村委会能够开展相关的手机使用知识普及，让农村居民能够更好地使用手机的功能，并且采取每月消费更低的话费管理方式，将有利于极大减轻村民消费负担，提升村民生活幸福指数。

2. 手机：农产品生产 调研地手机功能的普及程度较低，使用频率不高，因此该地的居民大多只会使用天气信息来辅助农业生产的现状也符合客观逻辑推断。

但是从关于 12316 的使用情况这一结果来看，当地村民对这一平台的认知度很低，虽然表现出一定的可接受态度，但仍反映出了一些问题：第一种可能，12316 平台的设计仍需改善，进一步贴合农民的切实需求，当然这只是一种推论，是否成立还需要进一步比较其他地区该 App 的使用状况；第二种可能，当地村民在农业生产方面，更多倾向于自给自足，而鲜少有余量进行对外销售，自然也不需要现代 App 来辅助生产；第三种可能，当地对 App 的推广程度存在不足，信息相对闭塞，相关的产业知识和平台优势没能得到足够的阐述；第四种可能，村民更倾向于传统的生产方式和销售渠道，对新事物的理解能力和接受能力有待提高。

不管是以上哪一种可能，都表明要在当地推广使用信息化 App 来辅助农业生产仍然困难重重。但道阻且长，行则将至。数字融入乡村振兴是必然的时代趋势，也是发展的必然要求。相关部门应加大对乡村的扶持力度，安排技术人员下乡推广相关农业 App 的使用，切实把农业生产和现代技术结合起来，让当地农民真正能够使用互联网来惠及农业。

而且，出于相对闭塞的地理环境和客观的社会条件，当地村民的思想观念仍然较为落后和盲从，在该地推广“互联网＋农业”，一定要抓典型，树立模范，以“少部分”带动“大多数”，先在各个“点”上取得一定成绩，再树立榜样作用，由“点”带“面”，让其他“随大流”的居民使用起来。

3. 手机：农产品销售 从我们的进一步调查中发现，当地农产品销售采取较为传统的“集市摆摊＋微信联系销售”的形式。这种方式的销售量仅限于一定规模，集市的销售时间严格控制在固定某天或是一天中的某个时间段，所销售的范围都仅限在本村镇，市场受众一般为村中的熟人。且在村庄之中，从事农业生产及在本地销售的群体也较为固定，市场规模小，受众面窄，且产品多用于内部消化，没有拓展对外销售的渠道。若能利用手机这一媒介，依托互联网这一渠道，就能有效扩大市场规模，扩大收入来源。

当地的农业并不具有规模经济，仅是小规模的自给自足，并不具备在电商平台上销售的能力，要想引进电商，拓宽对外销售的渠道，必须先得采取规模化生产的方法，让产品达到一定的产量和规模，保证供应，再考虑外销与电商的环节。

当然在规模化之前，最重要、最核心的部分，是找到一条切实可行、符合当地客观发展条件的产业发展道路。如若没有因地制宜谋求发展，在不适宜的产业之上，强行规模化反而是一种经济上的浪费。想让农村脱贫，既可以依托当地优越的自然条件，发展特色农业，又可以引进工业企业，利用村庄之中的剩余劳动力。或者，以丰富的劳动力本身作为一种资源，进入城市寻求合适的工作积累资本，再回到家乡建设村庄。

当地的微信普及程度尚属乐观，当地居民甚至能够使用微信进行农产品的出货，这就有效证明互联网在惠及农业上的有效性。但是，相关平台较低的普及率，则对设计环节和宣传环节提出较高的要求。一是要将用户体验和市场需求反馈到产品设计之中，抓住广大农民切实的利益和用户痛点；二是要加大宣传力度，让平台的优势真正惠及农民。

4. 手机：网络消费情况 当地的电子支付使用频率较高，而网络购物使用情况却很少，可见这两者之间并没有必然的联系，电子支付取代的是现金支付，可见在“不携带现金”这种减少交易成本的行为上，大家都具有相当的需求。而网络购物之所以在当地没有能够形成一定规模的需求，一是因为物流服务在农村的普及度不高，二是因为农村村民的需求较低，对产品异质性的追求程度低。普通的零售超市便能满足一家人的日常需求，自然也没有网购的必要。针对这一现象，发展完善物流系统是需要的，但更重要的是，要真正发展农村经济，一代又一代的人去努力解决人民对美好生活的向往与不平衡、不充分的发展之间的矛盾。厚植村民的经济底气，增加当前可支配收入和未来收入预期，才能激发他们的消费潜力，追求生活品质的多样性。

5. 手机：情感交流　调查数据显示，微信在该地已经达到了100%的普及度，说明数字化、信息化已经真正走进了农村，与村民的生活密不可分。并且，当地的集会、决策都能利用微信联系的图片信息分享这一辅助形式，已经是较为难能可贵的存在。以手机和互联网提高政务效率，节约时间成本，说明“数字乡村”的意识已经在村庄扎根，且村民都乐于接受这一更加便捷、经济的形式。

数字化下的乡村，正一步步迈向日新月异的前景。在科技影响下，传统的农村既在时代之中变得愈加年轻和富有活力，在新鲜血液的注入下奔涌向前，又保持了原有的质朴、纯粹，不在时代的浪潮里迷失自我。如今的农村，让我觉得我们在做一项极具意义的工作。在希望的田野上，看它披星戴月而来，看它满载归去。

陈行村的数字未来

谢颖菲（农经172班）

实践时间：2019年7月17—18日
实践地点：江苏省扬州市江都区仙女镇陈行村

数字乡村是指乡村依托数字经济的发展，以现代信息网络为重要载体，以数字技术创新为乡村振兴的核心驱动力，实现乡村生产数据化、治理数据化与生活数据化，不断提高传统产业数字化、智能化水平，加速重构经济发展与农村治理模式的新型经济形态。以江苏省扬州市江都区仙女镇陈行村的农户为样本，询问农户关于手机使用、上网和是否有网购，农户家中是否有承包土地以及所产粮食的销售渠道等方面的情况，整理所得到的数据，进行分析，得到相关的回归模型，分析影响数字化程度的不同因素及其重要性，探讨陈行村的现有农业生产和技术模式，了解数字经济发展的现状，并对陈行村未来数字乡村的发展提供一些政策启示。

一、引言

2018年，中共中央、国务院印发的《乡村振兴战略规划（2018—2022年)》指出，大力发展数字农业，实施智慧农业工程和“互联网＋”现代农业行动，建设具有广泛性的农村电子商务发展基础设施，加快建立健全适应产品电商发展的标准体系。

2019年中央1号文件明确指出“实施数字乡村战略”，要求“继续开展电子商务进农村综合示范，实施‘互联网＋’农产品出村进城工程”。这是2014年“加强农产品电子商务平台建设”之后，相关概念连续第6年出现在中央1号文件中，为培育和壮大农业农村数字经济做好顶层设计。

2019年2月，第43次《中国互联网发展状况统计报告》显示，截至2018

年 12 月，中国农村网民规模为 2.22 亿人，占整体网民的 26.7%。在数字经济时代，乡村振兴战略的实施面临互联网、大数据、人工智能和实体经济深度融合的环境经济。

2019 年 5 月 16 日，中共中央办公厅、国务院办公厅印发《数字乡村发展战略纲要》。

二、看：数字乡村

数字乡村是伴随网络化、信息化和数字化在农业农村经济社会发展中的应用，以及农民现代信息技能的提高而内生的农业农村现代化发展和转型进程，既是乡村振兴的战略方向，又是建设数字中国的重要内容。

实施数字乡村战略主要分为四个阶段：第一阶段（到 2020 年），数字乡村建设取得初步进展。农村互联网普及率明显提升，农村数字经济快速发展，“互联网＋政务服务”加快向乡村延伸，网络扶贫行动向纵深发展，信息化在美丽宜居乡村建设中的作用更加显著。第二阶段（到 2025 年），数字乡村建设取得重要进展，城乡数字鸿沟明显缩小。4G 在乡村进一步深化普及，5G 创新应用逐步推广。农村流通服务更加便捷，乡村网络文化繁荣发展，乡村数字治理体系日趋完善。第三阶段（到 2035 年），数字乡村建设取得长足发展。城乡数字鸿沟大幅缩小，农民数字化素养显著提升。农业农村现代化基本实现，城乡基本公共服务均等化基本实现，乡村治理体系和治理能力现代化基本实现，生态宜居的美丽乡村基本实现。第四阶段（到本世纪中叶），全面建成数字乡村，助力乡村全面振兴，全面实现农业强、农村美、农民富。

数字乡村可以使乡村居民更加便捷地多途径获得外面世界的信息变革和发展经验，这为乡村振兴实施中的社会培育，提高乡村社会信息服务和发展水平，实现农业现代化创造了前所未有的条件。

三、探：数字经济

数字经济是指一个经济系统，在这个系统中，数字技术被广泛使用并由此带来了整个经济环境和经济活动的根本变化。数字经济也是一个信息和商务活动都数字化的全新的社会政治和经济系统。企业、消费者和政府之间通过网络进行的交易迅速增长。数字经济主要研究生产、分销和销售都依赖数字技术的商品和服务。数字经济的商业模式本身运转良好，因为它建立了一个企业和消费者双赢的环境。

数字经济发展为乡村产业振兴提供了新兴的电子商务平台。数字经济已经深刻融入我国经济社会各领域，正成为推动经济发展质量与效率提升的驱动力。长期以来，对乡村经济发展和农业产业收入一个重要的影响因素，是农产品从生产到销售的网络建设很不完善，以往更多依靠实体性农产品市场来解决销售渠道建设问题，但互联网为农产品市场提供了一个不受时间和地域限制的“24 小时市场”。

数字经济带给涉农产业更大的影响推动体现在重组产业组织系统，升级产业链条，提高了农业产业的能级和效率。数字经济以数字技术创新为核心驱动力，数字技术具有天然的渗透性、融合性和赋能性。作为一种融合性经济，主体虽然属于实体经济，但又必须依托数字技术和传统行业深度融合，借助数字技术赋能传统行业，通过新的生产力要素嵌入促进生产效率提高，促进高质量发展。

发展农村数字经济有利于：推进农业农村大数据中心和重要农产品全产业链大数据建设，推动农业农村基础数据整合共享；推进农业数字化转型。加快推广云计算、大数据、物联网、人工智能在农业生产经营管理中的运用，促进新一代信息技术与种植业、种业、畜牧业、渔业、农产品加工业全面深度融合应用；创新农村流通服务体系。实施“互联网+”农产品出村进城工程，积极发展乡村新业态。推动互联网与特色农业深度融合，发展创意农业、认养农业、观光农业、都市农业等新业态，促进游憩休闲、健康养生、创意民宿等新产业发展，规范有秩序发展乡村共享经济。

四、研：入户寻访

为全面了解江苏省扬州市江都区仙女镇陈行村网络覆盖率、数字经济发展现状及发展条件等情况，本文进行理论抽样，将农户按照种植养殖规模划分成为大农户和小农户，小农户中又分为兼业农户和农民工。笔者通过发放线下和线上问卷以及对部分农户深入访谈的方式，了解不同农户对信息化的不同看法，以及使用程度，并由此分析陈行村的数字经济的发展程度。

本文中大农户（完全务农）是指承包土地在 5 亩及以上的农户，或者专业养殖某一种家禽（如养鸡场、奶牛场等），其收入完全来源于种植或养殖所得产品的销售。兼业农户是指虽然有承包地，但承包面积不超过 5 亩，家庭收入一部分来源于务农的收入，一部分来源于家庭成员外出务工的收入。农民工是指家庭收入完全来源于家庭成员外出务工所得收入，家中没有承包地或虽有承包土地，但所生产的产品仅供家庭成员使用，不进行出售。

走访发现，智能手机的覆盖率达90%，除个别老年人不使用智能手机外，其他人都使用智能机，且在所调查的人中60%的人每天使用手机时间超过3小时，30%的人使用手机超过1小时但不超过3小时，仅10%的人使用手机不超过1小时。同时，拥有智能手机者都开通并熟练掌握电子支付，并进行网购，但所有调查的农户均不会在网络平台购买种子、饲料、肥料以及相关药物。

被调查者普遍表示手机可以扩大社交范围，增加与亲朋好友的联系，使生活更加方便，也能够获得更多的新闻、娱乐等信息。但是农业政策及信息化政策的获得率不高，除两位开设农场的被调查者会主动从农业网站获取相关政策、技术信息之外，其他人都不了解相关的农业网站，也不会主动获取相关信息。

关于网络销售方面，除两位开设农场的被调查者会在电商平台销售一些农副产品，其主要产品均有特定的销售渠道和销售对象。其他人都没有在网络上进行销售，并有20%的人表示不愿意使用电商平台，其原因主要有：村里没有形成成熟的网销平台；时间成本、金钱成本太高，所获利益不足以弥补成本；缺乏相关的技术；周围没有人在使用。

五、望：陈行未来

数字乡村战略的实施应全面贯彻落实党的十九大精神，以习近平新时代中国特色社会主义思想为指引，运用信息技术进一步完善乡村数字化治理体系，提升农村地区信息化软件应用综合水平。进一步加快推进乡村智慧信息化应用，着力解决教育、医疗等农村生活中的痛点、难点问题。实施产业数字化，生活信息化，生产智能化。

发展数字经济一是推进“互联网＋教育”“互联网＋医疗”“互联网＋文化”“互联网＋农业”等，让农民更加便利地获得更多信息，不断提升公共服务均等化、普惠化、便捷化水平；二是坚持问题导向，抓住民生领域的突出矛盾和问题，强化民生服务，弥补民生短板，推进教育、就业、社保、医药卫生、住房、交通等领域大数据普及应用，深度开发各类便民应用（郭红东等，2018）。

调查结果显示，影响“数字经济”的因素主要有受教育水平、对农业及信息化政策的了解程度、使用电商平台的意愿、农户的性质等。

第一，提高农民的受教育程度，提高村民的数字化意识（王彩彩，2018）。地方政府提供相关的农业技术人员及技术指导。

第二，地方政府加大对农业政策、信息化政策的宣传。农户不使用智能生产的其中一个主要原因是不知道相关的政策或者不了解政策的含义。地方政府可以推广相关的农业网站，如 12316 及一些涉农 App。或者建立一些微信公众号、农业 App 等，及时推送一些最新的农业、信息化政策（范秉衡，2018）。与此同时，可以举办一些普及农业信息政策的村民会议，及时向村民输送最新政策并得到村民的反馈。

第三，地方政府为使用电商平台的农户提供一些扶持政策，如提供技术支持、资金支持、鼓励其他农户向其学习等。组织一些农民交流会，与会成员包括使用电商平台的农户和不愿使用电商平台的农户，由龙头企业带动数字经济的发展，除了可以共享信息之外，还可以使不愿使用电商平台的农户更加了解电商平台，促使其加入电商行列。

第四，促进土地流转，使得土地规模化使用。小农户由于承包土地少，使用电商平台的成本高于收益，因而不愿花费时间和精力在网销平台上。相较之下，大农户承包土地更多，网销和智慧农业在短期内可能造成较高成本，但从长期而言，其成本会大大缩小。因此，大农户响应农业信息化号召的意愿也更强。

新时代田集村的数字破局之路

吴　婧（工商171班）

实践时间：2019年7月19—21日

实践地点：河南省周口市鹿邑县辛集镇田集村刘庄

随着我国互联网的飞速发展和信息技术的广泛普及，信息化在发展乡村经济、实现乡村快速崛起中的作用日益凸显。数字乡村是伴随网络化、信息化和数字化在农业农村经济社会发展中的应用，以及农民现代信息技能的提高而内生的农业农村现代化发展和转型进程。为进一步实施习近平总书记在十九大提出强调的乡村振兴战略，在2020年打赢脱贫攻坚战，发展数字乡村是必不可少的环节。为探寻辛集镇田集村数字乡村发展建设现状，真正了解乡村发展建设中存在的问题及问题产生的原因，积极寻求解决问题的方法和途径，7月19—21日，我们暑期社会实践小组5人来到田集村了解相关信息，开展调研。

一、引言

我国正处在“两个一百年”奋斗目标的历史交汇期，同时也是信息化与农业农村现代化的历史交汇期。实施乡村振兴战略要紧紧抓住信息化带来的重大历史机遇，立足新时代国情农情，要将数字乡村作为数字中国建设的重要方面，加快信息化发展，整体带动和提升农业农村现代化发展。《数字乡村发展战略纲要》提出，要以习近平新时代中国特色社会主义思想为指导，全面贯彻党的十九大和十九届二中、三中全会精神，紧紧围绕统筹推进“五位一体”总体布局和协调推进“四个全面”战略布局，坚持稳中求进工作总基调，按照产业兴旺、生态宜居、乡风文明、治理有效、生活富裕的总要求，加快推进农业农村现代化，繁荣发展乡村网络文化，构建乡村数字治理新体系，培育信息时代新农民，走中国特色社会主义乡村振兴道路。

但是目前我国数字乡村建设面临三点不足：一是信息化硬件设施相对不足，二是信息化软件应用水平不高，三是农村居民的信息科学普及程度相对不高。这些问题成为制约数字乡村建设的瓶颈。

我们实践小组以河南省鹿邑县辛集镇田集村为例（辛集镇田集村位于河南省鹿邑县的最西部，与四通镇交界，由辛兴、辛旺、辛发、辛达四个村组成，取“兴旺发达”之意，311国道从此经过，位于县西部地区，北邻唐集乡，南邻任集乡，东与试量、高集二乡接壤，西与淮阳县境毗邻），对数字乡村发展建设现状进行调查。通过调查，深入采访，在收集信息的同时，重点关注农村居民现在的手机网络使用等信息数字化情况，同时了解农村居民对国家数字乡村、中国数字建设的普及程度情况。

二、田集之治

我们到田集村委会采访了当地的董先生，董先生耐心、详细地回答了我们提出的问题，包括田集村的基本情况、个人工作经历、对当地发展情况的看法及对国家乡村振兴战略的看法和感受等。从访谈中可以看出，董先生对当地发展、乡村振兴战略都比较了解，也很有自己的感受体会。他表示，尽管国家推行的乡村振兴战略非常有必要，对未来有深远影响，但是目前在他们田集村实行具体的计划还存在一定的困难。建设光网乡村，统筹推进信息通信、广播电视基础网络与道路电力等公共基础设施协同建设，进一步提升覆盖率，还有要加大扶贫力度，通过财政补助，支持在乡村提速降费，减免贫困户的网络通信资费，减少贫困农民上网成本。董先生还无奈地表示到，最大的困难还是教育普及问题，如果村民接受了良好的教育，对农业数字也能更好地接受，但是受到文化教育的局限，他们可能连最基本的手机操作也无法完成，所以要推进数字乡村的建设，关键一步应该是文化教育的推进，但这又与他们没有时间学习产生一定的冲突矛盾，所以在乡村推行建设数字乡村，还需要有更好的方案、更充足的资金等条件。

接着，我们到村中走访了几家农户，以中老年人为主。受访者结合他们自身的经历向我们提到了很多过去与现在的对比，不同农户的理解也不同，他们心目中最重要的方面都会有所差异。受访者普遍认为如今的田集村在通信建设、手机使用率、网络普及率等方面较过去都有了很大的进步，且均对乡村振兴战略持比较乐观的态度，同时表示愿意参与这一过程。接下来，我们将从手机使用情况、手机网络信息对农产品生产的影响、手机网络消费情况、手机网络使用对交流方式的影响情况、手机使用对农民工城市生活的影响这五个方面来分析说明调查结果。

1. 手机使用概况　手机持有量是衡量一个区域数字网络普及率的重要标准，在调查中我们发现几乎每个农户家中都拥有手机。手机的价格一般在1 000元左右，且每月都会有上网费用的产生，主要以手机套餐（通话、短信）和购买流量包为主。但是在交流中我们也发现了一个现象，农户使用的软件以及关注的内容集中在浏览网络视频、收听广播、交流软件上。如学生没有把手机用到学习上一样，农户也没有把手机用在农业知识的学习上。

此外，受访者普遍反映手机上网流量收费颇高，个别农户提到网络运营商基础设施不够完善。普遍希望能够降低上网流量套餐的成本并增加网络运营商的选择，极少部分农民提到提高网络速度。另外只有极个别农户提到希望能够加强农业信息在网络上的普及。

由此看来，当地农民们的着眼点依旧与网络使用费用和上网速度有关，相较之下，可以得出发展使用网络提高农民的农业知识获取能力并没有得到农民们的足够重视的结论。

2. 聚焦：生产环节　我们在走访中发现，村中的实体网络运营商数量非常少，只看到一家中国移动的店铺，但是也已经荒废，无人经营。比较有趣的是，在采访过程中有部分受访者主动提到这一点，而部分受访者却说并没有注意到。另外我们了解到，农民在生产经营过程中获取的大多是天气气象类和农业政策法规类的信息，而对于农技推广类和农产品质量监管以及社会化服务类的消息了解较少。这体现出农民还是以简单的手机使用为主，并不能真正发挥电子消息对于农业发展的实质作用。

农民也向我们反映他们在手机上获取生产类信息的途径是非常单一的，基本上都来自个体上网查询农业相关信息。这体现了当地政府及网络运营商对于手机短信、涉农手机银行、涉农 App 等途径的开发仍有很大不足，当然这也涉及成本投入的问题。当问及是否使用过 12316 平台时，农民的反应都表示从来没有听过。他们还说目前所能获取的信息并不能满足他们的生产需要且提供的农业生产信息的准确性和及时性都不好，对于农业生产实质帮助并不大。

目前为止，基本上没有农户通过手机端软件等使用物联网技术进行农业生产，了解到的原因主要集中在缺乏相应的配套设施和服务、缺乏喜欢、劳作习惯、不了解这项技术。这反映了大部分的农民生产方式仍然是传统的生产方式，效率不高。同时，较少人表示如果政府进行相应的物联网技术推广会支持使用。

3. 聚焦：网络消费　在实地探访中，我们了解到农民的网络消费水平不高，大多数仍然是以传统消费为主。一半的农民开通了电子支付方式，这也是我们比较惊讶的一点发现。但是，在开通电子支付方式的村民中，绝大部分不太能够很好地使用，多数是孩子帮忙开通的，使用频率仍然是不高的，这和我们调查的对象主要集中在中年人有很大的关系。大多数村民还表示他们很少选择使用网购，一方面觉得操作过于烦琐麻烦，另一方面，他们需要的商品在实体店都能够买得到，同时大部分认为网购存在着极大的风险。他们也从来没有在网络上购买过医疗保健品等类似商品，主要是害怕质量出现问题。

4. **聚焦：交流方式** 大部分村民表示，手机网络的使用给他们的交流方式带来了非常大的便捷。相较于以前大多使用手机电话、书信邮件、面对面这种需要时间和成本较高的方式，现在的手机网络不仅节省了时间距离，更大大地扩展了他们的交友范围和行业，带给他们意想不到的变化。中年及以下村民对于微信、QQ的使用已经比较熟练，老年村民则使用老年机，或通过家人购入智能机，但并不会熟练操作，智能机依旧只是电话服务的简单使用。另外村民们还表示，手机网络在带来便利的同时，改变了家里的氛围。吃饭时每个人拿着手机关注自己感兴趣的事，家人的交流明显减少。手机网络更是方便了村集体信息的传递，农业政策的接收也更为便利。村民们能够在网上进行村集体事务的讨论，活跃了村民们意见的沟通联系，政策的执行也更能得到村民的谅解，大大提升了执行效率。

5. **聚焦：农民工城市生活** 调查发现，智能手机在农民工城市生活中发挥了不可替代的作用。农民工更为便捷地了解到城市的信息，增强了他们的融入感。个别农民工通过微信群等方式与城市居民友好沟通交流，增进了彼此的了解，当然，这也为他们带来了更多的就业机会。

三、田集之变

按照数字乡村发展战略要求，结合乡村地区农业发展的实际情况，找准切入点和突破口，实施更加精准的政策，力争早日实现农业信息化的目标。为此，总结出以下四条建议：

1. **加快乡村地区农业信息化基础设施和新技术装备建设** 要建造一座高楼大厦，关键一步就是要打好底部基础。近年来，国家对乡村地区信息化基础设施建设进行了大规模投入，深入实施全省乡村地区新一代网络覆盖工程，加快乡村互联网基础设施、信息传输通道和信息化服务能力建设，推动乡村地区宽带发展。将宽带接入有条件的自然村，列入国家宽带接入工程的专项资金予以扶持，信息化水平显著提高。基础设施发挥较好效用要以人的运用为前提，要以提高效率实现价值最大化为目标，要让信息化基础设施“活”起来、“动”起来。加快对贫困地区互联网建设，通过对电信、移动运营商的财政补助，支持其在乡村地区提速降费，重点减免贫困户的网络通信资费，减少贫困农民上网成本。

2. 加大农业信息技术人才的培训 要建立农村电子商务培训体系，特别是要培养了解科学知识、懂得专业技术、能够熟练使用网络电商的高素质农民。长期以来，农业被贴上了“落后”的标签，大量技术人才游离于农业之外，农业技术人才不足。面对日新月异的信息技术，没有人才作支撑，乡村地区发展信息化农业只能“望洋兴叹”。所以，要下更大的力气培养更多高质量的信息技术人才，要加大对新型经营主体、返乡创业人员、农村青年、返乡大学生、农村妇女、退伍军人等重点人群进行免费互联网培训，通过示范引领，带动一批农民学习推广互联网技术。鼓励地方政府分级分层培训电商人员，增强电商学员创业培训的实效性，将培训补贴和学员开网店的利润挂钩。以淘宝、微商销售为主要模式，大量培养微型电商创业。充分发挥全省高校科研机构教育信息化的引领作用，提供职业技能指导，开展面向乡村地区的网络远程教育。

3. 提升乡村信息服务水平 进一步完善农业综合服务体系。以 12316 农业信息服务平台为依托，开展信息进村入户试点。深化信息惠民服务，组织开发商务、交通、医疗、教育等各行业应用的信息服务。建立公共就业信息服务平台，为乡村人员提供就业信息指导。推进信息服务站点建设，实现全省村级站点建设全覆盖。统筹推进农村综合服务平台建设，将村级服务场所打造成集党务、政务、村务、商务和社会服务于一体的综合服务平台，推动更多行政职能和服务事项在网上办理。

4. 加强组织领导 农村信息化建设，政府既是数字技术的投资者、管理者，更是信息服务的提供者。政府应成立数字乡村战略实施领导小组，并通过各级部门的数字乡村工作机构，统筹制定发展规划，统筹推进数字乡村战略的实施。要加大在数字乡村建设中互联网基础设施的建设，特别是对公共服务、社会治理等方面相关的网络建设要加大投资力度，并综合运用政策导向、经济、法律等手段，统筹协调，不断完善社会化专业服务体系，建立绩效考核和工作奖惩机制等，以此达成社会各界共同建设数字乡村的目标。

四、田集之思

7 月，天气炽热，在田集村的那段时间亦是如此，但小组里的每个人都坚持去做调查，走访村委会。虽然只是短短一天的实践活动，但是这一天过得非常充实。与董先生的沟通对话让我感受到了国家政策在基层乡村推进的难度与挑战，在乡村做调研也没有想象中的那么容易，当地的居民平日都要工作，家中也只是一些家庭妇女或者老人，文化程度低，有些甚至没有读过书。这对我们来说，确实是一次极大的挑战，当然我们也开阔了视野，个人能力得到了极大的锻炼。另外最让我印象深刻的是在当地做调查问卷时遇到的一位大爷，他不仅热心回答我们的问题，积极帮助做问卷，还对我们实践小组及大学生提出了期望：学习专业知识，不要辜负父母的期望，不要虚度光阴。这番言语发自肺腑，拳拳心语也让我们实践小组众人受益匪浅，树立了对未来崭新的目标。

小房申村里的智慧天地

朱金名（国贸172班）

实践时间：2019年7月19—21日
实践地点：辽宁省朝阳市双塔区孙家湾乡小房申村

继2018年中央1号文件首次提出数字乡村的概念后，近日，由中共中央办公厅、国务院办公厅印发的《数字乡村发展战略纲要》指出，通过数字经济推进乡村产业质量变革、推进农村经济效率变革、推进乡村发展动力变革、推进农业发展方式变革，从而加快我国农业农村现代化发展，进一步实现乡村振兴战略目标。因此，数字乡村不仅是乡村振兴的战略方向，而且是建设数字中国的重要内容。本次社会实践以辽宁省朝阳市为调查单位进行调查，分析该村数字建设情况及农业数字化转型的现状，并针对存在的问题提出相关改善对策。

一、数字惠民，世界方显

1. 数字时代，乡村当行　《数字乡村发展战略纲要》是为贯彻落实《中共中央　国务院关于实施乡村振兴战略的意见》《乡村振兴战略规划（2018—2022年）》和《国家信息化发展战略纲要》而制定的，由中共中央办公厅、国务院办公厅于2019年5月发布。

具体而言，“数字乡村”是伴随网络化、信息化和数字化在农村经济社会发展中的应用，以及农民现代信息技能的提高而内生的农业农村现代化发展和转型进程。当前，新一代信息技术创新空前活跃，不断催生新技术、新产品、新模式，推动全球经济格局和产业形态深度变革。加快信息化发展，建设数字国家已经成为全球共识。如何加快弥合城乡数字鸿沟，推动数字乡村建设发展，已经成为当下亟待解决的问题。

党的十八大以来，以习近平同志为核心的党中央高度重视网络安全和信息化工作，作出一系列战略决策，统筹推进网信事业快速发展。党的十九大作出建设网络强国、数字中国、智慧社会的战略决策。数字乡村是乡村振兴的战略方向，也是建设数字中国的重要内容。为贯彻落实党中央决策部署，最终研究起草《数字乡村发展战略纲要》，要求各地区各部门结合实际落实数字乡村建设。

2. 功在当代，利在千秋 数字乡村建设实质上是“三农”的信息化建设。在社会主义建设的进程中，信息化起着巨大的推动作用。随着我国现代化的不断发展，信息化早已渗透到我国经济领域的各个方面，无论是城市还是农村都在一定程度上接受着信息化时代的降临所带来的影响。目前，我国城市数字化已经有了一定的成果，为了适应城乡统筹发展的目标，也为了国家更长远的发展，积极进行数字乡村建设，实现乡村振兴刻不容缓。

二、三燕古都的数字史

小房申村位于辽宁省朝阳市双塔区孙家湾乡，这里曾经被称为“三燕古都”。小房申村环山而坐，四面都是山和农耕土地，由于外出务工和其他原因，目前，村民仅有不到20户，常年生活在村内的村民主要以务农——种植玉米、大枣等维持生计。本次社会实践以调查该村数字化建设现状以及其农业数字转型可能会遇到的问题为目的，总计调查了11户，通过问卷调查、走访调查等形式，了解了小房申村村民的现存农业生产情况，比较了我国数字建设普遍存在的缺陷以及问题，认为该村在数字乡村建设，尤其是农业数字化转型方面存在以下四个方面的阻碍：

1. 基础设施弱，网络普及难 根据调查了解，小房申村在基础设施建设方面严重不足，与我国当下欲实现的乡村振兴战略总目标及美丽乡村的标准还有较大差距。农村基础设施建设包括农业生产性基础设施、农业生活基础设施、生态环境建设及农村社会发展基础设施四个方面。

首先，该村缺乏农业生产性基础建设，村民农耕仍然主要依靠人力以及传统工具，播种、灌溉、施肥、收割、运输全靠村民自己，仅仅一次施肥大概要花半个月不等，费时费力，农业生产智能化程度较低。由于缺乏高技术水平灌溉方式，农作物生产主要依靠天气，若是赶上好时节，适时下几场雨，到了秋天就有较为可观的产量；遇上旱年，产量就会不尽如人意。大部分村民坦言：“由于近几年雨下得少，能产200千克（这里指玉米）就算好的了，产量不好的时候，上门收购的价格也低，除去化肥之类的，一年到头大概只能挣2 000

元左右。”

其次，在生活基础设施方面，要想进到村里面，几乎只能走崎岖的山路。这些山路十分窄小，车辆进入存在一定困难，某些层面上，阻碍了网络的发展。根据走访调查，该村只有在靠近公路的几家农户有条件拉网线，地处偏僻的居民则是“有心无力”，因为相关工作人员表示太远，不愿意为他们拉网线，导致他们目前还没有接触宽带上网、数字光纤这些早已常见的事物，甚至，一些村民家的电视仍采取收取信号的方式，一旦遇上雷雨天，电视就会变成“雪花屏”。村内没有路灯、公厕一类设施，农户自家的厕所仍为传统的旱厕。村内饮水多采用自家的井水，在调查时，有村民反映现在有几家井里的水都快干了，都是靠去邻居家采水。总体来说，在生活基础设施方面，小房申村存在严重的不完善现象。

再次，在生态环境建设方面，该村山林较多，但是并没有看到一些防护措施，也没有针对山林管理的一些意识培训，很不利于环境的长远发展，在这一方面还有待改善。

最后，在农村社会发展基础设施方面，该村卫生所和超市离村子所在地较远，开车也要 10 分钟的车程，村民的生活不是很便利。村里的孩子若是想上学，必须要去镇上，基本都是寄宿的方式，而这不是一朝一夕就能改变的，更需要长远的计划。

总而言之，小房申村在基础设施建设上存在严重的不足，对于互联网进入及网络的普及所需要的环境无法提供良好的条件，对农业数字化转型造成了极为不利的影响。

2. 老龄趋势凸显，文化水平受限 经过调查发现，小房申村目前长期居住的村民年龄大都在 45 岁以上，其中 60 岁以上的老人大概占 30%，女性居多。据了解，男性及年轻人很多已经迁徙，或者在外务工，村内的农活也大多数由女性村民完成。通过问卷采访，整理得到村内居民文化水平大多在小学、初中水平，总体来说村民文化水平偏低。由于年龄原因，一部分村民仍然使用“老年机”，即使是智能手机，村民也说，基本就是用一下微信，并没有涉及上网娱乐。可见，该村互联网的普及率还是较低的，除了之前提到的互联网基础建设由于道路等问题难以展开外，村民对网络的理解和接受本身也是一个严峻的问题。

另一个严峻的问题就是由文化教育水平低引起的农业新技术、新设备、新政策的接受程度低的问题。由于缺乏教育，村民对于农业部门现有的出台的相关政策关注程度低，并且不能完全完整地解读，对于 12316 平台，更是无人知晓。部分村民已经接触了网购，但是对于自己作为销售的一方经验还鲜少，并且只使用了普通的电商平台，没有通过专门的农产品经销平台进行销售。

由于缺乏专门的农业技术人员和指导人员，村民一般不轻易尝试外界推广的新品种和新技术。一是因为不了解，即使拿到手中也不会使用；二是因为风险太大，从农民所习惯的方式和品种转变到新的方式和品种，既需要时间过渡，又要承担未知冒险；三是因为资金问题，智能机器和设备的投入资金较大，考虑维护、更新等问题，一般小村落的居民没有办法长期使用这些新设备及技术。

即使以上众多的问题阻挠着小房申村农业数字化转型，但村民的思想还是相对开放的，他们表示如果政府愿意提供一些资金补贴及技术培训，他们很愿意尝试这些现代农业设备。如此可见，政府行为在弥补村民教育问题上，是必不可缺的一个环节，对促进该村农业数字化转型有着主导性作用。

3. 现代建设道阻且长，数字转型正当其时 如上面所述，小房申村目前由于村民大都年龄偏高、教育水平较低，对新设备及新品种的接受程度很低。长期以来，村民们早就已经形成了自己的农耕习惯，再加上相关政府没有提供一些新技术的培训及品种的扩展，一直以来，村内农作物都以种植大枣、玉米两种为主，农耕工具都较为落后，甚至由于没有现代化的灌溉设备，几亩地几乎全部依靠自然灌溉，也因此导致耕作过度依赖天气，收成及收益都不是很好。

村内与外界交通只有一种“过路车”，且每天只有三趟，若想去城里，很多时候依靠自驾，村内也没有固定的物流网点，很大程度上造成了村庄闭塞、农业生产水平低的状态。

而村民耕作的土地很大一部分是山地，且各家各户呈现“斑点”状分布，拥有的土地面积也从 4 亩到 12 亩不等，如果农户自家本身引进设备，就会面对资金的问题；而如果集资引进设备，那么必然会产生地理距离及资源分配不合理等问题。因此，新技术及新设备如果完全经由村民来引进，必然会引起各种矛盾，又因为政府没有针对这方面进行生产补贴的示意，所以，技术和设备现代化及更新都成为问题。

由此可见，小房申村农业现代化的程度很低，农民“现代化”的意识也不是很强，再加上道路等设施尚未达到标准等问题，它的农业数字化转型是很难的。

4. 规划环节尚薄弱，管理意识需加强 根据对村民的调查、采访，得知村民对于村委会的工作并不关注，大多数人认为国家目前的政策没有落实到他们的生活、生产中，所以很多人并不关注，即使是与他们现在农业生产相关的政策或者举措，大部分人都保持“无所谓”的态度。很多村民甚至并不知道

“三农”的概念，以及什么是“美丽乡村建设”，这也体现了目前我国乡村振兴战略还没渗透到各个地方，也说明了无论是乡村振兴，还是数字乡村建设，都面临着更长的路要走。如何提高村民参与度，或者说农民生产积极性，是我们能否成功转型、实现振兴的关键。然而，小房申村村民的积极性明显不高。

综合以上各个方面，小房申村明显缺乏村庄规划，这也是小房申村农业数字化转型至为关键的一个障碍。经过了解，小房申村两委并没有对相关农业政策进行有效的宣传推广，也没有对村民进行电商的相关培训，村两委与村民的互动不够活跃，虽然在这一方面有村民自身一部分原因，但是村两委及其他领导阶层应当承担更大的责任。

当下，小房申村村庄管理阶层缺乏更先进的农民农业生产、生活等意识，使得村庄的发展逐渐落后，农业生产停滞不前，这是不争的事实。多数案例经验表明，一个优秀的领导，是带动团队成功的关键。因此村两委应当着重提高自身的领导意识，否则，小房申村数字转型和乡村振兴都将难以起步，之前所说的改善基础设施、加强农业现代化也将无法落实。

虽然仍然存在着很多不足，但是村民也说，比起以前，现在村两委和村民之间建立了微信群，效率还是有所提高的。由此可见，智能化和现代科技的发展，能弥补村两委在时间及空间上执行政策的不足，因此，加强农业农村数字化建设是一项很重要的事情，农村数字建设与领导能力是相互渗透、相互影响、相对统一的关系。

除了以上主要四点，外出务工情况、村内企业、政府扶贫政策及就业等因素也会不同程度地影响小房申村农业数字化转型，但是可以确定，小房申村目前农业现代化程度较低，该村农业数字化转型状况不是很好，短期内尚无法实现，需要长期的规划，调动各方面的动力。

三、破发展之谜，解数字难题

通过对小房申村村民进行走访调查，分析了该村当前农业数字化建设现状，针对其存在的问题，现提出以下几项对策进行参考：

1. 加强基础设施建设，引进新技术、新设备 首先，需要加强小房申村基础设施建设，包括道路、电力、水利工程基本设施建设，必须先发展这些，让村民的生活及生产水平得到提高，才能有条件引入互联网基础设施及信息化服务等建设，强化网络覆盖功能。

其次，推进数字通信、宽带等新技术，大力发展本村网络、信息等公共设施建设，适当提升本村的光纤覆盖率，使得乡村与城市的信息化差异逐渐减小，鼓励乡村及周边自主发展关于信息、互联网等“数字化”产业，适当地给予补助。同时做好第三方沟通，减少农民上网成本，使他们接触网络更加方便、易用，切实体会到网络给他们带来的收获。

还有一个重要的方面就是，必须要加强物流建设，发展适宜乡村的物流运输方式，为新技术、新设备的引入提供条件，为促进农业数字化转型创造良好的环境基础。

2. 构建大数据平台，大力发展乡村电子商务 要想做到统筹发展，必须要联合周围村落、乡、县及省政府构建乡村发展数据平台，收集各地区农业生产信息，整合不同地区资源，找到发展循环经济、绿色农业的出路。政府要制定相关政策，支持互联网农业企业的发展，推广农业大数据精准化服务。借助其他地区物联网发展的经验，不断改善，不只是促进小房申村，更是促进全省“互联网+”现代农业发展。

而仅仅建立农业大数据平台是不够的，还要发展本村电子商务，这要求加快物流配送体系建设，包括村邮递站、快递超市等服务网络终端建设。鼓励与物流平台合作，降低农产品配送费用，更好地实现农产品“出村”计划。在有能力的情况下与淘宝、京东、苏宁易购等商务平台合作，逐渐发展本村农产品特色，扩展农产品销售渠道，实现家家户户“做老板”的目标。

3. 完善农业综合服务体系，深化信息惠民 必须进一步完善农业综合服务体系。可以以 12316 农业综合信息服务平台为依托，深化信息惠民服务，组织开发各种信息化、数字化服务，推进建立智能化的新型乡村信息综合服务网络，既要包括为农民提供就业、教育等基础信息，又要包括一些及时的农业、农村政策，以及其他重要信息。逐渐优化农业信息综合服务平台，将政府政策、农业发展、农民利益、农村社会改革与平台服务相互渗透、相适应，切实为农民的生产、生活带来便利和保障，推进乡村数字化改革，实现乡村振兴。

4. 加大农村信息人才培训，发展现代农业企业 实现农业数字化转型，最重要的一点在于如何培养农业人才、留住人才。政府应当加强对农业生产者、农产品销售人员、返乡创业人员、大学生等人群进行相关电商平台及互联网使用等方面的培训，逐渐带动农民们学习推广互联网技术，让农民逐步转型为“农业技术人员”“农业信息人才”，促进农业不仅在销售层面，而且在生产上进行数字化转型。

不仅如此，还可以通过采取政府补贴、政策优惠等方式，鼓励农民及一些大学生进行涉农创业、创新，要积极“引入”和“留住”农村信息人才，让这些人才“流动”起来，为农业数字化转型注入新血液、添加新动力，从而发展乡村经济，并带动其他方面发展，实现乡村振兴。

发展农村数字经济，建设智慧绿色乡村

王可心（国贸 172 班）

实践时间：2019 年 7 月 24—27 日

实践地点：河北省唐山市丰润区石各庄镇后常魏庄村

笔者在河北省唐山市丰润区石各庄镇后常魏庄村进行数字乡村建设调研，旨在了解乡村信息基础建设、农村数字经济、智慧绿色乡村、乡村治理能力现代化、深化信息惠民服务等方面知识与实践。通过调研地区数字乡村建设情况，我们有所思、有所想、有所悟，积极寻找我国现行乡村建设中存在的问题及问题产生的原因，总结提出相关的政策建议。

一、引言

数字乡村是伴随网络化、信息化和数字化在农业农村经济社会发展中的应用，以及农民现代信息技能的提高而内生的农业农村现代化发展和转型进程，既是乡村振兴的战略方向，又是建设数字中国的重要内容。普及数字化既是非常重要的，又是非常必要的。

目前，农村信息基础设施加快建设，线上线下融合的现代农业加快推进，农村信息服务体系加快完善，但也存在顶层设计缺失、资源统筹不足、基础设施薄弱、区域差异明显等问题，亟须进一步发掘信息化在乡村振兴中的巨大潜力，促进农业全面升级、农村全面进步、农民全面发展。我们必须要深入基层，了解当今农村信息化的基本情况。

党的十八大以来，以习近平同志为核心的党中央高度重视网络安全和信息化工作，作出一系列战略决策，统筹推进网信事业快速发展。我们要积极响应国家的号召，为推进数字乡村建设的顺利实施，作出自己的贡献。

我们团队所调研的地点是河北省唐山市丰润区石各庄镇后常魏庄村，该村共有将近500户人家，平均一家常住人口4人，老龄化状况较为严重，主要劳动力的年龄在40～50岁左右，较多年轻人口外出打工谋生。该村自来水、供电设施较为完备。村庄东西各有一个商店满足村民的日常需要，随着互联网的发展及网络购物的普及，村中也有了菜鸟驿站提供物流快递服务。村中设有村委会，村委会干部尽职尽责。该村距离唐山市三女河机场路大概20分钟的车程，可经机场路到市区，交通便利。村里民风淳朴，村民热情好客，在调研期间非常愿意支持我们的调研工作，给予了我们很多帮助，也热情地向我们分享了他们的看法，让我们了解到了他们的真实想法，是一次记忆非常深刻的调研活动，并且有很重要的意义。

二、附身大地，实情思辨

我们随机采访的村民们，年龄都偏大，文化程度较低，在家务农，或务农的同时再打一些零工，年收入也较低。

农村居民如今老龄化程度较为严重，文化程度也并不高，对于他们来说接受新鲜事物可能并不是太容易，对于现代信息的了解也比较匮乏。所以，针对农村人口普及数字乡村知识、农村信息化等，存在一定的难度。

手机的普及程度很高，基本人手一台。但是中老年阶层所使用手机的价格相对较低，价格在1 000元左右的比较多，手机的网络运营商相对分散，移动通信、电信通信、联通通信都有被调查者使用，月消费也比城镇人均支出要低，大多数高龄被调查者仅仅用手机接打电话。除接打电话外，大多在中午、晚上等休息时段使用手机，使用手机的时间在一至两个小时，大多数人认为使用手机是为了使自己和家人的联系更加方便，增加自己的娱乐方式，以及获取更多的资源与信息。在没有手机时，大多数人选择的娱乐方式是看电视和棋牌类活动（如麻将、斗地主等），在有手机之后，看电视的时间显著减少，会利用手机进行娱乐（如刷视频等）。

虽然村民们使用手机的时间及对于手机功能的使用不是特别多，但是仍然给村民的生活带来了一些改变，增加了村民了解外部信息的渠道，促使村民更容易接受新鲜事物。手机的普及对于增进数字农村的推广提供了一定的基础。同时，对村民进行手机信息的普及，让村民学会获取有利信息是非常必要的。

大多数村民在生产经营中，获取过天气气象类信息、市场供求类信息，认为天气气象类、农技推广类等信息对家庭帮助最大，几乎不在手机上获取生产类信息，没有使用过12316平台，目前可以获取的农业信息不太可以满足更高的需求，对于物联网智慧农业的使用方面，成本和技术都对其使用起到了阻碍作用。

大家对于农村网络信息的认识基本还停留在一些浅层的认知，认为物联网技术的应用需要投入大量的金钱，并且技术的学习会存在一定的难度。因此，有必要让村民学会用手机获取全方位的信息，使信息足够满足农民的需求，让物联网智慧农业带来更多的帮助，政府可以加大这方面的推广，进行相应物联网技术的推广和支持。

被调查者有一部分拥有较多土地，农产品种类大多为谷物或蔬菜水果，基本都是等待第三方来进行收购，鲜少有利用网络平台来进行销售。对于手机互联网的感知能够促使其更快更好地卖出农产品，平台销量会增加，盈利也会增加，但是由于文化程度的限制，并不觉得学习互联网、使用电商平台是容易的。身边的关于电商平台的专题培训几乎没有，对于政府农业信息化工作并不是太了解。

根据调查，大家对于农业信息的了解还是相当匮乏的，尽管觉得利用网络平台来销售农产品是一个不错的途径，但由于现实条件的限制，这一方面的推广程度还很低。教会农民使用网络平台，更大化地发挥网络平台的作用。增加电商平台的专题培训，让农民有一定程度的知识储备及经验，也是十分必要的。

大多数村民都开通了电子支付，除了一些年龄很大的老人，村内的一些商店都开通了移动支付功能，部分人也会选择网购，村内设有菜鸟驿站，方便村民取货。

尽管电子支付相对普及，但是对于年龄稍大一些的村民来说，操作并不是那么容易接受，对网络支付的安全程度、网购商品的质量还持有怀疑的态度。我们需要向村民普及安全支付意识和网上安全信息知识，让村民有良好的网络购物体验。

大多数村民认为智能手机的使用方便了与较远朋友的联系，以往与家人朋友的主要交流方式是面对面聊天和手机短信、电话交流。现在使用微信与家人朋友交流，更方便彼此的联系，也能够更好地了解朋友家人的近况。村集体联系可通过大喇叭广播、到户通知及手机联系。手机的普及一定会使信息的通知及传播更加迅速。

调研过程中出现了以下几点问题：对于数字农业、惠农信息等各种信息的了解不足，甚至没有听说过。部分村民不能熟练地使用手机。部分村民观念比较老旧，不愿尝试新鲜事物。

上述问题出现的原因可能有如下几点：首先，农村老龄化程度相对严重，并且文化程度普遍较低，对于新鲜事物的接受能力较弱。其次，农业信息以及数字农业的普及程度很低，宣传推广力度不大。并且，农村网络基础设施薄弱，不利于手机流量的使用。最后，政府等相关部门的工作还有所欠缺。

三、观新农具，悟新乡村

农村居民手机普及程度高，但是网络流量使用量不高，套餐种类相对较少。因此，手机运营商可以针对农民的需求，提供适合农民的手机套餐，减少农民使用手机的成本。

针对农村地区网络基础设施薄弱，人民的网络安全意识不高等现象，提升乡村网络设施水平，加强基础设施共建共享，加快农村宽带通信网、移动互联网、数字电视网和下一代互联网发展。持续实施电信普遍服务补偿试点工作，支持农村地区宽带网络发展。推进农村地区广播电视基础设施建设和升级改造。在乡村基础设施建设中同步做好网络安全工作，依法打击破坏电信基础设施、生产销售使用“伪基站”设备和电信网络诈骗等违法犯罪行为。

党的十八大以来，以习近平同志为核心的党中央高度重视网络安全和信息化工作，作出一系列战略决策，统筹推进网信事业快速发展，为响应国家号召，各地方政府积极推进各项方针政策，将其落到实处，提高基础工作人员的办事效率，防止贪污腐败案件的发生。

针对惠农信息的推广普及相对较少，以及有关 App 的数量质量都有一定程度的欠缺，相关部门要完善信息终端和服务供给。鼓励开发适应“三农”特点的信息终端、技术产品、移动互联网应用软件，推动民族语言音视频技术研发应用。相关研发部门要继续研发更适合农民使用、更利于农民操作、更有利农民信心的 App，并加强相关 App 的宣传推广，让农民能够正确操作使用此类 App，全面实施信息进村入户工程，构建为农综合服务平台。

建设智慧乡村，建立农业投入品的电子追溯监管体系，提升乡村生态保护信息化水平。建立全国农村生态系统监测平台，统筹山水林田湖草系统治理数据。全面提升美丽乡村建设水平。建设农村人居环境综合监测平台，强化农村饮用水水源水质监测与保护，实现对农村污染物、污染源全时全程监测。引导公众积极参与农村环境网络监督，共同维护绿色生活环境。

大力宣传数字乡村，繁荣发展乡村网络文化。要向农民普及农村信息化的好处，让其看到现实利益，加强农村网络文化阵地建设，利用网络平台，让农民看到高科技的飞速发展，以及普及智慧农村后的益处。防止农民故步自封的思想出现，遏制封建迷信、攀比低俗等，形成良好的社会风气。

统筹推动城乡信息化融合发展。推进数字乡村建设，建设互联网特色乡村，引导特色保护类村庄发挥其独特优势，避免形成新的数字鸿沟，发挥出农村独有的特色。加强信息资源整合共享与利用，推进各部门涉农政务信息资源共享开放、有效整合。

四、思实践经历，集乡村智慧

此次实践对于我来说，意义重大。它丰富了我的人生经历，让我更加深入地了解了一次调研是怎么样进行的，如何做会让一次调研更好；让我学会了与人沟通，怎样敢于张口去向他人寻求帮助，体会到小组合作的快乐，也从小组其他成员身上学到了很多与人沟通的技巧；学到了要认真地对待每一件事，怎样面对艰苦的条件并从中获得乐趣；学会了怎样整合汇总信息，怎样去思考深层次的问题。这次实践活动帮助我学到很多的知识。

“纸上得来终觉浅，绝知此事要躬行”。社会实践使我找到了理论与实践的最佳结合点。我们学生，只重视理论学习，忽视实践环节，往往在实际工作岗位上做得不够理想。通过实践使所学的专业理论知识得到巩固和提高。就是紧密结合自身专业特色，在实践中检验自己的知识。通过实践，原来理论上的模糊和浅显的印象得到了巩固，原先理论上的欠缺在实践环节中得到补偿，加深了对基本原理的理解和消化。这次调研的主题是“数字乡村”，与我们农业大学的身份非常贴切，并且调查内容农业信息对农产品销售等方面的影响，又与经济管理学院所学的内容相呼应。这次调研能够让我们反思在课堂上所学的专业知识应该如何应用到实际生活中去，怎样去做才能更有利于整个社会的发展，为社会作出自己的贡献。

“艰辛知人生，实践长才干”。通过开展丰富多彩的社会实践活动，我逐步了解了社会，开阔了视野，增长了才干，并在社会实践活动中认清了自己的位置，发现了自己的不足，也找到了自身价值。新时代对大学生提出了新要求，也设立了新标准。以无我之青春，酬祖国壮丽山河，是今后很长一段时间我将追求的目标。

在瘠薄的土地上守望数字化的田野

鲁芮妍（电商171班）

实践时间：2019年7月11—13日
实践地点：河南省周口市鹿邑县辛集镇田集村刘庄

为响应国家号召，支持学院的暑期社会实践工作，我们经济与管理学院学子结合自身专业，了解国情，接受锻炼，深入乡村。为此，开展“数字乡村建设”社会实践活动，围绕加快乡村信息基础建设、发展乡村数字经济、建设智慧绿色乡村、推进乡村治理能力现代化、深化信息惠民服务等方面叙述所调研地区数字乡村建设情况，力求发现我国现行农村建设中存在的问题及问题产生的原因，总结并提出相关的政策建议。

一、引言

围绕加快乡村信息基础建设的研究目标，本研究的主要内容是：通过对郊区村户的实地调研及政府门户数据的采集，利用当地调研得到的数据，分析国家转移支付对于乡村信息建设的强度和效度，并在深入分析农民生活改善的基础上，进一步研究农民的意愿及普及程度，最后分析不同扶贫措施对异质性农户的信息建设效果。

二、守望：数字田野

目前，许多农村信息闭塞，教育比较落后，发展农村信息服务业可以促进农村社会生活的状况、方式与观念的转变，可为农村社会的信息流通、科技和教育的普及与发展、生活条件的改善等方面开创一个崭新的局面。可以说，发展信息服务业是弥合城乡信息不对称，缩小城乡差距的重要途径。因此，建设数字乡村意义深远。

为此，数字乡村建设必须在政府的主导下推进。首先，要把数字乡村建设面向农村、农民的综合信息服务体系，这是做好信息服务业“助农”工程的关键。这也是经济管理学院积极推进和探索的工作。因此，为响应国家号召和支持学院工作，本小组到河南省周口市鹿邑县辛集镇田集村刘庄进行有关数字乡村建设情况的调研。

在进行调研之前，我们对数字乡村进行了一定程度的了解。我们了解到，数字乡村是指将涵盖乡村基础设施、农村经济、特色产业、人口卫生、文化教育、基层组织等多个方面的信息数据资源进行有效融合，建立起覆盖全省，连接省、市、县、乡、村的数字乡村信息网络平台。数字乡村平台的功能具有较强的实用性和先进性，能够以图片、数据、图标及文字等多种生动直观的形式，最好、最快、最直接、最方便地为各级人民政府提供农村工作各方面信息，从而为新农村建设的科学民主决策提供可靠依据。且随着平台建设的不断完善，它将能为所有涉农部门和投资单位提供可靠的第一手资料，为农村经济建设和投资开发打下了坚实的基础，在作为展示农村现状窗口的同时，也为将电子商务这一新兴的商务模式向农村中推广，促进农产品交流、加快农村经济的发展奠定良好的基础。

我们调查的辛集镇田集村位于河南省鹿邑县的最西部，与四通镇交界，由辛兴、辛旺、辛发、辛达四个村组成，取“兴旺发达”之意，311 国道从此经过，位于县西部地区，北邻唐集乡，南邻任集乡，东与试量、高集二乡接壤，西与淮阳县境毗邻。

我们在田集村的村委会偶遇了当地一位董先生，便趁机向董先生询问了我们关切的一些问题。董先生也耐心、详细地回答了我们的疑问，面对一些有关田集村的基本情况、个人工作经历、对当地发展情况的看法及对国家乡村振兴战略的看法和感受等问题，董先生侃侃而谈，对当地发展、乡村振兴战略都有较为充分的认知，谈起过去有着无限的缅怀，对现状有坚定的看法，夹杂着个人在时代变迁中的情感，谈及未来更多的是希冀和憧憬。

通过调查，我们发现，当我们谈及“数字乡村建设”这六个字时，大部分人眼中是茫然而陌生的，只有极个别年轻人听说过并能说出一二。但经我们仔细询问乡村振兴战略的“产业兴旺、生态宜居、乡风文明、治理有效、生活富裕”二十字方针后，农户们则明显表现出轻松和自信来，结合自身的生活经历，这几个字的含义已经在农户们的心中对应上了具体的生活场景。他们的脑海中都有自己独特的具象理解，并且提到了很多过去与现在的对比，不同农户心目中最重要的方面也各有不同。受访者普遍认为如今的田集村较过去已有了很大的进步，通信建设更好，手机使用率更高，网络普及率也有所提高，村民们在各方面均对数字乡村建设持比较乐观的态度，也表示愿意参与这一过程。接下来，将从下述几个方面分别说明调查结果。

1. **见证：数字网络普及** 手机持有量是衡量一个区域数字网络普及率的重要标准，在调查中我们发现在当地，手机普及率已基本达到100%。虽然普及率高，但手机的价格一般在1 000元左右，属于中低端智能机的定位。虽然每月都会有上网费用的产生，主要以手机套餐和购买流量包为主，但是在交流中我们也发现一个现象，农户使用的软件及关注的内容集中在浏览网络视频、收听广播、交流软件上，更多用于娱乐生活而非用于农业信息的获取或是生产知识的学习，手机依然只是一个娱乐设备，而非用于辅助生产。

此外，关于手机流量收费的问题，受访者普遍反映了手机上网流量收费较高和网络运营商基础设施不够完善两个问题，普遍提出了希望能够降低上网流量套餐的成本、增加网络运营商的选择、提高网络速度的需求。但在关于加强农业信息在网络上的普及这些有关生产方面的需求，很少有受访者表示关切。

由此看来，当地农民们的关注重心依旧聚焦于网络使用费用和上网速度这些较为普遍和基准的问题，相较之下，发展使用网络以提高农民的农业知识获取能力没有得到农民们的足够重视。

2. **见证：信息获取** 我们在走访中发现，村庄里基本没有什么实体网络运营商，在走访过程中只发现了一家已经荒废、鲜有人至的中国移动。同时，在采访过程中询问到这一点时，部分受访者提供了相关信息，但更多人表示不甚关注。调查数据显示，农民在生产经营过程中获取的信息更多聚焦于天气气象类和农业政策法规类，对于农技推广类、农产品质量监管和社会化服务类的消息了解较少。这体现出农民虽然还是能通过手机获取一些基本信息，但更多用于自娱，而并不能真正发挥电子消息对于农业发展的实质作用。

农民也向我们反映他们在手机上获取生产类信息的途径较为单一，基本上都只能采取个体上网检索相关信息的途径。这体现了当地政府及网络运营商对于手机短信、涉农手机银行、涉农App等途径的宣传力度仍然不够，有较大提高的空间。当问及是否使用过12316平台时，农民都显得茫然，从来没有听说过此类平台，自然也不存在使用的问题。他们还表示出目前所能获取的信息并不能满足他们的日常生产需要，农业生产信息的准确性和及时性都有待提高，对于农业生产实质帮助并不大。

目前为止，基本上没有农户通过手机端软件等使用物联网技术进行农业生产，了解到的原因主要集中在缺乏相应的配套设施和服务、缺乏喜欢、劳作习惯、不了解这项技术。这反映了大部分的农民生产方式仍然是传统的生产方式，效率不高。同时，较少人表示如果政府进行相应的物联网技术推广会支持使用。

3. **见证：电子支付** 在实地探访中，我们了解到农民的网络消费水平不高，大多数仍然是以传统消费为主。一半的农民开通了电子支付方式，这也是我们比较惊讶的一点发现。但是，在开通电子支付方式的村民中，绝大部分不太能够很好地使用，多数是孩子帮忙开通的，使用频率仍然是不高的，这和我们调查的对象主要集中在中年人有很大的关系。大多数村民还表示他们较少选择网购，一方面觉得操作过于烦琐麻烦，他们需要的商品在实体店都能够买到，另一方面他们认为网购存在着极大的风险。他们也从来没有在网络上购买过医疗保健品等类似商品，主要是害怕质量出问题。

4. **见证：新型社交** 大部分村民表示，手机网络的使用给他们的交流方式带来了非常大的便捷。相较于以前大多使用手机电话、写信、面对面这种需要时间和成本较高的方式，现在的手机网络不仅节省了时间距离，而且大大地扩展了他们的交友范围和行业，带给他们意想不到的变化。对于社交软件使用也已经比较熟练。但是他们却表示，手机网络在带来便利的同时，改变了家里的氛围。吃饭时每个人拿着手机关注自己感兴趣的事，家人的交流明显减少。手机网络更是方便了村集体信息的传递，农业政策的接收也更为便利。村民们能够在网上进行村集体事务讨论，活跃了村民间的沟通联系，政策的执行也更能得到村民的谅解，大大提升了执行效率。

5. **见证：流动人口** 调查发现，智能手机在农民工城市生活中发挥了不可替代的作用。农民工更为便捷地了解到城市的信息，增强了他们的融入感。个别农民工通过微信群等方式与城市居民友好沟通交流，增进了彼此的了解，当然，也为他们带来了更多的就业机会。

但部分农民工因为知识欠缺问题，不能很好地使用手机各个功能，对于“数字”的了解有一定的欠缺，不能使用网络为自己及家庭增加利益。

三、守望：信息红利

实践了解到大部分村民对于数字乡村建设没有什么概念，也不了解是什么，有什么好处。大部分家庭只是能利用手机来进行交流、沟通，对于数字乡村搭建的各大网络平台毫无了解，不清楚对自己有什么帮助，从而无法参与其中，从中获得各方面利益。并且大部分家庭的学历、知识有限，很多复杂的知识及相关操作无法自己学习，了解到也不知道该如何利用。而且大部分家庭没有配备电脑，很多电商平台也无从得知。纵然，使得经济相对落后，教育也不够普及。

对于农民而言，信息化有利于迅速提升农民生活品质。随着 4G 和有线宽带网络在农村地区的不断普及，教育、医疗等方面的优势资源可通过通信网络快速共享至农村，大幅提升农民生活品质。

不过，由于我国农村信息化水平还不够高，制约了信息化红利释放。当前，我国数字乡村建设面临三点不足：一是农村信息化硬件设施能力相对不足，二是农村信息化软件应用水平不高，三是农村居民的信息科学普及程度相对不高。这些问题已经成为制约乡村发展的瓶颈。

四、守望：实力打造

根据组员讨论及相关文献了解，我们认为应该从硬件设施、软件应用两个方面给出建议。

1. **夯实硬实力** 应该统筹规划乡村信息通信基础设施建设，加快提升农村地区信息化硬件设施能力。将信息通信基础设施建设列入国家乡村振兴战略规划，尽快出台具体的指导意见，结合农村地区地形特征和生产生活特点，统筹考虑覆盖方式、网络容量等诸多要素，加快物联网等新型网络建设，在扩大区域覆盖的同时确保精准覆盖，避免资源浪费。

同时，建议国家指导各级政府把信息通信基础设施建设列入本地乡村振兴规划，加大对通信设施的保护力度，使乡村居民用上与城市同等质量的通信网络。

范秉衡还表示，建议国家进一步加大物联网等新技术在农业生产、环境保护等方面的应用力度，在湖北、山东等农业大省组织开展“三农”物联网应用试点，打造一批“物联网示范村”，积累经验，进行全面复制推广。

2. **提升软实力** 应该运用信息技术进一步完善乡村数字化治理体系，提升农村地区信息化软件应用综合水平。国家应积极支持和推进乡村数字化治理体系建设，可选择湖北、山东等农业大省开展试点创新，探索开发、运行乡村治理信息化平台，进一步推进村民自治和村务公开；推动大数据技术支持基层治理，降低治理成本，提升施政效率。

国家应进一步加快推进乡村智慧信息化应用，着力改善教育、医疗等农村生活中的痛点、难点问题。通过“智慧教育”快速提升乡村教育水平，使乡村居民真正成为乡村发展的主体和中坚力量；通过“智慧医疗”等手段快速改善乡村公共服务条件，使乡村也能实现与城市相对均等的公共服务水平。

第二篇 DIERPIAN

起航探路
走遍故乡田野

温岭下的数字天空

徐依婷（农经 172 班）

实践时间：2019 年 7 月 19—21 日

实践地点：浙江省台州市温岭市石塘镇小箬村

信息进村入户是推动城乡融合发展的重要途径，进一步深化对信息进村入户工程重要性的认识，了解真实的乡村信息化建设与乡村振兴战略的结合程度具有非常重大的意义。本文基于对浙江省台州市温岭市石塘镇小箬村的手机互联网使用基本情况调查研究，积极探索乡村信息化建设过程中所面临的问题，进而寻求解决及优化的途径，为推进乡村振兴战略提供参考依据。

一、引言

本文是对浙江省台州市温岭市石塘镇小箬村村民进行的分析，时间为 2019 年 7 月 19—21 日，为期 3 天，一行 5 人，以根据问卷的访谈形式对小箬村信息化情况进行大概的统计了解，并且汇总分析后得出结论和建议，旨在帮助农业农村相关部门了解乡村信息化状况，推动乡村信息化发展。本次调研采取抽样调查的方式，随机走访 27 户，访谈填写数据，数据较为准确可靠。调查问卷的主要内容是围绕手机使用基本情况、手机网络消费情况、手机网络使用对交流方式的影响、手机使用对农民工城市生活的影响展开的。

数字媒体技术是个应用很宽泛的领域，它能够与各个行业合作发展。如影视媒体特效、广告的宣传制作、电商行业的营销推广、文化遗产的保护和宣传、教育和医疗行业等都有数字媒体技术的身影。在网络基础建设的普及下，数字媒体更是渗入我们日常生活之中，如朋友圈、微博、抖音短视频等。打开手机的那一刻我们就开始了数字媒体之旅。它还集合了传统媒体的所有优点。并能与受众实时互动，实现交互体验效果。

二、小箬村概况

小箬村位于浙江省台州市温岭市石塘镇，归属于东海村。该村约有100户，主要从事渔业，家中无田，不进行农产品生产，近两年旅游业发展，部分村民兼有小卖部、民宿等。此次调研共随机走访27户，约占全村户数的27%。其中男性9人，女性18人，各占总样本数33.3%、66.7%。从文化程度看，初中及以下共17人，占总样本数的62.96%，样本文化程度较低。从职业来看，兼业共19人，占总样本数的70.4%。完全务农、外出务工各4人，占总样本数的14.8%。走访的27户中，户主7人，占总样本数的25.9%；配偶4人，占总样本数的14.8%；子女或其配偶8人，占总样本数的29.6%；孙子女或其配偶1人，占总样本数的3.7%；父母2人，占总样本数的7.4%；兄弟姐妹4人，占总样本数的14.8%；其他1人，占总样本数的3.7%。总体上看，样本覆盖面较广，涉及不同年龄段及在村中的地理位置，具有较强的代表性。

手机拥有率为88.9%，绝大部分村民都拥有手机。手机的价格在1 000～2 000元的村民占44.4%；小于1 000元的占22.2%；大于2 000元的占33.3%。81.5%的村民使用手机上网，在使用手机上网的人中更倾向于新闻娱乐（81.82%）、微信社交信息（50%）、农产品行情（31.82%）、农业技术服务（27.27%）。使用手机4～6小时的村民占40.74%，1～4小时的占29.63%。在工作休息时间使用手机的村民占62.96%，临睡前使用手机的占55.56%。

对于购买手机的原因，大部分村民认为方便通信联系（70.37%）、用手机获取信息（62.96%），还有半数认为使用手机可以缓解生活压力（55.56%），大多数人在使用的从众心理（51.85%）也有很大的作用。对于使用手机的影响，与家人联系更加方便（66.67%）、获得更多信息（66.67%）影响较大；娱乐方式更加丰富（51.85%）、扩大交友范围（59.26%）也有较大的影响。

从手机使用基本情况看，现在手机在小箬村的普及率较高，且人们较多较频繁使用手机，但对于手机的使用更多是为了满足基本的通信需求和娱乐需求，对于将手机用于农业相关信息的获取较少。手机对于生活方式也有较大的改变，现在可以说几乎是离不开手机，对于手机使用的情况体现出时间长、频率高、依赖性强的特征。也反映出对手机使用方式较为单调，对更为深层次的手机结合App使用等方式了解少、应用少。

1. 手机助力农民工就业 走访显示，在外出务工的样本中，智能手机可以与老乡朋友联络沟通（75%）、更加了解城市（50%）、给衣食住行带来方便

(50%)。加入微信群和同乡联络的占比为100%，对融入城市生活发挥作用的占比为100%，其中更加了解城市50%、减少孤独感50%。

外出务工人员都拥有手机且都有加入同乡群进行关系联络，智能手机成为他们在城市生活不可或缺的工具。经过交叉分析，他们对于手机的使用更多为关注新闻娱乐（100%）；手机对于他们的影响为方便与家人联系（100%）、获得更多信息（75%）、丰富娱乐方式（50%），手机在他们的休闲娱乐中占有较大比重。

对于生活在城市的农民工，手机主要表现为娱乐和联络两大功能，对于如何将手机运用融入城市生活，他们表现出方式单一、层次浅的特点，将手机更多地作为联络工具，发挥其最基本的功能，而智能手机具有的智能化生活、数字化信息、方便化出行等功能，这类人群少有涉及。如何将手机更加多元化地使用，他们也无法知晓。

2. 手机带动网络消费增长 在拥有手机的人群中，有70.83%开通了电子支付，有54.17%可以熟练使用电子支付，62.17%使用电子支付频率较高。

对于手机网购情况，62.96%曾经或现在选择网购，他们更多地用于购买日常生活用品（76.47%）、数码家电（52.92%）及订票（58.82%）。而对于不网购的群体，他们受个人长期消费习惯（40%）、周围没人使用（40%）、不信任（20%）等原因影响。选择网购，他们都认为网购具有方便快捷、物美价廉、品种多样性、开拓视野等优势。不参加网购的群体更加认为网购增加购物风险。

手机网络消费普及度也较高，人们可以接受这一行为方式，在青年和中年群体中具有较高的使用率，老年群体使用率较低。对于消费物品的偏好为价格较低、风险较小的日常用品，实物性商品大于虚拟性服务，对于网络购物仍保有谨慎态度。在访谈中，发现该村快递收取未达到入户的地步，需至一固定地点领取快递，村民表示麻烦而减少网购。村民文化程度较低，对于网购物品的了解更多限于从图片获取信息，在几次购买中发现图片与实物不符后便对网购保持警惕。

3. 手机联络村民感情 对于村里发放通知的主要形式，有手机短信（59.26%）、村广播（59.26%）、发放通知单（48.15%）、上门口头通知（44.44%），而使用微信等方式通知仅占33.33%。对于与村集体联系的方式，前往村委会（55.56%）、电话（70.37%）等传统方式仍在该村运用。使用手机社交软件（37.04%）这种由智能手机诞生的新方式使用率较低。村中的事务讨论，见面开会占了62.96%。手机的适度使用认为使村集体行政效率提高的占48.15%，仍有29.63%认为对行政效率没有影响，甚至22.22%认为行政效率变低。

该村对于村中事务与村民的传达仍保持着传统的方式，村民对于手机可提高行政效率认可度较低，使用微信进行单对单的沟通较多，而对于群聊更多限于问候联络感情，对将微信群聊作为工作的平台传送文件、发放通知等了解甚少。村中更是没有专门的问题处理平台，村中消息以广播形式、口头形式播送，消耗人力，也会导致信息传递存在偏差、有时滞性。

三、现实探问题

针对该村的调查数据分析，归纳出该村在乡村信息化过程中以下问题并总结原因：

1. 手机使用方式单调、层次浅　该村的手机使用限于联络和娱乐，是对自我的一种联系，以及与家人间的小范围的联系，涉及村集体、社会范围内的联系少。该村主要从事渔业相关行业，接触的人群也有限，村民更多地将重心放在捕鱼、造船事业，与外界沟通少，接触的事务也少。该村全部使用方言，只有少数人会讲普通话，减少了与外界的交流。娱乐已能满足其对手机的需求，再加上繁重的渔业工作，很少有人会再去探索发现手机更多的使用方式。

2. 网络消费信息获取难　该村的村民文化程度较低，对于网上购物信息的了解停留于对图片的欣赏阶段，当遇到图实不符的情况，维权意识较低，不会通过售后与商家联系以取得赔偿，导致对网购印象差。长期生活在临海小岛，与外界的交流少，对网购这种先订单后验货的消费行为接受程度不高。

3. 网络购物“最后一步”缺失　由于地理位置的偏僻，当地的快递不能送到每家每户，增加了网购最后一步的困难，需要穿过山洞至街市领取快递，因此对于生活用品更多选择临近购买。对于大宗物品的购买，由于需要自己将货物搬运至家中，因此更倾向于进城购买能够送货上门的物品。

4. 村中行政信息化程度低　这与该村手机使用方式单调、层次浅有较大关系。在与村领导的交谈中，发现村领导文化教育程度不高，对于新鲜事物的接受较慢，村中信息更多以电话、短信通知为主。村领导集体中年轻力量比较薄弱，村民对于手机的使用方式，限制了村中通过数字化形式传递信息。对于App、村务公开、村中的微信公众号了解甚少，采用的仍为传统的行政信息传达方式。

5. 渔业与旅游业融合发展过程中缺乏信息化助力　近两年小箬村开始打造旅游业，力求旅游业和渔业协同发展。该村缺乏公众号、民宿订购平台等宣传服务手段。旅游处于层次低、服务分散、项目单调的阶段，缺乏信息化的助力，使旅游业发展滞缓。

四、发展看未来

1. **完善基础设施建设，夯实农村信息化建设基础** 目前我国广大农村地区的经济发展水平存在较大差异，因此发展农村信息化必须综合考虑多方面的因素和影响，并结合当地农村自身独特的地理位置、经济条件、人文条件及发展的实际情况，充分利用当地的现存资源，有规划、有步骤地发展农村信息化平台，向农民提供规范的、透明的和便捷的电子化公共服务。同时需要完善基础设施建设，包括快递点，延长快递服务链条，将快递服务落实到最后一步，确保网购产品入户，使人们体验网购便捷的同时加强人们网购的意愿。

2. **重视教育培训，加强信息技能使用多元化引导** 在推动农村信息化建设的过程中，提升村民的信息技术素养以及技能是一项“软工程”。有了良好的信息平台之后，还需要有懂得使用该平台功能的用户，这样才能发挥出农村信息化平台的优势。就研究掌握的数据来看，目前，由于村民接触信息化技术的方式单一，并且其文化水平相对较低，因此难以通过自学掌握使用多元的信息化技能。据此，首先，有条件的村落可以在村内开展一些新技术培训，邀请一些社会团体或者较为专业的技术人员，和村民面对面，用通俗易懂的话语，以及现场模拟操作等形式，让他们学习如何使用信息化平台；其次，在村网、移动信息亭或是触摸屏的界面上，也应当有详细的图解说明，一步一步地指导村民使用；再次，可以选择以计算机和互联网为信息化平台的中继站，以在农村中普及率更高的手机作为信息化平台的终端，降低农民使用信息化平台的门槛。

3. **借鉴发达地区，促进农村信息化政民共建** 农村信息化建设的最终目的是为村民提供更加便捷的服务。要持续完善服务，就必须不断加强与村民的交流，以满足村民的需求，这样才能最大限度地实现其服务价值。目前，城市地区的村委管理很多使用微信公众号等方便、快捷的平台，农村基层管理者可以借鉴城市地区通过手机短信、互联网等虚拟平台设置公众评价栏目或意见收集栏目，或者通过在村委会设置意见箱等方式，让村民了解信息化服务的存在，同时激发他们使用其的意愿，对其功能进行评价，进而指出其优缺点与改进建议。在收集与明确民众需求的基础上调整和完善农村信息化平台的服务。例如，在信息公开方面，可以根据用户的反馈及时调整公开的信息种类、公开的方式及公开的时间等。基层管理者按照村民的意见更有针对性地改善农村信息化平台的功能，能吸引村民更多地使用该平台，从而提高它的浏览量、利用率及服务绩效，实现农村信息化的良性发展。

4. 完善和建立旅游业的信息化，通过电子商务合理制定发展战略 目前该村谋求旅游业与渔业耦合发展，但是在旅游业发展中，要想实现信息化的发展是有一定难度的，从而导致农村旅游业的发展受到了严重的阻碍。首先要明确自身的发展路线，确定自己的旅游特色，制定一个适合自己的经营方式和发展路线，将信息化技术应用于每一个环节当中，如在制定农村旅游企业的发展路线和旅游特色时，可以通过网络去借鉴优秀旅游文化产业的发展目标和特点，吸取优秀的先进思想，制定科学和可持续发展的战略目标，针对不同的旅游群体制定不同的旅游服务，实现网上快速订票和出票，并且努力和一些知名的旅游企业和旅游 App 进行合作，完善旅游服务的项目，将目光放得更加长远，从而完善农村旅游企业的信息化发展，提高自身旅游企业的竞争力和发展力。

因此各个农村旅游企业可以充分利用电子商务这一途径，成立票务订房联盟小组，培养各户受过一定教育的人员加入联盟，轮岗制管理信息服务平台，可以将优美的风景图片、住宿环境的图片加以文字的描述，并将这些处理过的风景图片及漂亮的游客照片放在各自企业的网页上，并且设置引擎搜索，让人们更好地看见，通过这个途径可以对农村的特色旅游起到良好的宣传作用，提高农村旅游企业的知名度。同时应该完善农村旅游网站的信息和功能，完善住宿、景点、门票、旅游线路、旅游文化等相关信息，对于这些信息还要设立相应的功能板块，实现一站式查询。

五、思考想感悟

本次社会实践，通过问卷调研的形式对一个小渔村进行了乡村信息化的调研。从拿到的问卷与该渔村的基本信息情况对比来看，就发现该份问卷对该村的适用度存在一定的问题，我们实践小组将问卷进行删改，使问卷更适合小箬村。在初步的询问中，我们发现小箬村村民的文化程度较低，很多人不识字，且对“运营商”“12316”“App”等几乎不知道，为了使获得的信息更为准确且分析更为方便，我们更改原先的发放问卷填写的方式，改用访谈，问卷星记录的方式，用浅显易懂的问题代替深奥的专有名词以使答案更准确。在学习中我们确实学习了统计学、计量经济学等在数据分析时很有用的工具，但是如何获取这些数据是困难的，在社会实践中，这种实地访谈获取数据的方式增加了对所学知识运用的实用性和灵活性。由此我们更加深刻地体会到实践运用是学习知识最大的目的。

通过对该村的信息化了解，发现城乡之间、代际存在着巨大的手机使用差异，乡村信息化推动存在巨大的困难，从而导致乡村信息化滞后，要实现乡村振兴，乡村发展与城市高度协调必不可少，当乡村与城市存在较大漏洞时，乡村振兴就较为困难。乡村与城市相比，本身就存在着文化程度低、开放程度低、基础设施建设差等固有问题，这些问题的解决不仅是加快乡村信息化的关键，而且是促进乡村振兴的关键。

我将经济学、管理学原理运用于日常的问题分析中，规划发展建议与理论知识相结合，社会实践不只是在进入社会前对社会的初试，更是对本专业从事工作的进一步了解，同时困难与解决共存的过程可以帮助成长，调研的过程可以深入乡村体会民情，对民众的呼声了解更为真切，对问题的理解更为深刻，更加感同身受。这也是在提醒自己，如果将来有幸能对相关政策提出一些建议，更重要的是关注民生，更多地走到基层了解情况。有时道听途说真的会影响决策的准确性，看似官方的报道也不一定能面面俱到，自己的所见、所闻、所感能使自己更加关注一个问题，并能真诚地提出解决措施。

应该是很美的吧，温岭下的数字天空。

小箬村数字化进程的酸甜苦辣

张未曦（农经172班）

实践时间：2019年7月14—19日

实践地点：浙江省温岭市石塘镇小箬村

农业信息经济、智慧应用是推动现代农业科技转型、提高农业整体效益的新引擎，是打造以农村信息化综合服务平台为中心，以促进三网融合建设和资源整合为重点，构建智慧信息农业云平台，扩大农产品信息消费，全面优化现代农业科技信息、农村民生和农产品电子商务等专业信息服务系统，全面提高浙江省温岭市石塘镇现代农业精准化、自动化、智能化发展水平，加快推进信息化与农业现代化融合的新举措，使之成为全省乃至长三角地区信息智慧农业发展的先行区。通过对浙江省温岭市石塘镇小箬村发展信息经济、智慧农业进行调查研究，从目前发展趋势、应用现状效益分析及重要性的认识论述浙江省近年来政策扶持与发展思路，针对当前存在的问题，探索路径，提出对策建议，以促进现代信息科技进步和农业转型升级，进一步提高温岭市石塘镇小箬村农业信息化、农业现代化发展水平，使现代农业步入智慧时代。

一、开端起源

农业是国民经济的基础，是富国富民的大产业。经济全球化的现实表明，信息化已成为世界各国推动经济社会发展的重要手段和资源配置的有效途径，各种新型信息技术快速应用是推动现代农业转型升级并推进农业现代化的必然趋势。随着科技发展，信息经济、智慧农业遍布希望的田野。当前，物联网、移动互联、3S、云计算、智慧地球、大数据等现代信息技术已渗透到人类社会发展各个领域及各个环节，农业也不例外。在“互联网＋”新思维下，浙江省温岭市石塘镇小箬村农业在充分发挥自身基础条件和先发优势的前提下，抢抓机遇，顺势而为，主动适应和引领经济发展新常态，加快融合新一代信息技术，形成农业产业发展新动能。加快利用先进信息技术来改造传统农业，提高农业整体效益，已成为全国各地转变农业发展方式的必然选择，尤其是先进信息技术能够有效地促进农业、农村经济快速、智能增长，提质增效。信息经济是新型生产力，是推动信息智慧化与现代农业融合的核心。信息经济是以现代信息技术为高科技，具有成长潜力的新型经济，依托这些信息高科技，两个人可以种千亩田，农民坐在电脑前轻点鼠标，即可实现翻地、播种、除虫、灌溉和收获。这种在传统农业模式下不敢想象的“神话”，在“智慧农业”时代却将是常态，加快智慧技术广泛应用可让农业科技企业快速发展，从而全面提高农业生产多方效率。现在的农民足不出户，手指轻轻一按就可控制大棚、遥控智能温室来管理种植业、养殖业。实践证明，信息经济、智慧农业已给农业生产带来大效益。

为了响应国家关于送“科技、文化、医疗”的“三下乡”活动的倡导，南京农业大学经济管理学院 2019 年暑期特举办了大学生“三下乡”活动。围绕加快乡村信息基础设施建设、发展农村数字经济、建设智慧绿色乡村、推进乡村治理能力现代化、深化信息惠民服务等方面叙述所调研地区“数字乡村”的建设情况，力求发现我国现行乡村建设中存在的问题及问题产生的原因，总结提出相关的政策建议。此次活动将更好地在广大农村地区宣传科技、文化、医疗知识，促进社会主义和谐社会的发展。随着科学技术的不断发展，在广大的农村地区，科学技术也被广泛地运用于农产品的生产、销售中。为了更好地了解信息化、网络化在农村地区的普及，宣传网络信息对完成农产品市场运作的重要性，促进网络知识在农村的传播，我们这个小分队用了近五天的时间，对浙江省温岭市石塘镇小箬村及周边部分农村农户进行了走访调查，并在我们走访调查的每个村子又进行了人民对手机互联网使用有关情况的调查。

二、探索发现

在调查的五天时间里，天气格外晴朗，虽然气温有些高，但是我们的调研还是在村民和当地村干部的协助下十分顺利地完成了。我们走访了村中大部分农户，此次调研本打算采用发放问卷调查的方式，但是考虑到农民文化程度的问题，我们最后决定采用问卷与走访相结合的方式，这样的调查方式得到了村民的欢迎，也使得我们的调查得以顺利进行。穿巷进户，一问一答，调查在愉悦、和谐的气氛中进行着。走进西瓜地里，站在红薯地边，当地村民对土地里的丰收硕果十分高兴，然而，当我们谈到农产品销售时，村民们却显得忧心忡忡，他们表示，由于信息不畅，当地的农产品只有依靠一些商人、小贩以极低的价格从他们手中买走了，而后又高价转出。所以真正受益的不是劳苦耕作的百姓，而是那些小商小贩们。由此看来，我们此次的调研就显得十分有必要了，整个调查过程有序完成，对每个村的调研都是按步骤进行的。

问卷的回收率是100%，即发放56份问卷，回收56份。共发放100多份有关手机网络营销农产品的宣传单。调查过程中有近八成的村民是把自家的农产品拉到集市自己出售，只有不到20%村民的农产品是商家订购。同时我们发现，大约有70%的农民是亲自到当地镇上的市场去了解有关农产品价格、销量等一系列情况的，甚至还有60%左右的村民对互联网农产品销售仅仅是听说而已。还有极少数的农民对互联网销售闻所未闻。

三、挖掘问题

此次调研顺利地完成了，但是调研之后，我们看到更多的是急切需要解决的问题，我们特将此次调研过程中当地村民反映出来的突出问题说明如下：

在信息化高速发展的今天，在广大的农村地区，农民的农产品销售依然主要靠当地的小农贸市场，农产品的销售渠道十分有限，造成农民虽然有好的农副产品，但找不到好市场。由于农村信息闭塞，很多农民对互联网知识知之甚少，对网络销售更是了解颇少。正是由于大部分农民对互联网的不了解，才使得好产品卖了低价钱，当地农民也就赚不了更多的钱。因此在农村家庭人均收入中，农产品收入反倒显得十分有限。在我们的调查过程中，有70%的农民表示，如果自家有足够的钱就会买台电脑。由此可见，很多的农民迫切需要获得关于农产品销售的信息，以帮助自己将好的农产品卖一个较好的价钱。走进农村，我们会发现，这里与城市完全不同，城市信息化在这里消失了，农村显得有些闭塞，找个打印复印的地方都有些困难。由此可以看出，农村与城市的信息化程度的差距在不断地被拉大，这也就是农村农产品难卖高价的主要原因之一。同时我们很难找到懂手机网络技术和手机网络销售的人员。

在各个村的村委会里，我们了解到以下情况：缺少顶层设计，从实施情况看，基地建设、项目落实、资金筹集等缺乏有效衔接，基础信息不全，数据信息不能共享；智慧农业应用技术不完善，技术创新少，缺乏自有智慧农业核心技术和集成体系；应用农业环境中，监测传感设备种类不全，标准不一，质量参差不齐，精确度和灵敏度普遍不高；智慧农业在现阶段实施成本较高，资源利用率低。如同农业生产基地的多个物联网系统之间不能兼容于一个统一平台，不同厂家生产的设备互不通联，造成重复建设，资源浪费；农业产业规模小，政府监管系统尚未建立立体式网络化监管运营模式，造成信息孤岛、各自为政，运行机制不完善；智慧农业应用人才匮乏，尤其是既懂信息技术，又懂农艺、设施农业工程技术的复合型专业人才短缺。

四、建设奇思

我们此次调研过程虽然仅仅几天时间，但是得到了当地村委领导及各村村民的大力支持，我们深切感受到了广大村民对信息化的迫切需要，许多的村民表示，我们此次活动给他们带来了很多的益处，希望学校可以多组织这样的活动。调查结束了，但是我们感受到，农村的发展需要各级政府更多的支持。只有政府大力支持，农村信息化才会得到更好的发展。农民收入才会不断地增加，农民生活水平才会有一个好的提升。我们觉得，政府应该大力支持一些农村建设的事项：

政府应该在广大农村地区大力宣传有关互联网知识和农产品网络营销的知识，帮助农民更多地了解这方面的知识。政府应该挑选一些优秀的毕业大学生，到农村地区任职，让这些大学生宣传讲解有关互联网与农产品网络营销的知识，使得当地村民更加深入地了解农产品网络营销带来的切实好处。政府应该定期派出专家人士到农村地区，就有关农产品互联网销售的相关科学理论体系向当地村民进行讲解。在农闲季节，各地村委应组织当地村民学习有关农产品互联网销售的知识。定期组织村民对部分经济发展较好较快的示范村进行参观，增加交流学习和获取经验的机会。扩大政府对农村信息化建设的投资，同时增加社会投资，使得村民更方便地获得有关信息，促进农村信息销售的一体化建设。大学生也要利用假期时间，到广大农村去，宣传讲解手机网络营销农产品的知识。

五、美好明天

在党的十九大中习近平总书记提出，“农业农村农民问题是关系国计民生的根本性问题，必须始终把解决好‘三农’问题作为全党工作重中之重”。中央1号文件再次将目光瞄向了“三农”问题，农业仍在我国经济中占据着重要地位。尽管在落地应用中，智慧农业仍存在着使用成本高、普及率低、操作技术不够成熟等多种问题，但凭借着物联网、大数据、云平台、无人机等多种高新科技设备的发展和完善，智慧农业解决方案将进一步为乡村振兴战略贡献出力量。要深入学习宣传贯彻习近平新时代中国特色社会主义思想和党的十九大精神，助力精准扶贫，服务乡村振兴，在实践中践行真知、砥砺自我、提升素养。此次调查虽然时间短，但是在这短短的几天时间里我们却看到了大学生更多的用武之地，那就是广大的农村地区。城市在快速地发展，可是农村地区却还是比较落后的，信息闭塞，经济不发达，人民生活困难不少。因此，作为新一代大学生，我们有必要也应该将自己的人生定位在更能体现自己价值的地方，而广阔的农村就为我们提供了一个很好的发展平台，也为我们大学生提供了一个展现自我的人生大舞台，我们应该珍惜这个属于我们的机会。

酸是面朝黄土背朝天的汗水辛酸，苦是通信不畅、基础建设不足的滞后之苦，辣是数字信息转型升级的阵痛辛辣，甜是终有守得云开见月明的希望之甜，小箬村历经况味的数字之旅，千回百转的滋味下是一往直前的发展信心。

智慧水利在常州

张可歆（农经172班）

实践时间：2019年7月23—28日

实践地点：江苏省常州市丁堰街道常丰村

2019年中央1号文件提出“实施数字乡村战略”，在数字经济时代，乡村振兴的实施面临着互联网、大数据和实体经济等深度融合的经济环境。在对江苏常州丁堰街道常丰村的实地调查下，通过发放调查问卷、采访村委工作人员等方式，发现常丰村居住人口老龄化程度高且智能手机普及程度较高、村内基础设施建设完备，村内积极参加“为民办实事”工程，对闲置地块覆绿、开展党员结对服务并积极落实区内文件要求。通过实地探访，我了解到经开区政府开展了“水乡田园生态廊道”和“智慧水利”等项目，利用通信技术优化全区水利资源配置，推动水利现代化，加强乡村基础设施建设，提高乡村保护信息化水平，建设智慧绿色的美丽乡村。因此，当地政府应该加快项目建设，推动绿色乡村实现。

一、引言

2019年5月16日，中共中央办公厅、国务院办公厅印发《数字乡村发展战略纲要》。数字乡村是伴随网络化、信息化和数字化在农业农村经济社会发展中的应用，以及农民现代信息技能的提高而内生的农业农村现代化发展和转型进程，既是乡村振兴的战略方向，又是建设数字中国的重要内容。

深入基层，掌握一手资料。探索常州周边乡村的数字化建设进程，了解乡村的基础设施建设，绿色智慧乡村等方面，得到存在的问题。

找出问题，分析对策，提供参考。根据家乡周边乡村建设存在的问题并分析原因，力求从大学生的角度客观地提出一些建议和对策，这是此次课题调研的真正目的所在。

本次调研主要以问卷调查和实地采访探查为主，问卷调查的内容主要围绕手机互联网使用，探求手机信息对于农产品销售、家庭交流方式和网络消费情况等方面的影响。而在关于智慧绿色乡村建设的两个重要项目上，我去了经开区政府农村局和项目现场了解了一些资料及实际建设使用情况。因此，本调研主要从丁堰街道常丰村入手，分析企业较多、城镇化明显的乡村的数字化建设现状，从而找出存在的问题并提出相应的政策建议。

二、助力转型升级，争做武进带头

常丰村位于武进区丁堰街道，辖区面积3.46千米^2。现有户籍人口4 176人。截至2018年底，共有集体资产3 549万元，2018年实现村集体经营性收入292万元。全村现有工业企业21家，其中超亿元企业7家，上市企业1家，列入股改后备企业3家，被经开区列为首批成长型企业4家；2018年完成工业销售34.5亿元，完成工业利润4.5亿元，线上贸易完成8.7亿元，完成房地产销售10亿元。人口老龄化严重，智能手机普及率高且城镇化程度逐渐上升。

助推转型升级，全面提升经济发展质量。顺应发展趋势，加快城市化进程。聚焦民生服务，提升村民幸福指数。

在村党总支书的带领下，常丰村充分利用经开区主城区的中心地带优势，合理利用土地资源，大力发展村级集体经济；加大基础设施投入，改善村民的生活和居住环境。近年来，常丰村先后获得“江苏省和谐社区建设示范单位”“江苏省生态村”“武进区先进基层党组织”等光荣称号。

三、“革命”尚未成功，村庄仍需努力

问卷一共发放10份，简要分析其结果：常丰村人口老龄化程度高，生活水平（即年收入衡量）中等偏上，智能手机普及率较高且对生活有较大影响；大部分人手机用于家庭联系、网络消费以及娱乐活动；基本没有人利用手机进行农产品生产和销售，农产品在常丰村并不是主要的收入来源。常丰村的管理更多依托电子商务外网，有自己的政务服务一体化平台。

常州属于亚热带海洋性气候，四季分明，雨量充沛，而且梅雨季节降水较多；而常丰村地势比较低洼且靠近京杭大运河，因此在夏天梅雨季节易出现淹水情况，造成村民的财产和生活损失。

由上文的常丰村概况可知，常丰村位于城镇化程度比较高的地区，已经不是严格意义上依靠种地和售卖农产品的传统农村；而村内工业企业有20家，因此工业发展也是村内部分村民的收入来源，这就意味着工业发展必然会挤占为数不多的农田，造成一定程度上损害环境，出现环境污染情况。

常丰村乡村治理也逐渐信息化、互联网化，常丰村党总支下辖基层党组织5个，党员208名，村里也在逐步推行推动“互联网＋党建”和“互联网＋社区”。通过建设完善农村基层党建信息平台，推广网络党课教育；畅通社情民意，提高村级综合服务信息化水平，大力推动乡村建设和规划管理信息化。

常丰村在推进数字乡村建设的过程中，整体的信息化程度较高，对于村民和企业的管理都在逐步网格化，通过加强基础设施建设，推动转型升级，提升经济发展质量；关注民生服务，提高村民幸福指数。但在发展的过程中，存在环境污染、淹水灾害等不利于村发展的问题。

四、智慧绿色乡村，打造田园生态

1. 智慧水利，科技治理 围绕经开区总体发展战略及三年行动计划，结合“智慧经开”建设，强化信息技术与水利业务深度融合；构建水利业务应用体系、水利信息化基础设施体系及保障体系，全面提升水利信息化水平，推动经开区“智慧水利”发展，推进经开区水治理体系和水治理能力现代化。

智慧水利是提高防汛抗旱水平、防治水污染的需要；像常丰村这样地势低洼易被水淹的村庄急需智慧水利系统利用数字化互联网计算来分析如何防汛，而且在经开区农村局中有实时的大屏幕数字化监控，计算是否需要进行水资源的跨地区调配等。

智慧水利是提高水资源管理决策水平的需要；在水资源开发、利用和治理的同时，更注重对水资源的配置、节约和保护；对水资源进行统一配置、统一调度、统一管理和科学决策。要实现这样的目标，就需要信息的准确性、全面性和及时性。这就是智慧水利的先进之处，随时调控防范，在出现问题时通过大数据计算得出最适宜的决策。

建立远程自动化监控系统，泵闸站远程自动化监控系统应具备如下功能：数据采集与处理、运行监视和事故报警、控制与调节和数据通信等。

建立视频监视，前端设备负责图像和数据的采集及信号处理；传输设备实现前端设备和图像切换的控制、镜头的控制、系统可分区控制和分组同步控制以及图像检索与处理等诸多功能；显示设备根据不同的图像显示要求，选择在不同的显示设备上进行图像显示，使值班人员能够在集控中心实时直观地看到来自前端监控点的任意图像及监控系统运行控制参数。配置大屏管理系统，可根据需要实现单画面、画中画、画面分割显示功能。

构建泵闸站管理业务数据库；在数据库结构设计上，从实际业务需求出发，应用面向对象的方法，遵循第三范式的设计规范，设计了该系统的表结构。

建立防洪排涝预报调度模型；在水动力模型计算的河道水位与流量基础上，进行区域洪涝风险分析，为指导经开区主要水闸、排涝泵站和区域内水闸泵站的运行调度提供决策依据。

移动终端管理系统在技术路线上依托基础软件平台框架，遵循应用支撑平台、数据汇集平台统一的技术规范与管理办法，统一用户管理，需要满足移动信息服务需求，实现业务应用系统之间进行数据交换，为开展移动办公、防汛应用、工程管理创造条件。

移动防汛信息服务系统要求基于电子地图操作，实现实时查询雨情、工情、信息上报、卫星云图、视频等重要内容。

借助互联网、无线网络与移动通信网络，以微信等公共服务资源为载体建立防汛、水文信息的采集与传输体系，为工程现场、灾害现场、突发事件现场的实时信息采集、填报、上报、现场应急处置、综合信息查询等提供支持，为领导指挥调度与会商过程中能及时掌握工程和灾害现场及周边环境实时情况创造条件。

2. 田园生态，现代水乡 生态廊道规划是指对于美丽乡村的道路系统，绿道系统的系统性规划，应结合现状及规划生态节点分布以及现有的道路系统资源提出落地性方案研究。

经开区总体乡村公路规模不足，且部分路面病害严重、质量较差，不能满足乡村日益发展的需求。而现有路段的配套设施不足，缺乏景观配置，未充分利用沿路的田园风景，地域生态景观资源未能突显出其优势。

生态廊道响应国家乡村振兴战略，乡村道路、基础设施建设的发展，有利于推进总体交通网的布局，完善区域网络体系。

《江苏省特色田园乡村建设行动计划》指出，坚持创新、协调、绿色、开放、共享的发展理念，进一步优化山水、田园、村落等空间要素，打造特色产业、特色生态、特色文化，塑造田园风光、田园建筑、田园生活，建设美丽乡村、宜居乡村、活力乡村。其中村庄美更是强调基础设施建设要配套齐全，本次规划，对路侧景观，部分村落，山水田园等生态节点进行提升改造，进而改善了乡村面貌，对美丽乡村建设进程起到促进作用。

统筹协调，全面发展；系统规划，有序推进；以人为本，安全至上；环境友好，绿色发展；从而打造串联区域内特色水乡田园节点的生态廊道系统，改善农村出行条件，提升乡村生态环境质量，实现乡村全面振兴。生态廊道实施方案设计包括廊道选线、路基路面、安全设施、标志标识、环境保护等方面设计。其设计均应遵循水乡田园生态廊道的设计原则和理念，做到功能突出、主题明确、生态环保、自然和谐、令使用者舒适愉悦。与普通乡村道路相比较，生态廊道设计应重点注意路侧景区、安全性、观赏性、交通设施、环境保护等方面的设计。

经开区水乡田园生态节点提升采用“显山露水、借景透景”的手法，借生态廊道沿线山、水、田、园的特色风景，重点挖掘和利用地域特色，突出经开区“山水、田园”两大特色，更好地展现经开区水乡田园的新风貌。整体设计应结合沿线自然风光及生态资源，因地制宜，合理确定设计主题，与沿线自然景观协调统一，充分体现当地自然、人文特色，提高沿线景观环境的观赏、体验价值。结合沿线特色风景资源：设计中需根据沿线的特色风景，确定“透”与“遮”的合理关系，将自然风景最大限度地传达给游客。结合沿线历史人文风情：设计中需充分挖掘生态廊道沿线村庄、乡镇及风景名胜的历史和传说，并通过景观设计将其传达给来往游客。利用经开区本地乡土树种：设计中需充分考虑绿化树种的本地适应性，禁用“新”“奇”“特”品种，鼓励运用乡土树种及落叶树种。降低后期维护管养成本：设计中需考虑到绿化的后期管养问题，尽可能降低后期维护和管养的成本。

五、绿色循环生产，打造创新机制

1. **统筹保护，生态农村**　加强农村饮用水水源保护。严格按照国家有关法律保护隔湖水源地等集中式饮用水源地以及新孟河应急备用饮用水源地。深化落实水源保护、工程建设、水质监测检测“三同时”制度，大力开展农村饮用水水源环境风险排查整治。推进农业高效节水。实施农业节水行动，推进农业节水设施建设，推广节水农艺技术，实行水资源消耗总量和强度双控，建设节水型乡村。优化土地利用格局。大力推进农村土地资源统筹配置示范点培育行动，积极开展农用地整治示范。

开展义务植树、绿美乡村、省级绿化示范村等建设活动，营造“爱绿护绿”的良好氛围，增加绿色总量。因地制宜开展村庄绿化提升改造，增加全区林木覆盖率。以森林生态、农田生态、水生生态为重点，促进生态系统休养生息，加强森林保护能力建设，强化建设森林监测能力，开展森林资源动态监测。拓展土地生产、生态、景观“一地三用”，基本形成与资源环境承载力相匹配、与生产生活生态相协调的农业发展新局面。实行全面保护和突出重点相结合，加强对全区湿地资源和生态系统的保护。加强动植物种质资源保护，进一步加强生物多样性保护。全面提升全区的森林资源管理水平，建立全区林地管理长效机制。

开展农业绿色发展行动，推进农业循环生产。以测土配方施肥为抓手，以控氮、减磷、补钾、添微为重点，推进化肥使用减量化，推广高效施肥技术。积极推广商品有机肥应用，探索社会化统配、统供、统施服务体系。加快推进农作物重大病虫害绿色防控技术的示范推广应用，加强植物检疫监管。推进高效低毒低残留农药和大中型高效植保机械替代，强化专业化统防统治，推广绿色防控技术。大力发展生态循环农业，创新体制机制。

推进畜禽养殖场治理改造，完善和优化畜禽粪便收集处理体系，探索推广多元化养殖污染治理模式，加快建设全区病死动物无害化处理收运体系。加强水产养殖污染防治，抓紧划定水产养殖禁养区、限养区和养殖区，限期清理禁养区内的池塘养殖和围网养殖，推进渔业资源化利用。加强农田废弃物回收处理，推进农作物秸秆综合利用，扩大畜禽粪便社会化处理体系覆盖面，加强种养业废弃物资源化利用。引导推广使用可降解农膜地膜，在全区开展农药包装物等农业投入品的回收利用。

2. 环境整治，个性区域　按照“减量优先、鼓励分类、城乡统筹、综合治理”的原则，循序渐进推动农村生活垃圾分类和资源化利用工作；坚持以“大分流＋细分类”相结合的工作思路，着力完善城乡生活垃圾分类投放、分类收集、分类运输、分类处理的分类系统。

按照“政府主导、企业运营、因村制宜、逐步推进”的总体思路，加强村庄生活污水治理，提高村庄生活污水处理设施覆盖率。推动城镇污水管网向周边村庄延伸覆盖，推进管网覆盖区域村庄的生活污水截污纳管工作。

开展农村地区道路环境综合整治，具备条件的农村公路全部实现路田分家、路宅分家。充分利用房前屋后、闲置土地种植乡土植物和果蔬作物，鼓励庭院绿化，开展庭院美化行动。因地制宜组织开展植树绿化富民活动，优选生态环境基础良好、积极性较高、具有一定规模的自然村庄开展绿色美丽乡村建设。

实施美丽宜居乡村建设工程，实现农林水联动、宅田路同步，区域推进，注重个性化塑造和特色提升。

3. 循序渐进，梳理价值　把社会主义核心价值观作为最持久最深沉的推动力量，通过循序渐进、潜移默化的宣传教育，引导农民群众树立正确的价值追求，形成崇德尚善的社会风气。全面推广“宗祠道德讲堂＋核心价值观”模式，把核心价值观与乡村传统文化有机融合。在村头路口、文体广场、综合服务中心等场所设置文化墙、宣传栏，推动社会主义核心价值观全覆盖。

加大文明村镇创建推进力度，精心设计活动载体，激发农民参与热情，引导群众共建共享美好生活。聚焦全区精神文明建设整体推进，推动公共服务设施向农村延伸、公共服务产品向农村覆盖、城市现代文明向农村辐射。

在乡村持续实施公民道德建设工程，弘扬社会公德、职业道德、家庭美德、个人品德。深入推进诚信建设，强化农民的社会责任意识、规则意识、信用意识，完善守信激励和失信惩戒制度安排。选树宣传道德模范和身边好人，展现平凡中蕴含着的道德正能量。积极宣传《常州市民文明公约》，推动移风易俗，修订村规民约，合理约定红白事消费标准、办事规模和礼仪模式等，引导群众节俭适度办事，喜事新办、丧事简办，遏制大操大办、盲目攀比、高额彩礼、厚葬薄养等不良习俗。加强农村演出市场管理，依法打击“三俗”表演。

赵羊盃村的春天

刘玉婷（国贸172班）

实践时间：2019年7月28日—8月1日
实践地点：河北省邢台市宁晋县赵羊盃村

结合当下数字乡村的发展状况，以河北省邢台市宁晋县为对象，通过实地观察、问卷调查以及交流访谈，具体分析当地的农业信息化发展状况，总结出未来进一步发展数字乡村所面临的主要障碍及有利条件，并对未来的发展提出适当的建议。

一、引言

5G的出现，可见我国信息技术的飞速发展。但在全国范围内，每个人是否都能享受到科技进步带来的益处呢？答案是显而易见的，关于城市与城市之间的差距以及城乡之间的差距，我们应给予更多的关注与改进，让更多的人参与到并且感受到中国的快速发展。

2018年4月，习近平总书记在致首届数字中国建设峰会的贺信中强调："加快数字中国建设，就是要适应我国发展新的历史方位，全面贯彻新发展理念，以信息化培育新动能，用新动能推动新发展，以新发展创造新辉煌。"2019年《中共中央　国务院关于坚持农业农村优先发展做好"三农"工作的若干意见》指出，要实施数字乡村战略，实施"互联网＋"农产品出村进城工程，全面推进信息进村入户，依托"互联网＋"推动公共服务向农村延伸。由此可见，数字乡村是指乡村在农业农村信息化快速发展的基础上，以互联网为主要媒介，把现代信息技术创新作为实施乡村振兴战略的技术保障，将包括乡村基础设施建设、医疗卫生、乡村特色产业、乡村文化教育、乡风文明、乡村基层组织建设等在内的多方面信息资源进行有机整合，建立一个将省、市、县、乡、村有效连接起来的数字化信息网络平台，以实现乡村生产数据化、服务在线化、治理精准化和生活数据化，从而有效提高产业数字化、智能化和数字产业化水平，为实施乡村振兴战略提供技术保障。

为了能够更加了解现在数字乡村的发展现状，我们选取了河北省邢台市宁晋县赵羊盃村作为本次的实践地点，从当地的发展现状出发，通过调查、研究、分析，了解与所属城市之间的差距，以及与其他城市之间的差距，明白差距主要体现在哪一方面。

二、基础设施简陋，产业发展单一

首先进入赵羊盃村便是一个牌匾，上面写着“国泰民安”，但柱子已经斑斑驳驳，损坏了不少，而“赵羊盃”三个字则简单地印在旁侧的墙上；进入村庄后，可以看到房屋均为农村常见的低矮的一层平房，一户房屋包含 7～8 间屋及一个大院子，且通常为自己修建、自己装修，所以装修较为简洁，但也可以看到在一些街边，存在特别简陋的房屋，为了能够更清楚地了解，也去亲自拜访了一处；走进去后，可以发现通向房屋的道路极其狭窄，仅容两人并排通过，且为土路，坑坑洼洼，进入房间之后，只有 2～3 间，且每间大概 25 米^2，屋内家具也极为简洁，生活着两位老人，白天屋内采光不好，昏昏暗暗，但也未开灯，两位老人也并未有过多的抱怨，很乐意地讲述着他们的生活。

关于当地的企业，有一家规模较大的河北三针制衣厂，位于河北省宁晋县三针工业园，地处赵羊盃村和孙羊盃村的交界之处，现占地面积 52 800 米^2，拥有近千名员工。自 1986 年从事针织行业发展至今，积累了 20 余年的工作经验，公司坚持高起点名牌发展战略方针。先后购进了森本缝纫设备 356 台，国产设备 660 台，同时购进大渝针织圆机 28 台，国产圆机 16 台，并引进德国、日本具有国际先进水平的绣花、印花等配备设备。当地许多 25～40 岁的村民在此工作，工作内容较为简单、单一，且工资大多为按件计费，一些较为年轻的员工最多一个月 3 000 元左右。

除了河北三针制衣厂，在街道两边还开着许多小型店铺，多为一些小超市及卖蔬菜、肉类、织物的店铺，装修较为简陋，尤其是卖肉类的商铺，其内的卫生不能达到标准，可以看到一些苍蝇围绕其中；但几乎所有的店铺都已开通支付宝和微信的支付方式，可以看出信息时代对于农村的影响，在这一支付方式上得到了广泛的普及。但商铺的种类较少，无法满足人们的所有需求。

在村民居住区，大部分道路修建为柏油路，交通较以前方便许多，但大部分通乡通村道路狭窄，一般 3～4 米宽，行人、非机动车、机动车混行，路况差，会车难。农村道路多陡坡、急弯路段，且缺乏广角镜、减速带、警示柱等配套的安全防护设施和警示标志，尤其是边远乡镇道路，大部分路段未建设安全防护栏、防撞墩等防护设施，急弯处安全隐患大。在房屋与房屋之间的狭窄通道中，道路仍旧为坑坑洼洼的土路，且在村内道路两侧，许多石头堆积在一起，且路面上尘土较多，可以看出清扫路面的频率较少。这一定程度上阻碍了物流运输业的发展，也使农村“最后一公里”未能有效完成。

走进农地中，几乎没有空闲的土地，但是很难看出有现代化的设施与手段。

根据以上的一些观察，可以大概判断河北省邢台市宁晋县赵羊盃村发展属于平均水平，一些基础设施相对完善，但是农村环境及农业现代化方面仍旧需要改进。根据房屋及当地企业的发展现状，村民的工作除务农、开小型店铺外，很少有其他的工作机会，他们的年收入较少，由于村内的娱乐方式较为贫乏，所以村民的生活没有受到任何的影响，仍旧处于满足状态。

三、现代农业缺失，物联技术薄弱

此次调查问卷共 14 份，其中男 6 份，女 8 份。涉及从 15 岁到 60 岁的各个年龄阶段的人，能够从更大的范围内发现一些问题，虽然问卷的数量较少，但由于问卷调查的内容较为充分，可以客观地发现当地的一些发展问题以及阻碍进一步发展的原因。

14 位被调查者中有 10 位都是初中学历，2 位高中学历以及 2 位处于正在上学阶段。由于绝大多数的成年人，特别是 40 岁及 40 岁以上的村民，都没有接受过太高的教育，所以思想的封闭使他们仍旧以传统的方式进行农业生产，且对于其落后性尚未觉察，没有急于改进的动机，这是农业现代化的最大的一层阻碍；但他们深知教育的重要性，对子女的要求较高，普遍认为“万般皆下品，唯有读书高”，但由于村内的教育资源及教学基础设施较差，相对于城内而言，对学生给予的教学帮助不够使得大部分的学生学习成绩不是很好，离进入名牌大学还有一定距离，同时在大学中选择农学专业的少之又少，且本身对于家中农业的了解缺乏，其中一部分原因是父母害怕因此而妨碍子女学习。对于外出读书的子女，大多不愿意回到乡村，当他们接受了更加深入的学习和教育后，特别是看到这个世界更加广阔的一面之后，会慢慢产生一些有别于农村传统思想的先进想法和观念，但是父母的思想仍旧停留在旧时代，总是给年轻人设计好了一切，大学毕业就在一处距离家近的地方找一份工资尚可的工作，最好在二十四五岁就成家，从此过上平平淡淡的生活。所以如何解决父母与子女之间的冲突也是关键所在，总之，就目前而言，他们对于促进农业现代化的力量也是较为薄弱的。

发现被调查者中手机价格基本位于 1 000 元以上，且 25 岁左右的被调查者手机价格均在 2 000 元以上；一天中手机使用时长却不是很多，基本位于 1～2 小时，与被调查者年龄有一定的关系。对于农业信息的搜查方面，大部分 40 岁以上的人们更多关注天气气象类、农业政策法规类以及农产品质量安全管理类信息，同时大都认为天气气象对于农业生产的帮助最大，诚然，农业本身就深受自然环境的影响，其产量、价格等都因此而波动，从侧面反映出该地农业现代化的程度较低。

关于获取的途径，手机短信是主要途径，少部分人选取了涉农手机报、涉农 App 及涉农网站，但从被调查者几乎全部不了解 12316 平台的事实中，可知人们对于获取农业信息的途径了解较少，一方面是由于本身对于农业生产主要依赖自身传统经验，对于从外部获取信息进而帮助农业生产的形式较为陌生，另一方面，也从侧面反映出政府及相关部门的宣传力度不够，没有将相关信息向村民普及。

对于目前的农业信息可以满足当前的生产需要，以及农业信息准确、及时，同意、中立及反对三者的选择达到将近 1∶1∶1 的比例，且与年龄分布的关系不太明显，均匀分布；可以看出村民对于农业信息的认知较为模糊，没有一个清晰的认知，不了解什么程度可以称之为准确、及时，不了解自己究竟需要什么类型的农业信息，这些信息能给农业生产带来什么样的益处。

每户中谷物、蔬菜水果的种植较为普遍，且每一种类占地 3 亩左右，利用现代化技术的几乎没有，虽然有些在调查问卷中填写使用了物联网技术，利用了智能灌溉、智能监控、智能施肥的技术，但在交流过程中，却发现他们对于物联网技术认知模糊，所谓的智能灌溉、智能监控、智能施肥技术也只是简单的机械用具，尚不能通过网络的连接，实行更大范围的应用，但若政府加大力度推广，他们也都表示愿意接受。

有 8 位被调查者家中没有农地或是不清楚家中农地状况，剩余的 6 位中有 5 位采取了网络销售的方式，涉及朋友圈、第三方电商平台及快手等渠道。同时在与村主任的交流过程中得知：村中有关于农产品网络销售的培训，是政府支持与推进的。但在问卷调查中，有 6 人知道并且参与过，且都为中年人，根据他们的回答，使用网络销售操作较为简单，但对于销量、利润的增长没有显著的变化，大多数感觉只是换了一种销售方式而已。所以，虽然网络销售的方式较为普及，但并未充分发挥网络销售的优点。

四、完善宽带建设，推广农业服务

教育资源不足；父母与子女在教育认知、未来职业发展、未来生活规划方面有冲突；中年人对于农业信息化概念模糊，对其带来的益处未知，没有改进生产的动机；网络销售效果较差，未体现出信息化带来的优点；利用手机搜寻信息帮助农业生产的意识不足，仍旧受传统思想的影响，认为农业生产受自然环境的影响最大，获取的信息主要为天气气象类；从手机流量使用量来看，40岁以上的被调查者每月的流量仅为1～5GB，仅使用微信这一简单的软件，对于其他的功能则鲜少涉猎；家庭宽带建设不足。

当地青年人及中年人均使用手机，且大多数手机价格在1 000元以上，可以看出对于手机的需要程度高，应用也很熟练；政府大力支持与推进农产品网络销售，进行过相关的培训，且村民大都反映易于操作，并且落实在行动上；村内道路大多数为柏油路，且与其他村镇及城市连接畅通，交通便利。

应加强农村家庭宽带的建设，虽然目前在农村网络信号较好，但宽带的普及将降低人们的流量使用成本，促使人们更多地关注手机上提供的信息，利于农业信息化的推进。

应加强农业信息化的宣传、讲座举办及培训，让人们了解物联网，了解物联网在农业上的应用，了解具体的技术，以及应用后带来的产量、利润的增长，同时提供一些成功案例，使农业信息化具象化，不再是一个空泛的概念，使人们产生应用的动机，尤其是40岁左右的村民。目前最重要的一个问题是几乎所有的村民完全不了解农业信息化的应用，知识的大力普及是现今最主要的任务。

应改善村内的教育环境，增加教育资源，同时对于30～40岁的村民给予目前城市中学生的未来职业规划普及，加强思想教育，使父母更加理解子女；同时，也鼓励学生选择农学专业，为村内的农业发展贡献一份力量；缓解父母与子女之间的冲突，更利于农业信息化的发展；政府等相关组织机构，应当加大支持力度，可以先进行试点，提供设备，一是检验是否可行，二是对其他村民起到示范作用。

五、陌上春暖花开，迎来数字春天

2018年农业生产数字化水平达到18.6%，接近20%。农业生产数字化包括农作物种植、设施栽培、畜禽养殖、水产养殖的信息化，这些数字技术包括生产环境监测、体征监测、农作物病虫害和动物疫情精准诊断及防控等方面。并且，这些数字技术率先应用在经济效益较高的行业，如“一亩棚十亩田”的蔬菜。全国已建有电子商务服务站点的村有 28.34 万个，共有电子商务服务站点 39.1 万个，电子商务站点覆盖率达到 64.0%。

这说明，我国农村居民六成以上不出村就可以享受到与城里居民一样的购物体验，物质生活条件有了极大改善。还有农业农村信息化专门机构建设、全国县域农业农村信息化财政投入、县域农产品网络零售额、益农信息社建设、农村基础党务村务财务公开等数据，这些数据共同为全国县域数字农业农村的发展描绘出了图景。

我们不难想象，当数字经济进入赵羊盃村，赵羊盃村会发生怎样翻天覆地的变化。陌上花开春渐暖，数字信息的东风过处，是赵羊盃村可望的春天。

通信的桥梁

王　妍（国贸172班）

实践时间：2019年7月22—27日
实践地点：河北省唐山市丰润区石各庄镇后常魏庄村

近年来，唐山市为加快现代农业的发展，进一步促进农业发展、农民增收、农村繁荣，坚持以推广农业信息化技术为手段，大力发展农村信息化建设。唐山全市现已创建80多个移动信息化达标乡镇，760多个移动信息化达标村，移动网络信号已基本覆盖农村，农村信息化网络体系基本建立。农村信息化的建设既为农民提供了农业技术、农业灾害、供求和科技等多种信息，也是提高农民素质、增加农民收入、促进农村跨越式发展的重要途径。

唐山市农村信息化建设得到发展的同时，我们应该看到农民对信息需求不强烈，信息化意识比较淡薄；农村信息化软、硬件设施不完善，缺乏必要的技术人才；农村信息流动不畅，缺乏时效性和针对性；农民将信息资源转变为财富的能力不强，大大降低了其利用价值等问题严重影响农村信息化推进。必须加大财政投入和扶持力度，大力提升农民应用信息化的水平，加强信息队伍的建设，使之逐步成为提高农民生活质量和生活水平，促进农村又好又快发展的有效途径。

一、引言

发展现代农业，是建设社会主义新农村的首要任务。无论是应对国际竞争，还是持续推进工业化和城镇化，解决农业的深层次问题，都必须加快发展现代农业。通信的桥梁联络的不仅是信息与市场，更是发展的信心和人心。唐山是农业大市，工业基础雄厚，具有工业反哺农业的基础条件，在抢抓新机遇，建设新唐山过程中，农业同样面临难得的前所未有的发展机遇，打造唐山现代农业，促进传统农业向现代农业转变，促进工农业协调、可持续发展，是亟待解决的问题。

近年来，在市委市政府的领导下，唐山农业呈现出快速发展的势头，全市农业信息网络建设与信息服务已取得了一定的成绩，已经走出了一条适合自己的道路。特别是认真贯彻落实唐山市委提出的以“抢抓新机遇、建设新唐山，在科学发展道路上实现新跨越”战略目标为契机，加快推进唐山市农业市场信息化进程，更好地促进农业产业结构调整，为广大农民增加收入提供了信息保障。目前，唐山农业信息化建设已具备了一定基础，全市有 182 个乡镇信息服务站、2 300 个村级信息服务站、200 个龙头企业、50 多万户农户、170 个合作中介组织和 3 个重点农副产品批发市场实现了微机联网，能够及时收集和发布信息。全市农业系统县乡联网率达到 100%，乡镇上网率达到 100%，农业龙头企业上网普及率达到 85%，农产品批发市场联网率达到 60%，农村经济联合组织联网率达到 70%，农村经纪人上网率达到 80%，种养大户上网率达到 50%，村级信息网络联网率达到 50%以上。网站网络的沟通，能够及时收集发布多类农业信息，市农业信息中心建立了 11 个大型数据资料库，具有电话语音查询系统、WAP 网、触摸式查询平台以及电视上网机顶盒等服务。

在本假期对河北省唐山市丰润区石各庄镇后常魏庄村的信息化建设进行调研，在调研前期，通过网络、走访等形式，了解到关于石各庄镇后常魏庄村的基本信息。

二、基础——民风淳朴，稳步建设

河北省唐山市丰润区石各庄镇后常魏庄村共有将近 500 户人家，平均一家常住人口 4 人，老龄化状况较为严重，主要劳动力年龄在 40～50 岁，较多年轻人口外出打工谋生。该村主要种植作物为小麦、玉米、花生，也有农户种植棉花、红薯等。有许多农户在自己水塘等不适合大规模种植粮食作物的地方栽树。种植小麦的农户在丰收时以机械收割为主，花生、玉米等作物的收割大部分靠人工收取。该村自来水、供电设施较为完备。村庄东西各有一个商店提供日常必需品。由于网络的不断发展，村中也设立了菜鸟驿站，提供物流快递服务。每五天隔壁村庄会有大的集市，村民经常会去集市采购。村中设有村委会，村委员干部尽职尽责。每天傍晚以后村民会到村中的村民活动中心休息闲聊，偶尔还会有下乡演出。该村距离唐山市三女河机场路大概20分钟的车程，可经机场路到市区，交通便利。村庄生态环境较好，但绿化欠佳，还需要治理。民风淳朴，村民热情好客，在调研期间给予我们热心的帮助。

村中有一个规模适中的养鸡场，虽然可以为附近农户增添便利，但是养殖场的污染问题不可忽视。村边有几家小型的煤厂、钢厂，为村民提供了非农就业的机会，在一定程度上提高了农户收入，但是同样存在着污染治理问题。该村依然以第一产业为主，第二产业为辅，并未形成一二三产业融合发展的体系。

该村多年来并未发生违法乱纪的大事，村民相处和谐，民风淳朴。村民在村委会的带领下井然有序地生活着。村内三年选举一次村干部，选举公平公正公开。该村尚未实行垃圾分类，在垃圾处理和产业污染处理方面尚待加强。村内并未全部使用水泥铺路，只在主干道上使用水泥铺路。

三、发展——村村通网，人人通信

近年来，石各庄镇后常魏村按照市信息产业发展的总体要求，从实际出发，大力推进农村信息化工作，从我们所调查的情况来看，农村信息化对农村经济的发展起到了有力的推动作用。

全县已基本完成了“村村通电话、通网络”的目标，实现了农村广播电视、电话村村通，互联网接通到乡镇。据调查，韩城镇有260个村已通光纤和无线宽带，农民上网人数25 000人，普及率6%；农村现有电脑6 500台，固定电话85 967部，移动电话139 969部，电视机130 021台，普及率分别达到5%、66%、33%、95%，农村信息化建设得到了较快的发展。例如，以调研的后常魏村为例，现有家庭电脑45台，上网电脑12台，电视机630台，固定电话用户480户，手机用户1 150户；村两委投资5万元安装了有线电视170户，使全村有线电视用户比例达到60%以上。在唐山市移动公司路北分公司的大力支持下，该村还有25户村民家庭安装了宽带网，加快推进了农村信息化建设步伐。

韩城镇建立了36个农村信息服务站，专门搜集整理、分析发布农业技术、农情资讯、天气预报、灾情预警等信息，为广大农户提供农业信息技术服务。在12个信息超市中，发展较快的有本次调研的后常魏村。后常魏村2007年建立党员远程教育站，占地45米^2，与村支部活动室为一体。该教育站除组织党员定期学习外，还利用其宽带信息平台，组织相关产业的农户学习先进的农科技术，为农户针对性查阅相关信息。石各庄镇后常魏村经乡村两级积极协调，花费 1.5 万元，建文化网络服务站一个，占地 30 余米^2；又协同县组织部共同投资 8 万余元建 120 米^{2}的党员干部远程教育服务站，安排专人负责管理。

目前，各信息服务站开展农村信息服务的内容既有政务信息，又有热点时事新闻、农业要闻，还有政策法规、农业科技、市场动态、供求信息、价格行情、劳务动态、农业气象、灾害预警、农家百科等。洪善镇洪善村初步建成服务站三个，即便民服务站、农村信息网络服务站和党员远程教育站，主要服务内容有计生、民政、合作医疗、农经、司法等。各服务站坚持公平、公正、公开、照章办事，服务态度和蔼、热情，爱岗敬业，有问必答。

各乡镇对农村信息采集下达年度任务，推行了目标考核，服务站内部定岗定责，保证信息的真实、及时、准确。

四、推动——信息建设，文明建设

信息技术具有科技含量高、发展速度快、渗透力和带动力强的特点，在农业农村经济社会发展和社会主义新农村建设中的应用效果十分明显。从近年来的实际情况看：农村信息化建设畅通了农村信息“双向”流动渠道，满足了农民不同的信息需求，拓宽了农民增收的渠道；开辟了信息部门服务农村市场的新路子，增强了农业、涉农部门服务社会的能力，提高了为农服务的效率；在农村经济社会发展中起到了“桥梁”和“导航”的作用。其主要表现在以下几方面：

1. 增长了农民见识，促进了农民增收　农民通过涉农信息进村入户，既贴近了市场、了解第一手的市场信息，又利用市场信息适时调整种植、养殖结构，发展特色产业；既有效掌握了党和国家的农业农村政策，强化了维护自身合法权益的意识，又准确掌握了市场需求和产品供销趋势，化解小生产与大市场的矛盾，规避和减小了市场风险、自然风险，促进了增产增收。据调查，石各庄镇后常魏村通过近年来的信息服务，广大村民得到了实惠，从中了解到党的各项惠农政策和发家致富的科学技术，主要表现在农作物栽培方面和精选优良品种种植，挑优质苗木栽培，从而减少因农作物病虫害带来的损失，亩产量有很大的提高，农民种粮、栽果积极性有所提高。在养殖业方面，由以前的家养、圈养 1 只或 2 只到现在养殖规模达到 200 只以上的就有 6 户，养殖量比以前翻了好多倍。

2. 强化了农业技术支撑，促进了现代农业建设　各服务站充分利用信息网络资源优势，宣传党的农村政策，发布农业规章，推广农业技术，提供专家咨询等，缩短了与农民的距离；利用信息技术优势，推广应用农业新技术、新品种，推进了信息技术与农业生产相结合，提高了农业生产效率，促进了农业发展。

3. **改善了农民的精神面貌，推动了农村文明建设** 通过农村信息化建设，农村群众增加了了解世界的机会，扩大了认识社会的广度，提升了吸纳科学文化知识的概率，逐步向"有文化、懂技术、会经营"的农民转变，提高了农民科学文化素质，推动了农村文化社会事业发展和农村文明建设。据调查，石各庄镇后常魏村不少农民通过信息的传播，对"市场引导生产、市场引导流通"等一些现代农业理念有了深刻的理解和运用。东泉镇东泉村通过法律知识的宣传，社会治安有了很大的改变。为建设社会主义新农村、构建和谐社会打下了坚实的基础。

五、困难——措施滞后，人员不足

虽然农村信息化建设取得了一定的成绩，但也存在一些不容忽视的问题。从总体上看：农村信息资源利用不够理想、信息进村入户难，信息化工作机制不够健全，信息资源开发与利用的工作方法、措施明显滞后，信息机构人员配备不足，农民素质不高等。具体表现在：

1. **信息化基础设施建设仍然处于起步阶段** 近年来，在各级领导的重视下，农村信息化建设取得了突飞猛进的发展，实现了农村广播电视、电话村村通，互联网接通到乡镇，不少农户安装了宽带网。但信息服务站由于经费不足，从一定程度上影响了信息化基础设施的建设，信息进村入户难，而且由于上网费用高，农民接收信息渠道狭窄的局面仍然没有得到有效的改变。目前，农村大多数信息传递仍是通过相对普及的电话、电视及农民之间的传书带信、逢场赶集、邻里传播实现。

2. **本地信息少，互动性不高** 缺乏有价值的信息分析和未来农业经济形势的预测，不能较好地分析农产品生产和市场状况，使一些农业信息对农民的生产经营不具有指导性。加上有些乡镇信息站不健全、人员配备不足，缺乏信息服务的有效运行机制，缺少信息服务的经费保障，不能及时有效地收集、发布本地信息，农民与信息服务站之间没有真正互动，影响了农民对信息资源的有效利用。

3. **农民素质不高，不能适应现代信息技术的要求** 农民科技文化水平较低，直接限制了对信息技术、网络知识的学习和对信息的理解、运用。调查反映，即便手把手地教农民使用计算机，一旦业务人员离开，这些农民就又不能运用。农村经济、文化和信息化程度落后，农民的封闭性意识较强，信息观念滞后，信息意识淡薄，对网络信息等新生事物持怀疑和不信任态度，一定程度上限制了对信息的有效吸收。

六、改进——引进人才，长效机制

1. **保障经费问题** 由于信息服务站经费严重不足，阻碍了服务站工作的有效开展，我们建议应继续实行高位推动，确保工作经费，保证信息站基础设施投入，为农民及时有效获取各种农业信息奠定基础。

2. **建立有效的激励机制** 制定相应的工作任务，做到专人管理。在保证信息质量和时效性的前提下，奖惩结合，对工作突出的单位和个人进行奖励。同时，对提供有效信息的工作人员提供相应补助，对表现突出的进行奖励，提高服务人员的积极性，确保激励机制的有效落实。

3. **严格信息审核制度** 杜绝“垃圾信息”，逐步提高信息质量，丰富服务内容。好的信息能对广大农民起到很好的指导作用，有助于农业增收。

4. **举办与信息化相关的各类培训班** 提高农民的科技文化素质，强化农民了解信息、获取信息的意识。

5. **与有关部门协调，保证网速** 服务站利用信息化手段，通过各种渠道为农民提供服务，但有时由于乡村网速过慢，大量实用的农业信息不能及时传输到农民。

6. **强化协调配合，推进“互联网＋”** 现代农业行动，需要各地各部门切实履行职责，抓好落实，积极配合，协同推进。相关企业也要积极参与，主动承担社会责任。尽快形成部门分工协作、中央与地方联动、企业积极响应、社会广泛参与的工作推进格局。

7. **强化政策配套，充分利用国家、省、市推进现代农业发展的各项扶持政策** 加快推进农业农村信息化发展，鼓励和支持社会力量开展面向“三农”的信息服务，推动农业信息服务的社会化，形成政府主导、社会力量积极参与的长效投入机制，不断拓展服务范围，提升服务水平。

8. **强化资金支持，加大公共财政资金对农业农村信息化的投入力度** 有效发挥政府性资金引导和示范效应。推动民间资本投向农业物联网、农业电子商务、信息进村入户等领域，促进金融机构加大信贷支持力度，吸引电信运营商对项目基础建设方面的初期投入。

9. **强化京津冀对接，充分利用京津冀协同发展的有利时机** 加快京津技术企业、高校、科研院所的技术引进。在农业物联网、电商平台、大数据等方面的系统建设中，预留京津冀接口，适时推进农业信息化方面京津冀一体化进程。

10. 强化人才队伍建设，在做好人才引进的同时，加强本地实用人才培养 加快建立农业互联网、农业电商、大数据、信息进村入户等方面专业实用人才的培养机制和激励机制，为农业信息化发展提供智力支持。

“乡信”南园未来

魏婧瑶（工商171班）

实践时间：2019年8月5—10日
实践地点：河南省周口市扶沟县南园村

通过问卷和访谈的方式对周口市扶沟县城郊乡南园村进行一周以数字乡村为主题的社会实践，了解到当前数字乡村的信息基础设施建设已经具备良好的基础，但是互联网的普及深度、广度仍处于较低水平。智能手机的普及率比较高，但是手机没有得到深层次的利用，村民对手机的使用以娱乐和联系家人为主，抖音和微信在村民的娱乐生活中占据重要地位。多数涉农App不能很好满足村民需求，安全性是手机不能深度推广的重要原因。小农户的普遍存在不利于农业现代化的发展，农业信息化、智能化、机械化水平较低。手机的使用并没有提高村集体行政效率，乡村电子政务的发展任重道远。

一、引言

数字乡村是伴随网络化、信息化和数字化在农业农村经济社会发展中的应用，以及农民现代信息技能的提高而内生的农业农村现代化发展和转型进程，既是乡村振兴的战略方向，也是建设数字中国的重要内容。

当前，新一代信息技术创新空前活跃，不断催生新技术、新产品、新模式，推动全球经济格局和产业形态深度变革。党的十八大以来，以习近平同志为核心的党中央高度重视网络安全和信息化工作，作出一系列战略决策，统筹推进网信事业快速发展。农村信息基础设施加快建设，线上线下融合的现代农业加快推进，农村信息服务体系加快完善，但也存在顶层设计缺失、资源统筹不足、基础设施薄弱、区域差异明显等问题，亟须进一步发掘信息化在乡村振兴中的巨大潜力，促进农业全面升级、农村全面进步、农民全面发展。

以此背景，对周口市扶沟县南园村数字乡村发展情况进行调研。

二、民生淳朴善良，水稻誉满全县

南园村位于周口市扶沟县桐丘南路，该村地理位置独特，交通便利，环市北环路、桐丘南路、洧水路及大扶路纵横交错。南园村是一个古老的村庄，1960年以前，南园位于现在人民公园北侧，行政新区临时办公区与美林湖畔一带。当时，村中间有一条南北走向的大路，路东为东张，路西是西吴，东张西吴合称南园。

南园村目前除张、吴、王姓外，还有丁姓、刘姓、侯姓、袁姓、朱姓等。这些姓氏大都是近几年人口流动、婚姻嫁娶的结果。南园张、吴两大姓虽人口众多，但张、吴之间辈分清晰、分明。异姓之间相互尊敬，从来不乱辈分。

1957年发洪水过后，尽管已经复耕，由于土地受雨水常年浸泡，土地碱化严重，每到秋冬季，地面泛起一层白色的碱。由于土质碱化厉害，庄稼收成极低。1962年，在南园村驻队的县领导田宇光，根据南园的土质情况，建议引种水稻。田宇光带领村民，从马村干渠引水入田，又从信阳请来技术员负责技术指导，当年就获得了每亩250千克好收成。之后的几年，南园村将全村的地全部种上了水稻，同时也改变了土质，盐碱地变成了良田。南园引进的“一棵栽”品种亩产可达500千克以上，且口味甘甜、醇香，誉满全县。20世纪80年代初期，全县大面积开始推广“麦棉套种”技术，南园有部分地块改种棉花和小麦，由于土层含水量大，效果不是很好，仍有部分人坚持种植水稻。南园的水稻种植一直坚持到2012年，县行政新区规划建设后，将南园的大部分土地征收，水稻种植就此结束。目前，城郊乡的马家厂、何庄、李堂、五里店等村庄仍有部分水稻种植。

东张的蔬菜种植始于20世纪七八十年代，他们利用紧靠县城的地理优势，大力发展蔬菜种植。当时东张的温室大棚、小型供棚比比皆是。因在卖菜中发现商机，头脑聪明的人就放弃蔬菜种植，改为蔬菜收购批发，也有人经营蔬菜种子。东张的蔬菜种植带出来一大批经营蔬菜的生意人，这部分人便是扶沟县第一批经营蔬菜的生意人。目前，扶沟县蔬菜批发市场内仍然有很多南园人在经营。

2012年，县里筹建行政新区，建人民公园、教育园区。南园村80%的土地被征用。失去土地的南元人只有另外寻找其他谋生之路。目前，位于桐邱路两边的民房大部分已经重建，样式新颖别致的二、三层小洋楼鳞次栉比，与宽阔的桐邱路交相辉映，小城市的雏形初见端倪。高楼大厦与绿野田间，古老与现代并存，成为一道具有南园特色的独特风景。随着经济飞速发展，以及大部分土地被征用，从南园走出去的人越来越多。他们立足本地远走他乡，为南园、为家人而辛勤打拼，仍然坚守原本的勤劳与朴素，淳朴与善良。

三、智能手机普及，全面改善生活

1. 手机使用基本情况 智能手机已经普及，手机价格多集中在 1 000～2 000 元；买手机的主要原因是方便通信联系（打电话及发短信、微信等）和想用手机上网来缓解生活压力；手机月消费在 20～50 元；每月使用流量 1～5GB，少部分村民在 5～10GB；村民手机上网，关注的内容主要是新闻娱乐和微信等社交软件信息（群聊或朋友圈），不怎么关注农业、政策等相关信息。每天使用手机的时间平均在 3.3 小时左右，且有增加的趋势。大多数村民认为手机使与家人联系更加方便，并且能够获得更多的资源与信息，丰富娱乐方式。娱乐的主要方式从以前的看电视转变成了如今的刷抖音小视频和社交软件社交。

2. 手机网络信息对农产品生产的影响 在生产经营过程中会通过手机网络信息获取天气气象类、社会化服务类、农机推广类信息，其中天气气象类信息帮助最大。在手机上获取生产类信息的途径多是手机短信，其他如抖音 App、今日头条 App 也是获取信息的重要途径。涉农手机报、涉农网站知之甚少，同时也认为不需要。获取的农业信息基本可以满足生产需要，但是对于信息的准确性和及时性认为一般。目前还没有利用物联网等技术改善农业生产，他们也坦言，村里并没有相关的培训，他们难以接触这些技术和设备，但如果政府推广相应物联网技术，他们非常愿意使用。

3. 手机网络信息对农产品销售的影响 2012 年，县里筹建行政新区，建人民公园、教育园区。南园村 80%的土地被征用。所以村民绝大多数成为小农户，种植的农作物除一部分自己食用外，剩下的等待上门收购或者批发市场出售，不会采用网上销售的方式。当地政府对相关的电商平台销售的专题培训举办较少，村民参加的也比较少。村民对国家农业信息化相关政策不太了解，对政府部门的农业信息服务工作的满意程度为一般。

4. 手机网络消费情况 村民们都开通了电子支付，年龄大的村民不经常使用电子支付，所以不太能熟练使用电子支付。老年人很少选择网购，主要原因是不信任购物网站和个人长期消费习惯影响。青年、中年人会选择网购，消费产品多是日常生活用品和文教娱乐产品，无人选择在网上购买医疗保健品。

一方面医疗体系完善，看病方便，另一方面村里会经常宣传教育。

5. **手机网络使用对交流方式的影响**　交流方式从原来的串门面对面聊天、电话手机交流逐渐转变为微信交流。智能手机的使用可以了解朋友家人近况，方便交流联系，拉近了人与人之间的距离。村民认为实施电子政务效率低下，不需要也不习惯。村里有几家大姓，每一家会选出一个代表，村队长通过代表传达重要事情，一般他们之间会使用微信群，而将消息传达给村民一般是上门通知和村喇叭广播，因为村民之间相互认识并且很热心，所以相互传达消息反而效率更高。

6. **手机使用对农民工城市生活的影响**　对于农民工来说，智能手机方便了与城里认识的老乡朋友联络沟通，给衣食住行带来了方便，更加了解城市，增强融入感，并且与家人朋友联系多，减少孤独感。

四、战略纲要指引，创新智慧乡村

下面将根据《数字乡村发展战略纲要》的10个重点任务对南园村的数字乡村建设进程进行介绍。

1. **加快乡村信息基础设施建设**　近些年，当地政府十分重视乡村基础设施共建共享，上级政府拨款修缮道路，实现村村通；进行下水管道改造，解决乡村下水道直接排放造成的河流污染问题，以前村中臭水沟也因下水管道整改而逐渐变得清澈；升级网线，统一接入光纤，方便数字电视网、网线网络的连接使用；重新改造供电线路，解决私搭建线路造成的用电安全隐患问题；天然气管道统一安装……村容整洁，目前已实现“五化”，即村庄绿化、道路硬化、路灯亮化、河道净化、环境洁化。在信息基础设施建设方面取得了很大进步，为互联网的使用、信息化的普及奠定了良好的基础。村民们家家有电视机，绝大部分有电脑，并且网络速度非常快。使用“伪基站”设备的行为已经销声匿迹了。因村中宣传、儿女教育，村民对电话、网络诈骗问题有很高的警惕性，但这也是造成村民很少使用互联网进行生产、销售、消费的重要原因。

信息终端和服务供给不到位。对于南园村这样的少耕地村庄，具有“三农”特点的信息终端、技术产品、移动互联网应用软件很难满足村民的需求，并且他们也很难得到相关信息。南园村水利、公路、电力、冷链物流、农业生产加工等基础设施的数字化、智能化转型仍比较困难，推进智慧水利、智慧交通、智能电网、智慧农业、智慧物流等乡村基础设施数字化转型任重道远。

2. **发展农村数字经济**　2012年，县里筹建行政新区，建设人民公园、教育园区。南园村80%的土地被征用。如今每家的土地都不是很多，种植的作物多为谷物、果蔬、芝麻，留下一部分食用外，剩下的在收获时节会有专人收购。但农业已经不再是他们收入的主要来源，留在村中的村民多在附近从事建筑、房屋装修工作。特别是地板砖铺设、房屋内外墙的粉刷等，在全县是非常有名气的。他们娴熟的施工技术、过硬的工程质量受到顾客的广泛赞誉。但是这些工作多是熟人介绍或者卖地板砖的商家介绍。

村里的小卖部、商店仍是传统的夫妻店经营模式，自己进货或者打电话给经销商订货。实体店缺乏人工智能、大数据赋能，难以实现线上线下渠道融合发展。快递、外卖已经深入乡村，但使用淘宝、外卖的多是年轻人，年龄大的村民受消费习惯影响仍不适应网上购物。

近年来，扶沟县深入挖掘红色文化内涵，充分发挥红色旅游资源优势，打造红色旅游线路。目前，吉鸿昌将军纪念馆、吉鸿昌烈士故居、塔湾烈士陵园、“筑路英雄”张福林烈士事迹陈列馆等一批全国爱国主义教育示范基地连点成线，吸引着全国各地的游客慕名而来。红色旅游正逐渐成为扶沟经济发展的新增长点。红色旅游有助于形成特色优势产业，增强造血功能，提高人力资源素质，改善生态环境，这些综合带动作用将全面促进扶沟经济社会发展。但是存在基础配套设施跟不上、红色资源整合力度不够、景点开发形式较为单一、市场吸引力较差、景区解说员素质偏低、景区宣传方式单一、景区形象宣传缺乏特色等一系列问题。

3. 强化农业农村科技创新供给 农业装备智能化水平比较低，地狭人稠，大规模机械化作业难度大。小农户众多，存在耕地荒废问题。遇到农业生产问题村民不习惯上网寻求帮助，也不知道如何寻求帮助，一般都是凭借经验，或者向卖种子、化肥、农药的商家寻求帮助。

4. 建设智慧绿色乡村 南园村大部分耕地能实现机械化播种、收割，但因为地狭人稠、地少，不方便机械化灌溉、除虫等作业，浇水、除草、除虫一般还是采用人工劳动。化肥、农药的使用也多是凭借经验，相关的使用信息、知识基本上是卖化肥和农药的销售商传授的。农业信息化生产有很大的难度，解决小农户问题是关键。

当前城郊乡正如火如荼开展农村人居环境整治“百日行动”。党委、政府多措并举，着力推进此项工作，利用广播、微信等加大宣传力度，动员广大干群积极参与，努力营造一个宜业宜居、干净整洁的生产生活环境。镇政府实行领导包区、镇政府干部包村、各村支部书记为各村第一责任人、村干部包路段的分包责任制，任务分解到人，责任到人。镇督导组加强督导检查，一天一排名，镇政府每三天出一期工作简报，通报表扬先进村，也有约谈后限期整改的。掀起了一波改善环境的热潮，极大地改善了村容村貌。在动员群众打扫卫生的同时，镇里组织人员对街道的私搭乱建、乱贴乱画、违章广告进行清理，对沿线树木进行刷白，对村内空闲宅基地、村庄周边、坑塘、河道沟渠等重点部位的垃圾动用挖掘机、推土机等大型机械集中清理，全部转运到镇垃圾中转站，进行根治性处理。随着整治活动的逐步开展，群众的满意度越来越高，幸福感越来越强。该乡适时加强宣传教育，逐步培养广大群众卫生习惯，养成良好的生态环境保护意识。

城郊乡每年秋天会使用卫星对焚烧麦秸秆行为进行监控，及时发现、及时处理。采取多种途径，禁止过年放炮。但乡村生态保护信息化水平比较低，很难做到对农村污染物、污染源全时全程监测，农村人居环境综合监测平台建设水平也比较低。

随着智能手机的普及，村民能通过朋友圈转发的文章、头条新闻、抖音视频等方式获取养生知识，儿女们也会将看到的相关视频、文章转发给自己的父母。村民们有着非常强烈的保健意识。饮食、生活习惯方面也逐渐抛弃传统落后观念。同时，儿女们也会叮嘱老人防骗、防迷信，所以老人们也不怎么购买保健产品，不怎么相信传统偏方，生病会及时就医，谨遵医嘱，不定时还会去主动体检身体。村中有舞蹈队，每天早上 7 时至 9 时就会统一服装，集中跳舞，锻炼身体。南园村靠近扶沟县人民公园，所以村民每天都会到公园散步、跳广场舞、锻炼身体。

5. 繁荣发展乡村网络文化 南园村智能手机的普及率非常高，村民们多使用手机进行娱乐。刷微信和抖音是两个重要的娱乐方式：微信关注的是朋友圈中转发的养生健康文章、政策通知、朋友的日常生活记录等，抖音关注的内容多是滑稽怪异的喜剧表演、乡野舞台上的才艺展示、婚恋交友、日常生活的搞笑视频等。存在关注庸俗、低俗、媚俗网络文化的问题，不利于宣传中国特色社会主义文化和社会主义思想道德。村中存在老龄化、空心化问题，年轻人多外出务工，很多家庭都是爷爷奶奶和孙子孙女生活在一起。父母虽然没有给孩子买智能手机，但是孩子们在闲暇时使用爷爷奶奶的智能手机玩游戏、上网，产生一定程度的沉迷网络问题。并且存在不良网络信息、暴力、色情、低俗的网络文化，不利于青少年的健康成长。

6. 推进乡村治理能力现代化 当今去乡政府办事非常方便，在办事大厅所有的部门单位都有，不会像以前一样办事拖沓麻烦，但存在服务态度差的问题。村民认为实施电子政务效率低下，不需要也不习惯。村里有几家大姓，每一家会选出一个代表。村队长通过代表传达重要事情，一般他们之间会使用微信群，而将消息传达给村民一般是上门通知，又因为村民之间相互认识并且很热心，所以相互传达消息反而效率更高。但当前存在村委会办事不积极、效率低下，很多信息不能及时传递的问题。村民希望能提高政务信息公开化、透明化水平以及传递及时性。

7. **深化信息惠民服务** 南园村中学校都已经采取多媒体教学，每年暑假老师还会参加县里组织的教师培训，教年龄大的老师制作课件、使用多媒体，同时会派优秀的教师外出学习。南园初中、高中的基础设施配备齐全，多媒体、实验室广泛普及。但农村中小学的教师工资普遍不高且多为年龄较大的中老年教师，虽然该部分教师拥有较为丰富的教学经验，但是这些教师教学现代化程度较低。即使学校在政府的帮助下引进了许多现代化的教学设备，由于许多教师对现代化设备使用水平较低，现代化的教学设备也无法发挥作用。

南园村中建造有老年人社区，为村中的老人提供娱乐场所；定期举办一些普法、健康知识讲座；医疗下乡、定期开展医疗体检服务，为村民提供一对一服务，传授健康知识。相关信息多通过微信朋友圈传播，但是年龄大的村民多是通过串门聊天得知这些信息。

8. **激发乡村振兴内生动力** 南园村村民对保险存在一些误区，相关的信息了解少，村干部也不重视相关方面的宣传教育，很难将商业保险、政策性保险和普惠保险业务进行融合，支持农村普惠保险发展。

出于对购物网站安全性的担心，很多年长村民不敢使用淘宝、京东等购物，一定程度上限制了移动支付结算的深入发展。

多数村民从事的装修、贴瓷砖工作多由熟人、瓷砖卖家介绍，使得装修、贴瓷砖服务存在信息不对称问题，供需没有良好的衔接。装修、贴瓷砖工作仍采取传统方法，很难提高工作效率，可能会逐渐失去其竞争力。

9. **推动网络扶贫向纵深发展** 南园村中的贫困户都已经建档立卡，通过扶贫开发建档立卡对贫困户进行精准识别，了解贫困状况，分析致贫原因，摸清帮扶需求，明确帮扶主体，落实帮扶措施，切实做到扶真贫、真扶贫，确保在规定时间内达到稳定脱贫目标。驻村干部积极帮助贫困户寻找就业机会，改善贫困家庭生活条件，提供医疗、教育上的资金援助。但是扶贫手段单一，扶贫资源匮乏，不能很好利用互联网扶贫。

10. **统筹推动城乡信息化融合发展** 现今，扶沟县的房地产行业飞速发展，出现了大量的装修、贴瓷片、铺设地板砖等工作机会。但是存在着信息不对称问题，城乡信息化融合程度低，不利于南园村村民抓住此机会。

11. **将小农户与现代农业发展有机衔接** 在土地密集型种植业中以服务模式经营替代土地规模经营以实现农业规模经营的土地托管模式，从而方便采用信息化、机械化方式进行农业生产，进一步提高土地密集型大宗农产品的竞争力，从而实现规模经营。对于外出务工所产生的荒地，一方面要给予农民补贴，另一方面要鼓励农民将土地托管出去。

12. **大力发展互联网红色旅游业** 为进一步打响红色旅游品牌，扶沟县应把发展红色旅游纳入全县经济社会发展总体规划，科学规划设计、精心组织实施，倾力把扶沟打造成豫东地区红色旅游集散中心。深挖红色文化的独特资源，实施乡村旅游精品工程，建设互联网特色旅游乡村。完善基础配套设施，整合红色资源，丰富景点开发形式，找准景区特色，积极利用互联网进行宣传。

13. **合理利用流行 App，传播优秀乡村文化，关爱留守儿童** 利用好抖音、今日头条等流行 App，利用互联网传播优秀乡村文化，营造良好的网络氛围，传播社会主义先进文化，提高村民的思想道德修养。向村民宣传智能手机其他功能，使村民认识到手机的其他功能，不仅仅局限于娱乐。大力推动游戏运营方在保护未成年人方面进一步升级技术手段。学校、社区或监护人，要多关注留守儿童，不能放纵他们，应该把留守儿童组织起来，让他们参加一些集体活动，让他们发现还有更多比手游更有趣的东西，不能让手机成为留守儿童唯一的娱乐方式。

14. **提高网络安全技术在网络安全维护中的应用能力** 增强互联网消费的安全性，从根本上打消村民顾虑。打击利用互联网犯罪行为，维护互联网安全。

15. **提升乡村信息服务水平** 进一步完善农业综合服务体系。积极推广12316 农业综合信息服务平台。深化信息惠民服务，组织开发商务、交通、医疗、教育等各行业应用的信息服务。建立公共就业信息服务平台，为乡村人员提供就业信息指导。推广远程教育、远程医疗、金融网点进村等信息服务，建立空间化、智能化的新型乡村信息综合服务网络。统筹推进农村综合服务平台建设，将村级服务场所打造成集党务、政务、村务、商务和社会服务于一体的综合服务平台。深化“互联网＋放管服”改革工作。大力推进网上审批，推动更多行政职能和服务事项网上办理，打造“一网通，一次办好”品牌。

16. **积极推动网络扶贫，创新网络扶贫帮扶举措** 进一步完善基本医保、大病保险和医疗救助“一站式”报销结算机制。开展网络公益工程。开展“互联网＋公益”的线上线下宣传和劝募活动。实施推广妇女儿童民生项目，为贫困妇女儿童提供资金、物资、培训等多种形式的帮扶救助。

17. **推广新型保险，重视保险宣传工作** 村民多从事装修、贴瓷片、地板砖工作，保险的宣传推广应侧重人身安全类、意外伤害类保险。村干部应该重视对保险的宣传工作，消除村民误区，打消顾虑，为村民的健康、安全提供一道保障。将商业保险、政策性保险和普惠保险业务进行融合，支持农村普惠保险发展。

五、投身乡村民情，树立责任使命

社会实践活动是引导我们走出校门、接触社会、了解国情，使理论与实践相结合、知识分子与工农群众相结合的良好形式；是我们投身改革开放，向群众学习，培养锻炼才干的重要渠道；是我们提高思想觉悟、增强大学生服务社会意识，促进大学生健康成长的有效途径。此次社会实践活动的开展有助于我更新观念，发展组织能力和提高创新意识，了解国情，了解社会，增强社会责任感和使命感。

在南园村为期两天的数字乡村调研活动，我深刻地见识到了农村翻天覆地的变化。我深深地感受到了当下祖国农村建设的蓬勃生机与活力，也对未来祖国农村的建设充满了信心与期待。

当前，新一代信息技术创新空前活跃，不断催生新技术、新产品、新模式，为乡村振兴提供了强力支撑。虽然随着城市化进程的快速发展，智能手机、互联网的普及已经扩散到乡村，但我们不得不面对的事实是智能手机、互联网的普及深度广度还远远不够。对于农村地区来说，要让数字经济建设的红利向农民普及，需要内外结合。外要为农村数字建设创造条件，保障网络和运输的通畅；内要引导和培训农民深挖智能手机功能，提高其使用互联网、智能手机与外部接轨的能力。调研期间，看到很多村民在刷抖音，这成为他们生活中重要的一部分。智能手机使用的娱乐化倾向、使用时间的增加趋势，说明乡村的精神需求还有很大的缺口，还需要很多材质来填充，这是一片蓝海。漠视它、迎合他、误导它、引导它，将产生不同的结果，塑造不一样的村民。对于电子政务效率低下问题，不是方式不行，而是乡、村基层不重视宣传电子政务，不积极推广电子政务，不及时更新、传递政务信息。所以基层干部首先要扭转自己的观念，及时跟上时代发展趋势，做好宣传、引导、服务工作。但同时村民要提高主人翁的意识、责任意识，对自己负责、对乡村负责，努力学习新知识、新技能，积极融入现代化建设。

推动数字乡村建设，实现乡村振兴还有很长的路要走，当代大学生有责任也有义务为实现这一目标而奉献出自己的青春力量。“乡信”未来，相信未来！

走进大窑村
——用数字的脚步丈量

胡慧敏　杜淑敏（工商171班）

实践时间：2019年7月17—21日
实践地点：安徽省合肥市长丰县大窑村

2019年中共中央办公厅、国务院办公厅印发《数字乡村发展战略纲要》，旨在通过数字经济推进乡村产业质量变革、推进农村经济效率变革、推进乡村发展动力变革、推进农业发展方式变革，从而加快我国农业农村现代化发展，进而实现乡村振兴战略目标，同时发出通知，要求各地区各部门结合实际认真贯彻落实。本文以安徽省合肥市长丰县大窑村为例，围绕数字乡村建设为主题进行调研，了解乡村数字化建设进程，并对实际情况进行补充感悟，适当提出建议。

一、引言

党的十八大以来，我们党把“三农”问题作为工作的重点和核心，在发展农业、农村和解决农村问题上取得了重大成就，并积累了丰富且重要的工作经验，为进一步实施落实乡村振兴战略奠定了良好的基础。2018年印发的《中共中央　国务院关于实施乡村振兴战略的意见》《国家乡村振兴战略规划（2018—2022年）》《国家信息化发展战略纲要》备受广大群众关注，文件提出乡村振兴战略的任务目标是：

到2020年，乡村振兴取得重要进展，制度框架和政策体系基本形成。农业综合生产能力稳步提升，农业供给体系质量明显提高，农村一二三产业融合发展水平进一步提升；农民增收渠道进一步拓宽，城乡居民生活水平差距持续缩小；现行标准下农村贫困人口实现脱贫，贫困县全部摘帽，解决区域性整体贫困；农村基础设施建设深入推进，农村人居环境明显改善，美丽宜居乡村建设扎实推进；城乡基本公共服务均等化水平进一步提高，城乡融合发展体制机制初步建立；农村对人才吸引力逐步增强；农村生态环境明显好转，农业生态服务能力进一步提高；以党组织为核心的农村基层组织建设进一步加强，乡村治理体系进一步完善；党的农村工作领导体制机制进一步健全；各地区各部门推进乡村振兴的思路举措得以确立。

到2035年，乡村振兴取得决定性进展，农业农村现代化基本实现。农业结构得到根本性改善，农民就业质量显著提高，相对贫困进一步缓解，共同富裕迈出坚实步伐；城乡基本公共服务均等化基本实现，城乡融合发展体制机制更加完善；乡风文明达到新高度，乡村治理体系更加完善；农村生态环境根本好转，美丽宜居乡村基本实现。

到2050年，乡村全面振兴，农业强、农村美、农民富全面实现。

为贯彻落实以上文件，中共中央办公厅、国务院办公厅印发了《数字乡村发展战略纲要》，结合当前网络化、信息化的发展现状提出了乡村信息化的建设，包括加快乡村信息基础设施建设、发展农村数字经济、强化农业农村科技创新供给、建设智慧绿色乡村、繁荣发展乡村网络文化、推进乡村治理能力现代化、统筹推动城乡信息化融合发展等方面，进一步推进乡村振兴战略。

农业农村信息化作为现代农业发展的核心要素，正日益成为推动农业节本增效和农民增收的必然选择。

而2019年3月中共中央、国务院发布的《关于坚持农业农村优先发展做好“三农”工作的若干意见》明确指出“实施数字乡村战略”，“推进重要农产品全产业链大数据建设，实施‘互联网＋’农产品出村进城工程”，“全面推进信息进村入户，依托‘互联网＋’推动公共服务向农村延伸”，对新型农业现代化发展提出了具体要求，必将对农业农村经济社会发展产生广泛而深远的影响。我们应着力以数字乡村建设推进农业农村信息化，加快乡村振兴战略高质量实施。

安徽省合肥市长丰县大窑村位于岗集镇北部，坐落在风景秀丽的卧龙山北麓，占地面积6.9千米^2，总人口1 786人，共有531户人家。2008年初，岗集镇被国家正式批准为中国发展改革试点小城镇，大窑村由此也展开了新农村建设的道路。自那时起，村里逐步对村中原有的住房进行了拆迁改造，并结合住宅建设和产业布局进行了新的土地规划，在新的地区集中建立起了新社区，建设了村民活动区，包括健身操场、活动广场、日用百货店等基础设施，改善了村民的生活条件和物质生活。并加强对村内的绿化布局建设，打造美丽乡村，给村民一个干净美丽的乡村居住环境。同时，新农村建设还对排水工程和电信工程进行了新的规划，从而能够有效接入自来水，并且处理生活污水，为村民提供有线电视广播、网络等，村民生活质量大幅度提高。

在安徽省推进科学发展、加快全面转型关键时期的大背景下，自2018年9月起，在全县美好乡村建设动员大会召开后，在县委、县政府，镇党委、政府的高度重视下，大窑村有幸被列入美好乡村建设规划中，其中贾大郢中心村被定为美好乡村建设的规划中心村。大窑村自此迈出了跨越式发展的第一步。贾大郢中心村配套建设健身广场、篮球场、绿化景观和绿地水岸等设施，完善污水管网、污水处理设施和垃圾储运等建设。中心村距离206国道1.9千米，距离国家4A级景区合肥非物质文化遗产园仅2千米，为积极承接重点旅游景区和国道辐射，目前，中心村周边已建成花卉苗木基地700亩，1 000亩山核桃培育基地正在建设中，以实现“群众安居、环境优美、乡风文明、产业发展”的美好乡村建设目标。

多年来，大窑村的农业经济一直以优质水稻和棉花种植为主，2019年通过土地流转改善了其经济模式，已形成以林木苗圃与经果林为主，辅以水产养殖的发展模式。村内现已成立3个农民专业合作社，在工业企业和林业基地务工的总户数已占农户总数的60%以上，村内土地流转达30%。结合美好乡村建设，大窑村着力把优势产业做大做强，打造绿色品牌，真正实现“生态宜居村庄美、兴业富民生活美、文明和谐乡风美”的目标。发展新产业，实现“兴业富民生活美”的目标，是美好乡村建设的基础和保障，科学合理的产业规划可以使得当地经济迅速发展，真正带动农户走向富足。大窑村产业发展的总体思路是：依托大窑村自然条件和产业发展现状，重点以林木苗圃与经果林为主，辅以养殖产业的发展模式，以工业化的理念组织农业生产，提高花卉苗木和经果林的规模化、产业化、标准化程度，结合当地养殖产业基础，扶持龙头企业，形成企业带动农户的发展规模。

二、走村庄，访民意

在调研开始的初期，我们团队对最终调研的乡村目的地进行了筛选和选择，在距离合适的范围内并针对近几年的乡村建设和发展情况，我们最终选择了岗集镇大窑村。在进行实地调研前，我们先通过网上搜索到的互联网信息大致了解了岗集镇的发展历史和现状。我们了解到，作为长丰县的经济发展重镇，岗集镇不仅仅注重汽车零部件产业的持续发展，同时结合其自身地理优势发展了以卧龙山为重点的旅游生态区，并且建设了非物质文化遗产园，而大窑村就位于非物质文化遗产园的北部，从而带动村内的文化建设和旅游经济发展。在7月中下旬我们团队正式对大窑村就“数字乡村建设”主题进行了参观与调研，在村里负责人的带领下我们更深入地了解到大窑村的发展情况。

来到大窑村，我们首先看到了一栋栋规划整齐的房屋，而在屋子前是宽度适当、方便车辆行驶的道路，在宽阔的路边是一棵棵高大青葱的树木，带来了片片生机。一些村户还在自家院子的后面种植了香甜可口的蔬菜，当蔬菜成熟之时，摘来家里做菜，或是邻里之间相互赠送，而这也成为当地村民最为普遍的日常生活。我们注意到在村内的每个岔路口都放有垃圾桶，从而方便生活垃圾的收集和处理。在村子的西边还有篮球场和健身场，这丰富了居民生活，也给孩子们一个锻炼身体的场所。接着我们参观了村中的果园，有的果树正值果实成熟之际，一颗颗成熟饱满的果实在阳光的照耀下更加可爱和耀眼，而在这空气之中，时不时地能闻到果实的清香。大窑村的总耕地面积为6 469亩，其中水田4 505亩，旱地1 864亩，林地100亩。新农村建设后对土地重新规划，大窑村内不再是分散的个户种植，而是土地被大片承包进行大面积种植，因此我们看到了一片片划分详细的土地上种植了不同的果蔬，对于不同的季节，合作社还进行了合理的作物轮作，从而能够充分发挥土地的价值。其后，我们简略地参观了村中的一家养殖场，但是由于夏天燥热，养殖场内不便参观，我们有幸从员工口中了解到养殖场是由外来人和本地人一起承包的，而这也是村中养殖场普遍的现状，不只是当地居民独立承包，更多地会选择与外地人共同合作，一起将生意做好做大。另外还有一家水产养殖，而这家水产养殖同时结合了垂钓农家乐，并在门口挂有丰南渔业养殖协会的牌子，旁边还有供人们休息和就餐的地方，环境非常惬意，给游客带来极佳的钓鱼体验并品尝自己所钓到的鱼，而这也成为当地非常常见的经济运营模式。从负责人的口中我们还了解到，在村子北侧的不远处已经发展了旅游生态，正式开启了农家乐的相关建设，并且提供有自助采摘葡萄和自助烧烤等娱乐活动，并希望能够以此来带动村中整个旅游休闲一体化发展，吸引城市中的人来休闲放松，带动村内经济发展。

在社会实践的过程中我们与村民进行了交谈，同时发放了问卷调查，帮助我们进一步了解乡村的发展。因为土地承包，部分村民选择了外出打工，也有部分村民被雇佣在村中继续种植果蔬、养殖动物。我们在拜访村民家里时发现村里已有无线网络和数字电视，这些都已表明信息基础设施建设基本完成，村民在闲暇之余也会使用手机上网，村中的党建活动也会公布到网上，帮助村民及时了解情况。但是，农村数字化只在村民日常生活中体现，并没有很好地应用在农业生产上：村中果树的种植虽然实现了集中化，但是缺少数字技术以使村民及时掌握植物信息，目前主要依赖于承包土地的村民的种植经验，对化肥的实施、土地肥力的维护等都主要依靠传统的方式。在销售农产品方面，主要还是通过大货车，将农产品运输到城市的批发市场，进行集中销售，虽然村民会通过网上的一些信息了解农产品的市场价格，但网络资源并没有得到充分利用，关于一些农业政策补贴等也主要依靠口头传播询问的方式，村民对网络的使用不是非常熟悉。而在该村中对于正在开发的农家乐，宣传方式也主要依靠人们口头传播，缺少网络宣传。在乡村网络文化建设中，该村已开始乡村文明建设，积极建设文化设施，村中已有宣传乡村文化的书籍，也在一定程度上与互联网结合进行传播。

在调研中我们发现，大窑村已开始了数字建设，但仍然需要深入数字化建设，让互联网更好地为农业生产和村民生活服务。

三、联网络，助乡村

1. 加快数字乡村建设，是实现乡村振兴的迫切需要 建设“产业兴旺、生态宜居、乡风文明、治理有效、生活富裕”的现代化新农村，面临着资源环境、人才技术等诸多因素制约，依靠传统手段难以解决。在信息革命的时代背景下，应充分利用互联网思维和信息化手段寻求非传统、超常规的办法，推动农业农村发展实现质量变革、效率变革和动力变革。

2. 加快数字乡村建设，是落实网络强国战略的具体体现 习近平总书记提出，“要发展数字经济，加快推动数字产业化”，“要发挥互联网优势，促进基本公共服务均等化”。深入实施数字乡村战略，可催生农业农村新业态新模式、培育发展新动能，为实现网络强国和农业农村现代化提供有力支撑。

3. 加快农村数字经济产业化 一是大力发展农业农村电子商务。加快建设适应农产品电商发展的分等分级、采后处理、包装储运、冷链物流、服务管理的标准体系，打造农产品销售、农村公共服务中心。二是推动农村互联网创业创新。加强休闲农业、乡村旅游业等基础设施建设，搭建在线乡村旅游平台。打造农村创业创新众创空间、产业园区，提供一站式服务和多种形式支持。三是建立农业农村信息化产业体系。推动科技创新成果与农业生产经营有效对接，开发适应“三农”特点的新型信息技术和产品。培育一批农业农村信息化龙头企业，形成产业链条健全、专业协作机制完善的创新应用企业集群。

4. 积极推动农村公共服务在线化 一是推进涉农服务事项在线办理。重点推进与农民生产生活密切相关的人力社保、法律、卫生等各类政务服务，提升在线办理效率。鼓励各类互联网平台和应用向农村延伸，提高益农信息覆盖率。二是利用各类远程平台就近提供优质服务。加强农村学校信息化基础设施建设，推动教学点数字教育资源全覆盖。完善城乡医疗信息系统，加强乡镇卫生院信息化建设。建立推广面向“三农”的远程咨询平台，为广大农民提供各类在线咨询服务。三是利用“互联网＋”建立新型农业社会化服务体系。建立农业生产性服务网络交易平台，推动土地托管、代耕代种、农机作业、农业植保等各类农业生产性服务资源与生产需求有效对接。鼓励各类农业专业化服务组织针对农民需求，提供有价值的个性化服务。

5. 数字乡村是落实网络强国战略的重要举措 党的十八大以来，以习近平同志为核心的党中央高度重视互联网的发展，提出要加快构建高速、移动、安全的信息基础设施，全面推进光纤网、宽带网络全覆盖，不断推进网络强国战略的理论创新和实践创新。为此，我们要紧紧抓住信息技术迅猛发展的历史潮流和历史契机，着重加强网络信息方面的投入和创新，以信息化、数据化带动我国经济，尤其是农村经济快速发展。实施数字乡村战略，就是要依托互联网，实现农村信息网络技术改革创新，实现农村产业数字化、治理数据化和生活数据化。

6. 数字乡村是信息技术发展的必然要求 2016 年 4 月，习近平总书记在网络安全和信息化工作座谈会上指出，相比城市，农村互联网基础设施建设是我们的短板，要加大投入力度，加快农村互联网建设步伐，扩大光纤网、宽带网在农村的有效覆盖。为此，我们要高度重视互联网信息技术，加快农村互联网普及，使信息化技术在农业生产和农民生活中更为广泛地推广和应用。当前我国绝大多数农村已实现了光纤网、宽带网全覆盖，农村网民的数量在逐年增加，不少农村还建立了水费群、电费群、乡村诊所群等各种公务微信群或微信公众号，极大地方便了农村的发展。整体来看，我国乡村互联网基础设施建设基本完成，实现农村产业数字化、治理数据化、数字一体化指日可待。

7. 数字乡村是建设智慧社会的内在要求 党的十九大提出，我们要建设智慧社会，这是建设创新型国家的重要组成部分。智慧社会包括互联网普遍覆盖、公共服务移动化、办事流程扁平化、社会治理精准化等，涉及人民生活的方方面面，是一个涉及面多、覆盖面广的社会信息服务体系。随着大数据、互联网、物联网等技术的发展，政府也在加快数字化转型。如今，人们可以在智能手机上享受很多政务服务，如缴纳交通罚款、生活用水用电费、挂号预约、参与社会治理等。过去，人们需要到交警大队去查询违章情况，然后再到车管所填写确认书，最后到车管所指定的银行缴纳罚款；如今，我们可以通过网站、手机 App 等自行查询，如有违章只需到车管所填写确认书，然后网上自行缴费即可。

8. 加强组织领导 农村信息化建设，政府既是数字技术的投资者、管理者，更是信息服务的提供者。政府应成立数字乡村战略实施领导小组，并通过各级部门的数字乡村工作机构，统筹制定发展规划，统筹推进数字乡村战略的实施。要加大在数字乡村建设中互联网基础设施的建设，特别是对公共服务、社会治理等方面相关的网络建设要加大投资力度，并综合运用政策导向、经济、法律等手段，统筹协调，不断完善社会化专业服务体系，建立绩效考核和工作奖惩机制等，多管齐下，形成社会各界共同建设数字乡村的合力。

9. 加大财政投入 由于农村地理环境差、村落比较分散，农村网络建设所需成本高，建设周期长，使用成本和维修成本也比较高，这是农村网络建设亟须补齐的短板。政府要高度重视互联网技术的创新，特别要注重加快推进农村光纤网、宽带网建设，加大覆盖面，特别要加大对农村网络基础设施的资金投入力度，加大项目补贴力度，降低贷款利息，提供融资担保和政策性保险，使农民用得上、用得起、用得好网络，真正享受到信息化带来的好处。

10. 引进专业人才 要加快培育农业农村信息化方面的领军人才，想方设法提高农村对信息化人才的吸引力，如提高薪资待遇，改善就业环境，在住房、子女读书、社会保障、金融服务等方面提供优惠措施，积极鼓励和引导高校毕业生到基层去从事农业农村信息化服务工作。特别是县、乡两级政府要出台相关政策，吸引大学生、科研人员、懂信息技术的农民工返乡创业，既要积极帮助解决创业过程中遇到的如专业技术、资金难题，也要在生活、社会保障等方面给予足够的保障，使其能安心创业。此外，还应充分发挥大学生村官作用，引导村民们广泛了解互联网技术。

11. 创建培训体系 要建立农村电子商务培训体系，特别是要培养了解科学知识、懂得专业技术、能够熟练使用网络电商的高素质农民，使农民能够通过互联网和信息技术将自己的农产品销售出去。对于涉及海外贸易的农户，还要对他们进行英语教学。通过创建电子商务培训班及配套服务体系，大大增强农民的信息化意识和专业水准，使农民了解互联网及信息技术的优势，提高农民对信息化优越性的认识，增强农民在生产生活中使用互联网的能力，让农民真正享受到互联网带来的便利。

12. 加强安全治理 由于农民网络安全防范意识较弱，很容易受到网络诈骗。这就要求一方面必须强化网络安全治理，建立安全保障机制，通过互联网安全检测平台提高网络安全防护能力，还要提高互联网络故障修复能力；另一方面，对农民进行互联网诈骗等知识的普及和网络安全应急处置方面的培训，切实提高农民网络安全防范意识和处理此类事件的能力。特别要注意提醒农民谨慎对待网络上的高利贷融资情况，筛选有利信息，屏蔽不利信息，安全上网。

四、找出路，觅新颜

在一天的实地调研采访中，我们发现大窑村各方面的基础建设已经完备，近几年的发展速度也较快，并且整个村的发展规划也很详细和明确。村里在外部环境上，临近非物质文化遗产园和水上世界乐园，北边也开始发展农家乐休闲产业，村中正在逐步修建马路，将直接联通城市，同时在大窑村的上方也架起了高速，通路后交通便利，能有效增加村中人流量，此外娱乐休闲产业的发展也能留住人流，吸引人们来此进行旅游消费，很好地积累资金。逐步壮大的中产阶级是乡村旅游的主要消费者。他们长期在城市里生活，非常向往乡村的自由、淳朴。30 多年的城市化进程带来的环境、文明污染，以及越来越大的竞争、生存压力，使得城市人需要蓝天白云、青山绿水来找回本我。这些人愿意到乡村去追求更有品质和品位的生活。因此该村需明确目标群体的定位，努力发展村中娱乐与生态相结合的项目，保持村中良好的生态环境。乡村的智慧化建设可以让乡村变得更接地气，智慧化建设可以帮助乡村旅游实现精细化管理，随时随地知晓游客的行踪和消费情况，随时随地优化人力、物力的配置，提供智慧化的服务。

在内部环境中，我们主要注意到了农产品方面，村中种有各种果蔬，集中化生产在一定程度上也降低了成本，该村的养殖业主要包括渔业和畜牧业，种类较多，所提供的垂钓服务等娱乐项目也能带动农家乐的发展和盈利。劳动力方面，村中村民部分仍留在村中进行种植养殖活动，另一部分村民虽然选择外出打工，但打工地点也是在附近的城市，村民回家方便，并没有在外地长期居住，这表明村中仍保留了一定程度的有效劳动力。但是在乡村建设中，大窑村的数字化建设还有很长的道路要走。

中国的乡村在品牌营销方面处在很弱势的地位。尤其在传统媒体普遍的时代，媒体的聚焦点往往在城市，而且传统媒体的广告费也非常贵，只有城市的品牌营销能够支持高昂的广告费。乡村既没有这样的实力，也没有这样强烈的诉求。在乡村旅游兴起之后，乡村的品牌营销诉求越来越强烈，如何在竞争激烈的乡村旅游市场中脱颖而出？一方面要做好产品，另一方面就是要做好品牌营销。对于目前的大多数乡村来说，互联网是一个性价比较高的品牌营销工具。

乡村通过建立门户网站，能够及时发布乡村的信息，与上级部门之间进行快速联络，与乡村从业者和外来游客实现高效对接，充分集聚乡村发展的产业信息和文化信息，充分调动乡村各个利益群体的互动，给乡村治理带来新气象。UGC、社区论坛（自驾游、本地生活）、微信（朋友圈、群、公众号）、微博、微网站等互联网工具也给乡村旅游营销推广带来了广阔的空间。乡村旅游的预定平台是连接乡村旅游与外界游客的桥梁。这种预定平台一般都是规模化的商业机构，他们通过集合不同地区的乡村旅游资源，实现目的地资源与市场的精准对接。过去，农民家里的菜基本是自给自足，有了互联网，可以自己开微店，在网上出售农家菜和水果。城市里的人也可以很方便地通过微店买到农村特产。这样的做法成本很低，农民只要家里有电脑就可以。虽然零打碎敲，不像规模化经营那样能够做大，但是，对于农民增收脱贫来说，还算是一条见效快的路子。有了互联网，农民在家里就可以与供应商联系，需要哪些农业生产资料，下个订单，马上送货到家。对于做旅游业的农民来说，也是如此，可以在网上直接与供应商联系。

在乡村发展前景良好的基础上，我们团队认为大窑村也要思考如何更好地结合互联网进行数字化发展，把握住机会，推广自身的优点。乡村的发展之所以缓慢，很大程度上是因为市场的封闭，由于交通和政策等因素，乡村的市场经济一直远远落后于城市。这让乡村失去了很多发展机遇。引入互联网，能够帮助乡村开拓更加广阔的市场空间。

在发展农村数字经济方面，该村的种植养殖种类繁多且生产集中，该村应当更好地利用电子技术从而准确掌握动植物的生长情况，进行数字化管理，进而在节约劳动力、降低成本的同时生产出质量更优的农产品。另外还可以延长产业链，结合产品多种类的优势进行再加工，获取更多的利润，然后通过网络，如微信、App 等渠道，进行特色宣传，及时普及快递网点，为产品的及时配送销售提供保障。对于乡村旅游生态的发展，充分发挥互联网的宣传功能，利用当地地理优势，开发更多受参观者欢迎的休闲方式。在发展乡村网络文化方面，村民已有使用互联网的基本能力，可以帮助村民更好地利用手机等获得农业信息，进行相关知识的学习，及时掌握各种政策等，在数字资源建设中，利用手机微信朋友圈的传播方式，对村民进行民风教育，进一步提高村民素养。

五、走农村，寻机会

参加这次调研让我收获颇丰。首先要感谢学校给我们社会实践的机会，去走进乡村，直观感受到国家乡村建设的一部分，在了解了大窑村的发展过程后，我看到了该村的基础设施越来越完备，从原来的土坯房搬进一排排的小别墅，从原来的打井水到每家每户接入自来水，从原来的只有几个频道的电视到互联网走进家庭，大窑村只是中国乡村建设的一个缩影，却让我们感受到了国家的快速发展，百姓的生活越来越好，我们的脸上长留微笑，我们的心中怀着希望，我们相信自己的未来、国家的未来一片光明。其次要感谢大窑村的负责人和村民，因为有负责人的帮助我们才能有机会走进大窑村，更细致地了解大窑村的过去面貌和未来发展。在他的带领下，我们拜访了村民并和他们交谈，参观了田地和养殖场。在与村民的交谈中我们了解到他们的日常生活，更全方位地了解了乡村发展的变化。

在整个调研中，我看到乡村正在逐步发展，因为其农业的生产基础，乡村的发展更主要围绕农产品并进行了适当延伸。随着社会的发展进步，农村经济不再是自给自足的小农经济，更多的村里人选择走出家门并在大城市中寻得发展机会，在国家乡村振兴战略的逐步实施推进下，如今越来越多的人选择返回家乡创业。在推动乡村发展的步伐中，我们看到有已经打出自己品牌的农产品村镇，永昌的胡萝卜、白马铺镇的苹果、射阳的大米……这些成功的经验都值得我们学习，而现在的中国，更多的还是像大窑村这样，尚在发展中或仍在寻找发展方向的村镇，在基础建设满足进一步发展要求的条件下，在互联网连接社会的背景下，这些还在发展中的村庄更需要运用互联网推进自身发展，以《数字乡村发展战略纲要》为指导，准确落实国家的政策，帮助乡村走出贫困，走向繁荣，让中国每一个公民都能享受到国家进步带来的幸福。

与此同时，作为当代大学生，我们也要肩负起自己的责任，享受国家繁荣的同时更要将所知所学运用到实践中，在中国乡村发展中贡献自己的力量。时刻关注国家的政策，在平日的生活中发现乡村的变化，找到更好的发展方式，结合我们对互联网的了解优势去思考如何以“互联网＋农业”的方式促进乡村发展，在众多新兴发展模式下作出选择，以及如何平衡线上、线下发展，通过网络全方位多角度地促进乡村发展，让中国乡村变得更加美好，让生活在乡村的村民生活更加美满幸福，让国家的发展惠及每一位中国公民。

千里之行，始于足下，用数字的脚步丈量大窑村，沿途是新颖的风景，前方是发展的天光。

红色小果的“数字”奇迹

陈燕珠（电商171班）

实践时间：2019年8月1—5日
实践地点：湖南省金裕镇方寨社区

此次社会实践的主题是“数字乡村建设”，为了更深入地了解“数字乡村建设”在实际中的实施情况，我选择将陕西省渭南市金峪镇方寨村作为我的调研地点，金裕镇是我们当地有名的智慧小镇。通过对村民的问卷调查及对村内各种现代化设施的实地观摩，发现了一些数字乡村建设中存在的问题和问题产生的原因，并且针对我的研究总结出了一些我认为可行的建议。

一、引言

数字乡村是伴随网络化、信息化和数字化在农业农村经济社会发展中的应用，以及农民现代信息技能的提高而内生的农业农村现代化发展和转型进程，既是乡村振兴的战略方向，也是建设数字中国的重要内容。

当前，新一代信息技术创新空前活跃，不断催生新技术、新产品、新模式，推动全球经济格局和产业形态深度变革。党的十八大以来，以习近平同志为核心的党中央高度重视网络安全和信息化工作，作出一系列战略决策，统筹推进网信事业快速发展。农村信息基础设施加快建设，线上线下融合的现代农业加快推进，农村信息服务体系加快完善，但也存在顶层设计缺失、资源统筹不足、基础设施薄弱、区域差异明显等问题，亟须进一步发掘信息化在乡村振兴中的巨大潜力，促进农业全面升级、农村全面进步、农民全面发展。

立足新时代国情农情，要将数字乡村作为数字中国建设的重要方面，加快信息化发展，整体带动和提升农业农村现代化发展。进一步解放和发展数字化生产力，注重构建以知识更新、技术创新、数据驱动为一体的乡村经济发展政策体系，注重建立层级更高、结构更优、可持续性更好的乡村现代化经济体系，注重建立灵敏高效的现代乡村社会治理体系，开启城乡融合发展和现代化建设新局面。

1. 加快乡村信息基础设施建设 一是从体制机制着手，推进网络扶贫和数字乡村的政策衔接。在网络扶贫行动部际协调工作机制的基础上，进一步健全数字乡村发展统筹协调机制，明确职责任务分工，完善政策体系。二是从产业优化升级入手，推动网络扶贫与数字乡村的产业衔接。进一步完善农村信息基础设施，全面发展智慧农业、智慧物流等相关体系建设，推动农业供给侧结构性改革，积极发展乡村数字经济新业态，挖掘新的增长点，拓展农民增收空间。三是从资源整合入手，推动网络扶贫与数字乡村的服务衔接。研究编制"数字乡村标准体系建设指南"，推进涉农信息服务资源整合共享，深化综合服务能力，以信息化提升乡村治理能力现代化水平。

2. 发展农村数字经济 完善自然资源遥感监测"一张图"和综合监管平台，对永久基本农田实行动态监测；加快推进农业农村高分辨率对地观测系统在农业生产中的应用；推进农业农村大数据中心和重要农产品全产业链大数据建设，推动农业农村基础数据整合共享。强化农业农村科技创新供给，建设智慧绿色乡村，繁荣发展乡村网络文化，推进乡村治理能力现代化，深化信息惠民服务，激发乡村振兴内生动力，推动网络扶贫向纵深发展，统筹推动城乡信息化融合发展。

3. 保障措施 加强组织领导。成立领导小组，把开展"不作为、乱作为、慢作为"问题清理工作作为落实管党治党政治责任的具体行动，切实摆上重要日程，主要负责同志作为第一责任人，亲自协调成立清理工作机构，将数字乡村落在实处。

完善政策支持。乡、县积极配合出台相关法规，保护当地相关数字产业，给当地企业一个宽松的发展环境，助力共同建设数字乡村。

强化人才支撑。积极引进专业人才，数字农村是一个新兴概念，不只需要传统观念，更需要专业人才建言献策，用现代化的思想和方法改造建设我们的农村，共创数字乡村美丽的明天。

二、构建现代农业产业体系，发展壮大集体经济

方寨社区位于县城西北 25 千米处，全社区辖 19 个村民小组，共 962 户 3 310 人。耕地面积 10 928 亩，主导产业以樱桃、苹果、花椒等作物为主。

2017 年开始探索“三变”改革的道路，被确定为县级试点村，2018 年 6 月 30 日成立方寨社区股份经济合作社。

合作社顺利挂牌成立以后，为发展壮大集体经济，方寨社区于 2018 年利用苏陕项目资金 90 万元，建成农产品检测体系，建成樱桃产业园 140 亩，该项目目前已经全面建成，预计 2020 年开始产生收益，每亩樱桃产值 1 万元，共计 1 400 万元。通过土地流转和园区务工带动贫困户 78 户增收，预计每户每年增收 2 万元。同时将按照 70%的比例为全社区 269 户贫困户分红。

2019 年 1 月，方寨社区股份经济合作社电商平台建设项目正式启动，该项目预计总投资 60.8 万元，其中自筹 10.8 万元，财政补助 50 万元。其中产品展示区及其配套设施预计投资 14.5 万元；采摘体验区分为果品采摘区、生态养殖区和休闲体验区，主体及其配套设施共计投资 46.3 万元。财政资金用于基础设施建设。电商平台建成投用后，集体通过电商平台，年运营销售樱桃 5 万千克，可增加集体收入 5 万元，实现净利润 3 万元；农户每千克高于客商收购价格 6 元，提高果农收益 30 万元。在销售旺季使用劳动力计 500 人次，提高贫困户务工收入每人 2 000 元；优先贫困户种植的樱桃销售，可提高 180 户贫困户收入 20 万元。电商平台净收益归集体所有。从中提取 20%公积金用于电商平台的扩大经营，提取 10%公益金用于方寨社区居民委员会实施公益事业，剩余 70%利润，在 2019 年度、2020 年度的脱贫攻坚期对 269 户贫困户按户分红，2020 年后，收益对股份经济合作社全体社员进行分红。

方寨社区股份经济合作社与陕西淏舜农业科技有限公司于 2019 年 1 月全面合作，共同投资 1 300 万元，建设方寨樱桃生态农业示范园，包括 100 亩高标准矮化樱桃园、100 亩大棚樱桃园、100 亩樱桃观光采摘园、30 亩新品种樱桃苗木培育园。其中陕西淏舜农业科技有限公司注资 1 000 万元，集体自筹 300 万元。该项目计划于 2020 年 11 月完成建设。建成后年产樱桃 400 吨，产值 800 万元，逐年递增，可带动贫困户 78 户 231 人实现脱贫目标，并可年提供 1 000 余个就业岗位，为社区剩余劳动力提供就业机会，形成良好的社会效益。

同时，通过理事会会议研究成立了土地流转办公室、农资服务社和劳务交流平台，为产业的规模化、集约化发展做到了延伸服务。

方寨樱桃示范园地处海拔 850 米、北纬 35.2 度的黄龙山南麓，干旱少雨，昼夜温差平均在 12℃左右，更兼有苹果、樱桃、红提等优质水果适宜的土质，2013 年、2014 年社区两委一班人，经过多方考察，科学论证研究决定在社区发展樱桃产业，由村干部带头全村流转土地，配套水利设施，全村共种植了目前最适合本地区生长的樱桃品种——秦一、红灯、萨米脱、美早、艳阳等

5 100 余亩。2017 年全社区产量达 20 万千克，产值达 350 余万元。2018 年产量达 50 余万千克，产值达 600 余万元。2019 年产量达 100 余万千克，产值达 1 300 余万元。2018—2019 年全社区又新栽樱桃 1 000 余亩。方寨社区樱桃目前已获得农业农村部、陕西省农业农村厅无公害、有机农产品认证。并注册了“方寨红”品牌，整个示范园推崇自然成熟、清一色大田作物，不催熟，不化学膨果，是真真正正的绿色有机原生态时令水果。

方寨社区产业通过六年的发展已经初具规模，在各级政府及职能部门大力支持下，水利设施配套基本完善，共计铺设管网 65 730 米，灌溉面积 7 735 亩，配套滴灌设施 1 280 亩，园区路硬化 11.5 千米，农产品交易市场已建成并投入使用，为客商收购群众农产品提供了便利条件，建设了方寨社区电商平台，为群众网上销售提供服务。方寨社区 2017 年成立了村股份经济合作社，对樱桃产业实行统一管理，形成方寨特色。

方寨产业园以“带动一方产业，壮大一方经济，助力脱贫攻坚为己任”，采取“党支部＋园区＋贫困户”的产业帮扶模式，保证贫困户人均 2 亩园，户户有产业，脱贫有保障。确保社区 245 户贫困户在 2020 年全部脱贫。

方寨社区依托“党支部＋专业合作社＋省级现代农业园区＋贫困户”的产业扶贫模式，形成产业大户带动、服务中心助动、政府带头互动的“三动”促脱贫格局。贫困户依靠大产业户进行劳动输出，每人每天劳务费在 70～90 元。在劳务输出的同时，还能够学习到更多樱桃管理技术，为管理自己的果园打下良好基础，使贫困户产业得到健康发展，也为贫困户增收提供了良好的保障。截至目前，成功带动贫困户 210 户发展樱桃产业，全社区基本达到“人均两亩果，户均一片园”的发展格局。成立“金峪樱桃科技协会”和“金雨果蔬专业合作社”，采取“统一经营管理、统一技术指导、统一物资采购、统一产品销售”的管理模式，提高樱桃及其他果品质量，建立专门销售渠道，打造品牌效益，赢得市场肯定。充分发挥合作社为民服务的宗旨，保障农户利益。流转土地 3 200 亩，在县扶贫办和镇政府产业扶贫项目的扶持下，在方寨社区在外绅士和社会爱心人士的捐助下，大力发展樱桃产业，确保贫困户稳定增收。

“支部为引领，产业为本，园区为魂，构建现代农业产业体系，推动现代农业实现高质量发展，实现乡村振兴、‘三农’振兴”，方寨社区党总支书记陈银榜信心满怀。尝到了发展樱桃产业的甜头，方寨社区两委干部鼓足干劲，连夜开会讨论，结合社区实际情况制定产业发展路线，全村上下奋勇争先，流转土地，腾地种树，主动调整产业结构。截至 2019 年 3 月，樱桃种植总面积达 6 300 亩，挂果面积 5 100 亩，总产值达到 2 550 吨，预计纯收入 4 000 万元，为打造“全国有机樱桃第一村”奠定了坚实基础。有机食品也叫生态或生物食品，是指采取一种有机的耕作和加工方式，产品符合国际或国家有机食品要求和标准，无任何农药残留，并通过国家认证机构认证。方寨樱桃采用有机肥和农家肥共用的施肥理念，完全没有化学肥料。园子里生活着一群鹅，通过散养的方式，既满足了生物除草除虫的要求，又通过鹅粪提高了有机品质，而用了化学肥料的土壤是无法饲养家禽的，真正做到无公害，这样生长出的樱桃绿色无污染，不只口感更好，营养成分更高，关键是吃起来也更放心。

2019 年，金峪镇将延续“南提北果中樱桃沟坡杂果”的发展思路，不断推进樱桃省级现代农业示范园区的扩规、提质、增效，实现传统樱桃产业向现代化设施樱桃的转变升级，真正让樱桃树成为群众的摇钱树。在构建生态和谐美丽新金峪而努力奋斗的道路上，镇党委书记雷小平“干”字当先。

如今，唱响乡村振兴曲，深化农业供给侧改革，金峪镇促进一二三产业融合发展，做足樱桃文章，衍生出种苗培育、鲜果销售、物流、采摘、文化旅游等多个产业链条，聚全镇之力打造集基地规模化、产业优势化、生产标准化、销售品牌化于一体的全国樱桃之乡。

百舸争流奋楫者先，千帆竞发敢为者胜。如今，樱桃产业已成为该镇决胜脱贫攻坚、逐梦全面小康的支柱产业，红色小果的“数字奇迹”，生动绘制出了当地乡村振兴的宏伟蓝图。

三、基础建设陷入困境，专业技术人才不足

1. 基础设施使用推广困难 金峪镇移动通信覆盖率 100%，4G 网络分布广泛。但是由于部分乡村位置偏远，有线宽带由村到村小组、到户的成本高、收益小，后期维护、服务等工作存在困难，特别是贫困家庭的信息化建设投入成本更高。投资和运作农村市场，尤其是边缘落后地区，成本高、收益小甚至亏损，企业不愿意。因此，若地方政府不制定相关的利益激励机制和扶持政策，运营商在艰苦边远农村、山区投入基础建设的积极性很难调动，信息进村入户困难。

2. 缺乏完善的信息服务体系 信息网络已延伸到乡镇级，但是在村与小组、农户之间出现断层，信息如何进村入户是面临的共同难题。部分农户的收入很少，购置电脑费与宽带入户费对大部分农民来说依然是一笔巨大的费用，宽带入户任务艰巨，一般农民的信息来源主要还是依靠电视、集市和邻里传播。

3. 缺乏相应的专业技术人才 一直以来，专业信息人才的缺乏严重制约着农村经济的发展。迫切需要培养一批适应市场经济和信息时代要求的专业人才，需要一批有信息收集、信息识别、信息加工、信息应用、信息反馈和预测

分析能力的信息人才队伍。

缺乏农村电子商务人才，既懂农业又懂电子商务信息技术的复合型人才匮乏。如今方寨村的樱桃产业已初具规模，但樱桃销售依然是依靠集体收购，电子商务的普及依然不能到位。

4. **政府后续投入不足** 乡村信息化建设及服务工作属公益性活动，没有直接经济收益，需要各级加大投入以进行维护和发展。由于村镇财政资金有限，难以长期支付网络租用管理费用，每年资金缺口较大。每年的网络租用、设备维护、人员培训等费用没有着落，难以保证已建成网站正常运转，信息更新工作难以持续。

四、规划农业信息发展，强化政策项目创设

强化政府职能，安排专项资金用于农村信息进村入户试点、政务信息化建设、电子商务仅存综合示范等工作，利用示范点发展成果进一步支持乡村信息化发展。抓住“互联网＋”农业行动的难得机遇，认真抓好农业信息化发展规划及工程项目规划编制工作，强化政策项目创设，积极争取省、市财政的支持，积极协调有关部门，研究对信息进村入户及信息服务站建设和村级信息源工艺服务进行财政补贴的可行性。

农业农村局要加强和完善农业信息服务平台建设，完善乡镇信息服务站和村级信息服务点。在乡镇一级重点建设信息服务站，村一级培养信息员，健全乡镇、村两级信息传播网络。

农业电子商务是农村经济发展的新抓手，乡村信息化建设，主要目的之一就是借助现代信息技术手段，发展农村经济，改变农村信息闭塞、贫穷落后的面貌。政府要以发展农业电子商务为抓手，培育特色农产品，优化农产品流通格局、促进农产品产销衔接，建立新型农产品营销方式，构建线上线下相结合的农产品市场体系。

鼓励、引导信息技术在农业生产、经营、管理和服务中的应用，引领农村信息化发展，选择和鼓励条件较好的地区，建立示范基地，重点突出农业电子商务的示范引领作用，推广“电子商务平台＋农民合作社＋家庭农场”等新型农业经营模式，发挥示范基地的辐射、带动作用。

营口起航，多维探索数字乡村

仲可卿（电商171班）

实践时间：2019年7月15—19日
实践地点：辽宁省营口市大水塘村

此次暑假社会实践调研以营口市大水塘村特色产业，虾圈养殖和采摘园的农业发展情况为主要案例，对大水塘村的畜牧、渔业、零售业、城郊农业多个领域的信息化程度、互联网应用的范围展开了深入调查了解。具体调研内容共分为六个方面：大水塘农村经济发展现状、农民使用电子支付的意愿、在多个领域中手机互联网应用的范围、手机互联网的使用对于农民收入提升的影响、影响信息化普及的因素、如何能够有效提升手机互联网使用的影响。针对这六个方面得到了大水塘村信息化程度的基本情况，分析社会经济水平和社会观念等因素对于信息化普及的影响，个体农户对于信息化的接受认知，对大水塘村未来的经济发展道路给出对策。

一、引言

大水塘村位于营口市滨海街道办事处东南1千米处，北至青花大街，东邻老边区白庙子村，南邻沿海办事处，西至清华路，距市政府3千米，清华路、市府路、学府路、盼盼路、工农路、东海大街从村中通过。辖区总面积5.48千米^2，全村由6个自然屯组成：大水塘里、北城子里、新开河里、魏家岗子里、兴隆屯里、高家屯里，辖区总人口15 000人，其中本村农业户籍人口4 276人、1 447户，低保户105人，残疾人102人。

现大水塘村共有集体土地面积2 475亩，6个自然屯宅基地全部被征收，其中大水塘里、北城子里、新开河里、魏家岗子里宅基地为855.129亩。目前全村大部已拆迁，成为营口西市区的组成部分。但至今没有动迁的村民仍有

800 多户。

村中无任何集体经济组织，无村办企业，集体经济收入主要靠出售土地，20%土地提留款作为村集体经济收入，维持村屯建设费用、村民福利及正常费用支出等，村民主要经济来源靠经商、运输业、劳务输出、养殖业等。

二、大棚种植，特色采摘

大水塘村实质是城中村，归西市区管辖后，大部经拆迁使农民住进了城市楼房。因为无集体经济组织，农民大部分是个体农户，生产经营都是自给自足。政府不能主导，所以产业发展受不确定因素限制。如 2018 年盛行的非洲猪瘟，在营口市鲅鱼圈等区受灾严重，为了防止猪瘟泛滥，所有的猪都被要求杀掉，当然也包括大水塘的猪。对于电子支付、线上推广销售也都依靠村民自己的意愿，政府没有相关的政策支持，所以实际上农村产业发展较慢，总体的经济水平也不高。

农业发展主要依靠养殖业，城郊农业。出售土地是其主要的经济来源。动迁是很多农民翘首以盼的出路，政府对动迁户给房，给赔偿款，动迁的农民从而住到交通便利的地方，而没有动迁的农民，不知道还要再等多久，才会走出闭塞的村庄。城郊农业的经营范围主要集中在市区的农贸市场，相邻城市也有所涉及。大棚种植是城郊农业的主要产业，也是很多村民的经济支柱。兴办特色采摘园成了最近几年的潮流。但采摘园主要依靠口碑宣传，吸引的客流有限。

1. 虾圈养殖 虾圈养殖是大水塘村的特色产业，遍布在城郊范围，上游是明星河。但是由于水污染，很容易出现“一只病虾坏了一塘的虾”的情况。辽宁地区是全国各大对虾养殖区域中的后起之秀。作为养虾新兴区域，环境条件相对传统区域要好，不存在明显的连作障碍，因此辽宁营口、盘锦等地的对虾养殖业发展相对稳定。但据 2017 年的养殖情况，只有七成的虾塘没有出现明显病灶，真正能够赚钱的养殖户只有三成左右。

究其原因，主要是养殖户的管理经验不足，辽宁地区大规模发展虾养殖业的时间不长，养殖规模尚不完善，养殖户在调水、用药上方法不当，从而导致对虾产量不高，价格波动大。

大水塘村的南美白虾的经济效益大约是每 10 亩（也就是一个虾塘）10 万元，这样的利润也是在经营良好的情况下才能产生。根据虾的生长周期，保护虾苗，一年只有 8 月和 11 月两段出虾时间，也就是说一年的投入成本能否获得利润就要看这两个月了。一方面，虾圈养殖需要科学的养殖管理，经营得当的话，经济效益还是很好的。据当地街道办事处的负责人说，2018 年大连的沃尔沃订购南美白虾一次就订购了 10 吨。可见，虾圈养殖的发展前景好，发展潜力也很大。

2. 草莓采摘园 采摘园属城郊农业。近几年绿色生态的观念深入人心后，城市里的居民就格外向往新鲜绿色的蔬菜水果，由此“现摘现吃”成了采摘园兴起的动力。“绿色健康无农药”成了采摘园的主打特点，吸引城市里和相邻地区的不少游客，既能享受采摘的过程，又能吃到新鲜的水果。而大水塘村最知名的采摘园就属草莓采摘园了。草莓上市的时令最早在春节前后，一直上市到 6 月，因此采摘园最火爆的时候就是春节合家欢，全家一块去采摘。

大水塘的草莓采摘园具有产业基础优势和区域优势。城郊作为重要的果品生产基地，有现代的农业园区，一年四季都可以体验采摘乐趣，草莓采摘园里不只有草莓，还有西瓜、香瓜、西红柿、冬瓜等各类蔬果，品种齐全。大水塘区距市中心只有 3 千米左右，周围新建了很多楼盘，有大量的居民会搬到附近，公路交通便捷。随着人们生活水平的提高，到郊区观光采摘的需要越发强烈，而大水塘村的地理位置优越，这就为开展观光采摘提供了充足的客源市场。

经实地考察，和采摘园的园主沟通发现，他们以往只采用了在人流量密集的商业网点发传单的方式吸引客流，靠口碑营销，一方面没有打开市场，另一方面知名度不够，虽然绿色健康，但没有创造品牌。而这也是他们在当年计划做的事情：打造品牌，增加知名度，利用微信朋友圈或者美团优惠来吸引更多的人。这个意识虽然起步晚，但是一旦开始就是一个好的开端，可以挖掘更多的利润潜力。

3. 大水塘村经济发展现状 虽然大水塘村地域面积广阔，自然资源丰富，但受区位条件和发展历史的限制，其经济发展与城区相比仍然滞后。城镇化带动农村经济发展，农业产业化经营快速发展，能够根据市场需求逐步实现产业多元化，特色产业发展潜力大，发展前景好，但受地区总体经济水平的制约，无法做到工业反哺农业，农村信息化发展受限，农民思想保守，农业经济发展落后，农民收入水平差异大并且受不确定因素影响大。

缺乏合理规划，系统性不足。无论是采摘园还是虾圈养殖规划建设，是一个科学、系统、综合的过程，应从多学科、多角度去思考，保证各种功能协调、合理、可持续地进行。虽然有规划设计，但缺乏整体性，缺少统一协调。

基础设施不完善和信息滞后。基础设施不完善和信息滞后是农村经济存在的普遍问题，此外，可达性问题、卫生问题、环境问题等，都大大制约着生产率、经营利润。同时，信息不足影响了生产者面对市场生产的灵敏度和农产品开发推广。

开发深度不够。因为是个体农户建设，资金有限，产业的发展也受限。例如采摘园内容比较单一，开发层次较低，大部分只停留在几个单一项目上，没有做到生态与科技的结合，市场功能和推广功能也薄弱，开发上市的精品不多。采摘园活动项目缺少有针对性的主题，无法满足市民对更高层次活动的需求，严重影响了产品的吸引力。

缺乏商品意识，品牌建设滞后。采摘园不属于稀有的旅游资源，市场竞争激烈，难以形成垄断的竞争优势。只有突出重点、创造品牌，才能走上规模化和产业化的道路。一些采摘园经营者缺乏营销观念，在品牌建设上投入少，仅仅靠原始的“口碑”进行品牌传播。这无疑制约了企业的发展，限制了企业综合效益的提高，形成了企业面向市场的“瓶颈”。

管理欠规范，人员素养亟待提高。大多数观光采摘园和养殖虾圈都是在原有生产基地的条件上开发而成的，经营人员以当地农民为主，且大多采用家族式管理方式，用人制度极不完善，造成内部管理混乱。人才的缺乏，导致整个产业链存在管理不善、生产经营不科学的问题。

城市化现象较重，生态环境受损。良好的生态环境是采摘园和虾圈养殖发展的前提和物质基础。采摘园一经开发并向游人开放，必将带来一系列的环境问题，特别是季节性较强的草莓园区。

养殖虾圈也需要良好的水质作为保障，一旦受水污染影响严重，那就成了“赔了夫人又折兵”。而水质又与城市化的建设息息相关，污水的处理，工厂的“三废”等，一整条产业链都需要严格把控。

三、电商销售，普及不足

1. **支付方式**　虽然电子支付愈加演变成当今支付的主流，但在大水塘村的很多地方，由于老年人数量多，而很多老年人对于手机的使用仍存在着障碍，所以在很多农村、农贸市场等仍然以纸币的支付方式为主。

在城中村内，也就是西市区所管辖的范围内，大超市、商场里使用电子支付的市民更多。由于电子支付既方便又快捷，所以人们普遍对电子支付的使用意愿都很高。

2. **农产品生产销售**　经调查问卷分析，手机网络信息对农户农产品生产销售的影响显著，但是受很多现实情况制约，实际发挥的作用有限。一方面在生产经营过程中，人们对获取农业信息的平台不是很了解，对时下流行的一些销售推广的平台持有怀疑态度，不敢轻信；另一方面，所获取到的农业生产信息也不够准确、及时，只是在基本程度上满足生产需要，往往容易了解到滞后甚至错误的信息。

3. 物联网生产技术 物联网生产技术目前还没有在营口市范围内得到推广，所以大部分人并不了解这项技术将会给农业发展带来怎样的经济效益。这项技术未来的引进主要还是依靠政府的支持和引导，并依靠高素质农业技术人才帮助农民普及使用。

4. 农产品推广 通过调研问卷了解到，尽管不少农民已经认识到使用手机互联网对于农产品推广的重要性，但在实际操作中应用很少，只局限于微信朋友圈转发来达到宣传目的这一层面。对电子商务平台的了解很少，也不敢去尝试，也不曾听说过政府组织有关使用电商平台的培训或者政府对电商销售的鼓励政策。

总体来说，农业信息化服务体系尚不完善，政府在这一方面还未开始相关政策的下达，再加上经济较落后，农民思想观念保守，农村经济信息化发展受阻。

四、刨根问底，调整策略

大水塘村开始现代化农业发展时间短，作为城中村，经济水平受营口市经济发展水平的制约，和营口市的经济水平息息相关。营口市的信息化整体加强才会带动周边农村的信息化发展。

大水塘村无集体经济，多是个体农户，这也就限制了生产经营的范围。农民多自给自足，规模经济效益有待提高。虾圈养殖和大棚生产经营多是当地有资产有影响力的家族经营，生产管理受政府调控能力弱，政府无法主导这些农户的发展方向，主要还是依靠市场来调节。

大水塘村面临的市场环境较安稳，市场范围有限，竞争对手只是临近的村庄和盘锦等地的相同产业。因为务农的收入影响波动比较大，所以近年来，务农人员越来越少，最后市场上剩下的多是已经有一定市场基础和势力范围的家族产业，新进入市场的很少。因此，创新意识不强，对信息化的接受程度也取决于对提升目前收入水平的程度，缺少长远的眼光和市场计划。

农民文化素质普遍较低，高成本、低收入的传统种植占据主导地位，大部分农民仍保留着传统保守的思想观念，对于新兴的外来的事物接受的过程慢，并持有怀疑态度，并且农民大部分缺乏农业科学技术。而稍有文化的农民和农民子弟宁可远走他乡去外面打工，也不愿意留在家乡过耕种的生活。因此最后留在乡村的农民对于手机互联网的使用尽管有意愿，但在农产品实际推广营销时，一方面并不知如何具体操作，另一方面担心电子商务平台有风险，最后往往还是按照传统模式生产经营。

因此，一个地区农民的文化素质水平越高，农村信息化的水平也就越高，反之，农村信息化水平则越滞后。

政府对信息化的投资力度和农村的信息化发展成正相关关系，也就是说，政府越支持信息化发展，越能带动农村的经营发展方式转变。而政府对信息化的投资力度也取决于政府对城镇化建设的重视程度。建设“数字乡村”正是当前城镇化建设的目标，对信息化发展的投资也将成为未来城镇发展的“重头戏”。虽然大水塘村目前的信息化程度还很落后，但也是一个良好的发展契机。

五、加强教育，投入资源

1. 提升农民的教育文化水平 农民在农村经济信息化发展过程中扮演着重要的角色，农民的文化素质水平制约着农村信息化的发展。农民的文化素质水平将会影响农民的收入水平、对农村信息化设备的应用力度以及信息消费等。在某些农村地区，仍有农民对于手机互联网的使用存在障碍，对于手机网络信息和农产品生产经营不能有效结合。长此以往，这些农民会安于落后的现状，对信息的需求也会相应地减少，严重制约农村信息化的发展。

由此可见，提高农民的文化教育水平是促进大水塘村农村经济发展的关键之一。要提高大水塘村地区农民的文化素质水平，必须从青少年的基础教育抓起，其中最直接的方法即是加强对教育经费的投入。另外，还可以与教育水平较高的地区进行合作办学，派遣老师学习教学经验，并通过各种福利政策招聘人才，留住人才，从而提高教学质量。

一般情况下，农村中年龄较大的农民，其文化素质水平较低，有的甚至不识字，因此，只有通过培训才能提高其信息技术能力。针对不同文化程度的农民应制定不同的培训计划与课程。对于有文化基础的农民，可以从信息获取与信息利用的角度对其展开培训。而对于不识字的农民而言，其本身的信息意识薄弱，长期处于信息空白的阶段。因此，需要先对该群体进行信息认知水平的培训，当其对信息有需求时，再进行信息获取与信息利用能力的培训。

2. 政府加大投资金额并合理分配 大水塘村社会经济发展比较落后，农村信息化发展亦是如此，有的地区目前还处于信息化基础设施水平低下、信息资源缺乏、信息化人才匮乏的现状。针对此现状，政府部门应在国家政策的带领下，加强对农村信息化的投资，尤其是特别贫困的地区。另外，政府部门还需要加强与企业的合作，建立信息化合作项目，通过政企合作来带动农村信息化的发展。对于落后地区农村本身，政府部门应合理分配投资金额，减少浪费，提高投入产出率。政府部门需要在加强其信息化基础设施建设的基础上，建设农村信息化服务站、培养信息化人才，为农民提供更好的信息化服务。

3. 引进通信及信息科学技术，提高信息科技水平 通信及信息科学技术在农村信息化建设的过程中扮演着非常重要的角色，但由于农村地区社会经济发展落后，缺乏许多在东部地区已经普遍存在的信息技术，从而导致大水塘村农村信息化发展水平普遍较低。政府可制定激励政策，鼓励将市区的先进信息技术支援农村地区。政府部门还可以根据大水塘村具体情况及信息技术的适用性，有选择地引进信息技术，吸引信息科技人才到农村建设信息化服务体系，有效提高农村信息科技水平。

第三篇 DISANPIAN

披荆寻路
揭开数字密码

初探“数字乡村”中的智慧基础

王鑫杨（农经172班）

实践时间：2019年7月25日—8月3日
实践地点：四川省泸州市合江县

乡村信息基础设施建设包含互联网普遍覆盖、公共服务移动化、办事流程扁平化、社会治理精准化等各个领域，涉及人民生活的方方面面，是一个涉及面多、覆盖面广的社会信息服务体系建设工程。随着大数据、互联网、物联网等技术的发展，信息基础设施的建设是社会趋势的必然要求，也是新时代提高人民生活水平的重要保障。

一、引言

随着我国互联网的飞速发展和信息技术的广泛普及，信息化在发展乡村经济、实现乡村快速崛起中的作用日益凸显。“数字乡村”是伴随网络化、信息化及数字化在农业农村经济社会发展中的应用，以及农民现代信息技术技能的提高，从而内生的农业农村现代化发展和转型进程。当前，新一代信息技术创新空前活跃，不断地催生新技术、新产品、新模式，推动全球经济格局和产业形态深度变革。加快信息化社会发展，建设数字国家已经成为全世界的共识。2019年，中共中央办公厅、国务院办公厅印发《数字乡村发展战略纲要》，旨在通过数字经济推进乡村产业质量变革、推进农村经济效率变革、推进乡村发展动力变革、推进农业发展方式变革，从而加快我国农业农村现代化发展，进而实现乡村振兴战略目标。

我国广大地区长期以农业为产业基础，农业发展路径具有传统性，现代农业进程相对缓慢。新中国成立以来，农业发展取得了长足进步，但由于受制因素多，后劲不足，农业跨越式发展还有很大的空间。要改变这种状况，必须紧紧抓住信息化带来的历史机遇，下更大的力气推进农业信息化，提高农业的竞争力，实现传统农业向现代农业转型。

当下所提出的数字乡村战略是一个具有丰富内涵和广泛而长远的联系的概念，其主要含义在于乡村在农业农村信息化高速发展的基础上，将互联网作为主要媒介，以现代信息技术创新作为实施乡村振兴战略的技术保障，内容包括乡村基础设施建设、医疗卫生、乡村特色产业、乡村文化教育、乡风文明、乡村基层组织建设等在内的多方面信息资源并进行有机整合，建立一个将省、市、县、乡、村有效连接起来的数字化信息网络平台，以实现乡村生产数据化、服务在线化、治理精准化和生活数据化，从而有效提高产业数字化、智能化和数字产业化水平，为实施乡村振兴战略提供技术保障。该战略的提出目的不仅在于加强顶层设计和整体规划，加快弥合城乡数字鸿沟，而且要推动数字乡村建设发展，形成乡村振兴新动能。

二、开拓乡村新蓝海

乡村信息基础设施建设包含互联网普遍覆盖、公共服务移动化、办事流程扁平化、社会治理精准化等各个领域，涉及人民生活的方方面面，是一个涉及面多、覆盖面广的社会信息服务体系建设工程。随着大数据、互联网、物联网等技术的发展，信息基础设施的建设是社会趋势的必然要求，也是新时代提高人民生活水平的重要保障。

4G和有线宽带网络在农村地区的不断普及，可以把教育、医疗等各方面优势资源通过信息网络快速共享至农村，大幅度提高农民生活品质。但是不得不承认的是，我国农村信息化设施建设起步较晚、基础较差，信息化发展总体水平仍然偏低。把数字乡村与农民联系起来，很多人联想到的往往只是停留在电商层面。但尽管如此，相关认知也往往过于狭隘，抱残守旧，不关注新技术、新模式的及时更新。虽然我国相关部门在极力推动数字乡村信息基础建设，也取得了一定的进展，但其发展始终存在顶层设计缺失、资源统筹不足、基础设施薄弱、区域差异明显等问题，亟须进一步发掘信息化在乡村振兴中的潜力。当前数字乡村建设面临的城乡数字鸿沟仍然较大，而且在某些方面呈逐渐扩大的趋势。农村信息化硬件设施的能力相对不足，信息化软件应用水平难以提高，农村居民的信息科学普及程度依然较低等问题目前已经成为制约乡村发展的重要瓶颈。

随着乡村4G深化普及、5G创新应用，乡村网民增长的加速度必将超过城市，乡村数字市场发展成为一片有待深度挖掘的“蓝海”。在数字乡村信息基础建设中，无论是用数字技术来支撑农业现代化发展，还是提升农村信息化应用水平来提高农民生活水平，或是推动农业产品生产经营向数字化、智能化转型，都要最大程度让农民成为参与主体，让他们成为数字乡村的新技术员、新数字人才，来及时分享乡村数字建设红利。在数字乡村建设的每一环节中，让广大农民成为最大受益者，只有做到这样，才能真正确保数字乡村建设的公共性和正当性。不管是顶层设计者还是政策执行者，都应该去审视广大农民在数字乡村建设中将以何种姿态存在，认真对待数字背后的每一个农民，充分考虑他们在乡村振兴中的作用，通过有针对性地培训和帮扶，来提高他们的文化、技术及思维水平，才能够让他们在乡村数字建设中真正受益。

三、寻乡村问题，促信息建设

我国本身有幅员辽阔、东西部发展不平衡的现实特点，西部地区在发展层面上的确存在比较落后的方面。在合江县周边乡镇调研的过程中尽管问卷有限，但是我在调研内容填写之余还对行政单位负责人和所遇到的其他村民进行了相关方面的简单访问，进一步了解了乡村信息化建设的情况。在走访过程中，我先后得到了5个村的村民的问卷，通过问卷整理我发现他们在农事生产和生活中都存在一些共同点。

一是手机的使用情况，大部分村民都持有手机，但是几乎不使用手机网络，也就不使用相应的社交软件。造成这种情况的原因主要还是在于日常生活状态的差异，合江县周边的村民大多是果农，也种植粮食作物，养殖一些家禽，留在村内的人口一般是老人和小孩，大量的青壮年劳动力外出务工或者外嫁。老人日常需要负担大量的农活和销售，没有时间也没有技术支持使用手机网络。其次老人的文化水平一般较低，对于手机网络的接受力和学习能力必然受到影响，这也就使得老人普遍不使用手机网络，仅用于日常联系。

二是生产和销售极其依赖人力。由于合江县地形崎岖，山地较多，没有较大面积的宽阔田地，各村的住户一般承包土地面积不大，仅供生活需要。在进行农事活动时一般仅仅依靠老人自己进行人工种植、培育、收获等。在销售时也是通过在集会所或者市场、街边摆摊零售，所种植的作物也有一部分供自己使用。因此，亩产量和亩产值都不算太高，通过互联网物流联通提高生产效率和销售效率并不能解决问题。村民对于物联网技术的态度也大致相同，对于这样的新型技术持以随意、不需要的看法，对于相关的政策、信息、平台都没有了解，在没有外力帮助的实际情况下老人也没有这样的能力适应物联网技术。

三是关于网络支付和网络销售的情况，在走访的村民中，有一部分村民开通了网络支付渠道，但绝大部分人没有开通，在细致的交谈中他们吐露出自己的心声：对于网络支付不了解、不会使用、不敢尝试。这部分村民生活状态简单，认为没有开通网络支付的必要。而对于网络销售几乎所有村民都不持支持态度，村民认为没有想过网络销售这样的方式，并且担心这样会承担不必要的风险和责任，这与村民普遍文化素质不高也有一定的关系。在使用手机网络的村民中，也仅用微信等软件联系以往的购买方或同行业生产者，了解销售信息，销售方式并没有改变。

在了解到这样的情况后，我访问了县城的行政单位负责人，重新了解到了合江县的另外一部分村民。合江素来有“荔枝之乡”的美誉，种植荔枝的村民数量很多，这部分专门种植荔枝并且得到政府支持和帮助的村民和其他村民不同，他们能够通过网络技术帮助生产优质荔枝，依托物联网技术联系买家批发销售，一定程度上可以做到产销“一条龙”。这部分村民的生活水平、文化素质、对于信息化的接受度都要高于其他村民。

由此我们不难看出，要发展乡村信息化基础设施离不开政府的带头和扶持。各地各级部门需要切实加强对农业信息化工作的领导和协调，整合资源，统筹规划，分层次、有重点地做好各级信息基础设施的建设与维护工作，同时还要加大农业信息化知识的普及推广、宣传和培训教育力度，营造出农业信息化建设的良好氛围。

四、乡村振兴新发展

1. 加强基础设施和基础服务建设 首先是完善乡村信息化基础设施建设，深入推进我国乡村地区新一代网络覆盖工程，加快乡村互联网基础设施、信息传输通道以及信息化服务能力的建设。实施乡村宽带覆盖新技术应用等示范工程，推动乡村地区宽带发展。将宽带接入有条件的自然村，列入国家宽带接入工程的专项资金予以扶持。统筹推进信息通信、广播电视基础网络与道路、电力等公共基础设施协同建设，进一步提升城镇、乡村光纤覆盖率。全面实施“网络覆盖、农村电商、网络扶智、信息服务、网络公益”五大工程，加快全省贫困地区互联网建设，通过对电信、移动运营商的财政补助，支持其在乡村地区提速降费，重点减免贫困户的网络通信资费，减少贫困农民上网成本。对于农村信息化建设，政府既是数字技术的投资者、管理者，更是信息服务的提供者。各级政府应当成立数字乡村战略实施领导小组，并通过各级部门的数字乡村工作机构，统筹制定发展规划，统筹推进数字乡村战略的实施。要加大在数字乡村建设中互联网基础设施的建设，特别是对公共服务、社会治理等方面相关的网络建设要加大投资力度，并综合运用政策导向、经济、法律等手段，统筹协调，不断完善社会化专业服务体系，建立绩效考核和工作奖惩机制等，多管齐下，形成社会各界共同建设数字乡村的合力。

其次是积极推动乡村公共服务信息化。一是推进涉农服务事项在线办理，重点推进与农民生产生活密切相关的人力社保、法律、卫生等各类政务服务，提升在线化办理效率。鼓励各类互联网平台和应用向农村延伸，提高益农信息覆盖率。二是利用各类远程平台就近提供优质服务。加强农村学校信息化基础设施建设，推动教学点数字教育资源全覆盖。完善城乡医疗信息系统，加强乡镇卫生院信息化建设。建立推广面向“三农”的远程咨询平台，为广大农民提供各类在线咨询服务。三是利用“互联网+”建立新型农业社会化服务体系。建立农业生产性服务网络交易平台，推动土地托管、代耕代种、农机作业、农业植保等各类农业生产性服务资源与生产需求有效对接。鼓励各类农业专业化服务组织针对农民需求，提供有价值的个性化服务。

2. 加强乡村信息人才培训计划推进 乡村信息基础建设必然需要相关人才提供技术上的帮助与支持，通过以“点”带动“面”发挥示范引领作用，带动乡村居民学习推广互联网技术。政府可鼓励农业部门结合网销农产品需求，培养一批既懂信息技术又善经营管理的复合型人才。采取政府补贴，鼓励龙头企业、专业合作社、物流公司等组织开展乡村信息专业技术人员培训。鼓励地方政府分级分层培训电商人员，增强电商学员创业培训的实效性，将培训补贴和学员开网店利润挂钩。以淘宝、微商销售为主要模式，大量培养微型电商创业。充分发挥全省高校科研机构教育信息化的引领作用，提供职业技能指导，开展面向乡村地区的网络远程教育。

此外，还可以借鉴先进经验，引进专业人才。加快培育乡村信息化方面的领军人才，想方设法提高乡村对信息化人才的吸引力，如提高薪资待遇，改善就业环境，在住房、子女读书、社会保障、金融服务等方面提供优惠措施，积极鼓励和引导高校毕业生到基层去从事乡村信息化服务工作。特别是县、乡两级政府要出台相关政策，吸引大学生、科研人员、懂信息技术的农民工返乡创业，既要积极帮助解决创业过程中遇到的如专业技术、资金难题，也要在生活、社会保障等方面给予足够的保障，使其能安心创业。此外，还应充分发挥大学生村官作用，引导村民们广泛了解互联网技术。

同时，相关部门需要尽快创建培训体系。建立起农村信息化技术培训体系，特别是要培养了解科学知识、懂得专业技术、能够熟练使用网络的高素质农民，使农民能够通过互联网和信息技术将自己的农产品销售出去。通过创立培训班及配套服务体系，大大增强农民的信息化意识和专业水准，使农民了解互联网及信息技术的优势，提高农民对信息化优越性的认识，增强农民在生产生活中使用互联网的能力，让农民真正享受到互联网带来的便利。

3. 建立保障体系，提升乡村信息服务和管理水平 乡村信息基础设施建设的发展还需要进一步完善农业综合服务体系。以12316农业综合信息服务平台为依托，以乡镇益农信息社为载体，开展信息进村入户试点。深化信息惠民服务，组织开发商务、交通、医疗、教育等各行业应用的信息服务。建立公共就业信息服务平台，为乡村人员提供就业信息等指导。推进信息服务站点建设，实现村级站点建设全覆盖。推广远程教育、远程医疗、金融网点进村等信息服务，建立空间化、智能化的新型乡村信息综合服务网络。统筹推进农村综合服务平台建设，将村级服务场所打造成集党务、政务、村务、商务和社会服务于一体的综合服务平台。深化“互联网+放管服”改革工作。大力推进网上审批，推动更多行政职能和服务事项网上办理，打造“一网通，一次办好”品牌，基本实现省市县乡村五级联通。

在此基础上进一步加大乡村农业信息化知识的普及推广、宣传和培训教育力度，营造共同关心，支持信息兴农、助农，加快农业信息化建设的良好氛围。首先要切实强化各级农业部门广大职工对农业信息化工作的意识，增强使命感、紧迫感和责任感；其次要加大开展广播、电视、网络等新闻媒体宣传及培训和入村展演等活动力度，加强信息技能的系统培训，提高广大农民、经纪人、大户、龙头企业、专业合作组织对以计算机为主要标志的信息服务的认知程度，强化其信息意识，扩大信息需求量；最后要抓好信息工作典型的宣传报道，通过典型引路、以点带面，加快推进建设发展步伐。

乡村信息化发展必不可少的环节是加强安全治理。由于农民网络安全防范意识较弱，很容易受到网络诈骗。这就要求我们，一方面必须强化网络安全治理，建立安全保障机制，通过互联网安全检测平台提高网络安全防护能力，还要提高互联网络故障修复能力；另一方面，对农民进行互联网诈骗等知识的普及和网络安全应急处置方面的培训，切实提高农民网络安全防范意识和处理此类事件的能力。特别要注意提醒农民谨慎对待网络上的高利贷融资情况，筛选有利信息，屏蔽不利信息，安全上网。

乡村信息化基础设施建设的应用，着力点应当在改善教育、医疗等乡村生活中的痛点、难点问题。为更好地实施数字乡村战略，政府需要明确各项任务的牵头部门和责任部门，细化实化工作内容和政策措施，确保各项任务落地实施，见到实效。建立完善数字乡村建设发展统筹协调机制，研究重大政策、重点工程和重要举措，督促落实各项任务，构建统筹协调、上下联动、整体推进的工作格局，形成强大工作合力。按照《数字乡村发展战略纲要》部署，统筹开展数字乡村试点示范工作，积极探索典型经验做法，及时总结推广有益经验。此外，开展建设发展情况监测评估工作，做好跟踪调研。在乡村现代化发展和转型的进程中，只有将物联网、云计算、大数据和移动互联等新兴信息技术作为依托，在农村生产经营、乡村治理、居民生活、资源环境等多领域因地制宜，应用发展数字乡村战略，才能在当下的信息化浪潮中创造性地解决农村地区面临的矛盾与问题，为我国的乡村振兴和可持续发展贡献中坚力量。

信息时代，网络何以进万家

张　颖（农经172班）

实践时间：2019年7月17—24日
实践地点：安徽省宣城市旌德县三溪村

进入21世纪以来，随着网络在整个社会的逐渐普及以及农村经济的迅速发展和社会主义新农村建设的进一步推进，网络在农村的普及成为一个新的社会现象，成为社会关注的热点话题。尤其是在家电下乡的火热浪潮下，如何加快农村网络普及，科学搭建农村信息化平台，就成为一个亟待解决的问题。中国农村人口众多，传播媒介相对欠缺，这使得互联网在农村有较大的作为空间，发展农村互联网意义巨大而深远。互联网给农民提供多样的信息获取和发布渠道，从而深刻影响农村居民传统生产、生活方式。有了互联网，政府、企业和个人都可以在专门的网站为不同地区的农村居民发布各类信息，从而使农村居民既快又准地获取信息，提高传播的效率。同时，农村居民也可以通过网络自由发布信息，让更多的农村资源进入投资者的视野，进一步发展农村经济。互联网在农村的发展能够缩小数字鸿沟，实现城乡居民信息传播，观念变革的同步更新。为此，我利用暑假期间走进农村，展开关于“手机互联网使用情况”的调研，通过寻求各级政府的支持以及广电通信部门的帮助，并结合亲身下乡调研的经历，来探索出一种当代大学生与农村基层网络建设挂钩的合作体制，加快农村信息化进程。

一、引言

本报告的提出源于南京农业大学假期社会实践，在实践过程中我们发现在如今城市网络如此发达的情况下，部分农村地区网络发展情况并没有想象中的那么快速，但是很多农村居民却有着借助网络来增长他们经济收入的想法。由于时间有限，我未能作全面的调查，通过问卷调查的方式，对部分农村居民进行了调查，并作出了初步的调查报告，希望能为加快家乡农村网络建设贡献一部分力量。

随着中国互联网的快速发展，网络已经渗透到社会生活的各个层面，成为社会、经济、文化活动和个人生活的重要平台。互联网不仅改变了个人的工作、学习生活方式，而且以突出的信息渠道、交流互动、商务交易等价值极大地促进了社会政治、经济文化的快速发展。城乡之间二元结构不仅仅存在于传统的社会经济领域，也存在于诞生时间不久的互联网发展领域。从获取信息和应用信息的角度来看，农村信息匮乏是引致二元结构的一个因素。重视和加强农村互联网的发展，可有效地缩小城乡数字鸿沟，促进农村思想观念更新和经济社会跨越式发展，消除城乡之间的信息壁垒、化解二元结构的诸多矛盾，也是响应党中央号召，建设社会主义新农村、构建社会主义和谐社会的重要组成部分。“三农”问题一直是党和国家高度重视的民生问题，而提高农民收入水平，改善农民生活质量则是解决“三农”问题的重中之重，但是农民增收困难却是阻碍新农村建设的一个很现实的问题。在农村基层的领导班子中流行这样一句话——“要想富，先修路”，充分说明了交通在经济发展中的重要作用。交通可以扩大对外交流，既可以走出去，又可以领进来。然而，信息流通不畅和与外界沟通困难导致农村资源闲置浪费，进而影响了农民的实际经济收益，因此搭建一个农村与外界信息和资源双向交流互动的平台，是帮助农民增产扩收的必由之路。

当前中国经济社会的发展存在明显的“二元结构”问题，这种二元结构表现在中国城乡之间、东西部之间等多个方面。城乡之间的二元结构不仅仅存在于传统的社会经济领域，也存在于互联网发展领域。随着智能手机的普及，移动互联网应用已经成为农民生活、生产中必不可少的组成部分。重视和加强农村互联网基础设施建设及其应用发展，不仅能有效地缩小城乡数字鸿沟、消除城乡之间的信息壁垒、化解二元结构的诸多矛盾，而且是以数字化助推乡村振兴的重要抓手。农村互联网基础建设有进步，手机成为小乡村连接大世界的窗口。

二、访三溪村，促数字化

三溪镇地处安徽省宣城市旌德县西北部，因徽水、麟溪、玉溪三河交汇流入泾川而得名三溪，是旌德的北大门，离黄山风景区仅 62 千米，山清水秀，人杰地灵。全镇总面积 70.01 千米^2，辖 6 个村，99 个村民组，总人口 1.36 万人。三溪镇地理位置优越，交通便利，境内 205 国道、省道三仙公路穿镇而过。东连蔡家桥镇，南接孙村镇，西邻兴隆镇，北与泾县榔桥镇毗邻。境内自然生态环境优美，森林覆盖率达 40%以上。现有耕地面积 17 472 亩，其中水田 16 375 亩，旱地 1 097 亩，林业面积 32 569 亩；水域面积 5 436 亩，镇区面积 1 千米^2。可见三溪镇是一个典型的农业乡镇。

在三溪村，网络的负面影响造成了多数人尤其是中老年人的强烈抵触。这是网络在普及过程中所遇到的最大的障碍。由于城镇发展，大量农村年轻劳动力涌入城镇，目前农村中的主要人口为留守老人妇女及儿童，他们构成了农村网民的主要群体。看新闻和玩游戏是农村网民的主要消遣方式。相对于城镇网民而言，他们仅仅把手机作为娱乐工具，而不是一种多功能的应用平台。在城市，通过网络订机票、约出租车、网购、团购和理财等生活服务已经极为普遍。然而由于乡村自身基础服务的限制，乡村网民想享受却享受不到这些服务，这也使得农村网民对互联网的依赖程度明显低于城镇网民。互联网在农村的发展方兴未艾，它将在各个方面给地域宽广、资源丰富的农村带来空前的机遇。而在这一过程中，互联网自身也将达成新的发展。

2014 年城镇地区互联网普及率超过农村地区 34 个百分点，换而言之，农村网络有很大的发展潜力，然而也有很多问题需要解决。

一是村民们对网络的接受问题。村民的知识水平普遍偏低，网络作为一项新的通信服务技术有着太多的功能，对人们的学习能力提出挑战，也对互联网在农村中的发展制造很大麻烦。云南大学新闻学院副教授曹云雯说，“农村地区居民社交面相对比较窄，交往圈可能就在村镇，根本不需要网络联络；不少留守农村的居民受教育程度不高，也没人教他们使用智能手机”。现在很多乡村人口大部分都是老人和幼儿，由于文化程度低，学智能手机很费劲，调查时听到的那句“怕乱按会收费”几乎成了这类群体拒绝的最多借口。同时，网络安全问题层出不穷。总而言之，学习成本、网络可有可无性以及安全意识都使得村民对于网络有着一种排斥态度。

二是农村网络信号强度明显比城镇信号强度差，不少网民上网极其不便，尤其是在大山里的人，只有山顶上的信号才好，网络信号强度制约了农村网络发展。

三是智能手机价格及网费。智能手机价格虽然不断下降，然而一部用得顺手的手机依旧要上千元。同时中国由于在通信网络发展的政府支持力度远不如其他国家，网费价格一直较高，对于收入偏低的仅把移动网络当作闲时消遣的农民而言，网费也是一笔不小的开支。互联网的使用让乡村不再边缘化，让农民享受到先进的科技生活服务才能让乡村与城市更快接轨，这也能提高农民幸福指数，拉动农村经济增长，所以乡村社会的网络覆盖是大势所趋。

我认为政府应抓好基层设备建设，让网络信号全面覆盖，加强农村的网络使用教学以及安全宣传教育工作，让农民学习使用网络，主动接受网络。加大农村基础服务设施建设，让农民把移动网络当成一种多元服务平台而不是简单的娱乐机器，如加强农村物流建设，让物流能深入乡村各个位置，打破网购在偏远乡村遇到的物流瓶颈。只有加大对网络建设的力度才能够让乡村社会的网络向城镇社会的网络发展。我所调查的乡村，网络的发展还有很大的提升空间，而跟网络发展息息相关的产业都像雨后春笋一样初露苗头，因此，加快网络建设势在必行。尽管目前受到诸多条件的限制，农村互联网的发展与城镇相比仍然差距很大，但是我们相信它的前景值得期待。重视和加强农村互联网的发展，可促进农村思想观念的更新，有效地缩小城乡数字鸿沟，从而消除城乡之间的信息壁垒，也是响应党中央的号召，建设社会主义新农村、构建社会主义和谐社会的重要组成部分。同时，当代大学生也应把所学所得通过社会实践和思维创新回馈社会，肩负起大学生的社会责任和使命。不可否认，一个人的能力确实有限，但是我想通过这次调查，唤起村民对如何合理利用网络的更多关注，掀起全村文明上网、建设文明村的公益事业的热潮。作为大学生的我，有义务与责任尽一己之力去普及网络知识。通过此次调查增强自身的本领，提高自己的认识，又能更好地服务农民，为建设社会主义新农村的发展贡献自己的一份力量。

三、普及农村网络化发展

1. 加大宣传力度，促进农村互联网的发展 在调研中我发现，不上网的村民中有很多人认为“上网没用不需要”，尤其是农村老年人，对于网络的使用抱着自我的偏见与冷漠。信息获取途径很多，看电视听广播完全可以满足村民们对信息的要求，可见信息互联网对农村地区的作用还不明显，或者说互联网对农民的作用没有直接显现出来。另外关于互联网的负面事件报道，造成农村居民对互联网存在认知上的偏差，由此产生的使用网络的种种顾虑也限制了农民的上网欲望。因此，政府一定要加大宣传力度，使农民认识到互联网的作用并能够积极主动地利用互联网增加收入。在这个宣传的过程中，当地新闻媒体以及政府的作用就显得尤为重要。

2. 完善农村地区网络接入设备，下调上网费用 目前部分农村地区网络使用的基础条件还很匮乏，现在农村几乎所有的上网用户均为 ADSL 上网方式，农村网络日后的费用尽管是电信部门的工作，但政府可以联系本地的电信部门，陈述利益促使其降价；再者，政府可以提供相应的资金支持，加大对农村网络的投入力度。

3. 有效落实“电脑下乡”政策，改善农村网民的上网设备 从2008年下半年开始，全国多个省、自治区、直辖市及计划单列市陆续开始实施家电下乡政策，财政补贴家电下乡政策，有利于调动农民购买家电积极性，改善农民生活条件，也有利于引导企业建立适合农村消费特点的生产和流通体系，扩大内需并改善农村消费环境，是建设社会主义新农村的一项重要惠农措施。作为家电下乡的一项重要举措，“电脑下乡”如今也进行着，但目前农村地区个人电脑拥有率仍较低，很多村民都是由于没有电脑等上网设备而无法接触和使用互联网。因此，政府应进一步使“电脑下乡”的优惠政策落到实处，针对农村地区消费水平和消费习惯，以更贴近农村生活实用的配置、更加实惠的价格，满足农村地区对电脑等上网设备的需求。

4. 加强农村公共上网场所建设 随着网络的进一步普及发展，我们在调研过程中新奇地发现了乡村网吧正在逐渐兴起，乡村网吧正成为村民上网接受网络信息、休闲放松的新去处。然而我们所接触的网吧，大多规模很小，设备配置较低，安全和卫生环境多数不达标，管理较为混乱。在农村互联网网民中，中小学生占了很大一部分比重，然而农村学校机房的互联网配置并不算高，设备更新缓慢，而且均很陈旧，根本无法跟上现在互联网的更新速率。在一定程度上，也无法满足在校学生的上网需求。因此，政府及各地教育部门应加大对农村公共上网场所建设的投入力度，企业也应该重视自身的社会责任。

5. 加强村民的互联网网络培训教育，合理化应用网络 在调研的过程中我发现，农村居民对互联网的认知存在偏差，特别是对于“网络犯罪、网络上瘾、网络色情”等形成的负面评价，成为大多数农民对网络的第一印象，限制了农民的上网欲望。因此，农村地区需要通过加强学校教育，通过媒体的新闻宣传，来转变农民上网的需求意愿和使用技能，将互联网的信息媒体价值、参与公共舆论和拓展关系网络的平台价值传递和渗透给农村的非网民群体，推动农村互联网的快速普及和持续发展。

6. 电信企业要努力为农村建设网络平台 电信企业掌管着网络建设，如果电信企业能够支持，降低网络使用的价格，那么网络平台的建设一定会事半功倍。当地电信部门要根据农村居民的生产和生活需要，结合当地的农村居民的结构特征，通过简单易行的操作方式，有针对性地提供生产和生活信息服务。电信企业要切实贯彻政府的政策，用自身的行动为农村网络建设出谋划策，努力建设网络平台。

7. **乡镇企业要加强自身的网络建设** 三溪村的青壮年大多在乡镇企业中务工，乡镇企业就要担负起责任，强化网络硬件设施，加强农村务工人员的网络教育，改善农村信息的流通性。企业对网络的建设，不仅能够加强对务工人员的教育，而且能促进企业本身的信息交流。在信息化时代，提前发展信息，不但有利于企业产品的销售，而且有利于培养信息化人才，为企业日后的转型做好人才基础，可谓一举两得。

8. **自觉学习网络知识，培养网络意识** 村民们对于网络的负面认识较强，如未成年人网瘾，网络犯罪等问题。因此，村民一定要自觉地学习网络知识，培养规范的网络意识，能自觉地正确使用网络，利用网络。自发地组织学习团队，交流学习心得。在学习网络的过程中，交流学习心得是必不可少的，正所谓众人拾柴火焰高，村民们应自发地组织学习团队，构建村民网络咨询处，加快网络在农村的普及进程。这一点尤其重要，集体的力量是巨大的，已有网络的村民要起到模范带头作用，用自己已有的网络知识，影响其他人，无论是老网民还是新网民，通过团队在一起交流心得，能够促进村民网络知识的增长。

我认为在三溪村，网络的负面影响造成了多数人尤其是中老年人的强烈抵触。这是网络在普及过程中所遇到的最大的障碍。因此，要让老百姓实在体验到网络作为重要的文化传播途径正带给这个社会便利。只要正确利用网络，扬长避短，定能将收益最大化。

数字化视角下的消亡与留存

卞雪艳（国贸172班）

实践时间：2019年6月8日—7月30日
实践地点：江苏省常州市武进区南夏墅街道胜西村

随着现代化发展的需要，城镇化迅速推进，但这也意味着农村的逐渐消亡。常州市的胜西村就是因城镇发展而逐渐消亡的例子。通过拆除农民住宅及撤并村庄的办法，从农村发展中节约出土地来用于城镇建设，从而解决了城镇发展建设中所需要的土地问题，但是这也给农村发展带来了许多问题。农村发展水平直接影响到我国社会和发展水平，加快乡村信息基础建设，发展农村数字经济，建设智慧绿色乡村，推进乡村治理现代化至关重要。此次，正好经济管理学院开展“数字乡村建设——全国大型社会调研”暑期社会调研实践活动，我积极参与其中并希望能够通过问卷调查、实地调研来大概地分析一下农村地区发展现状，提出存在的问题以及可能有用的改进建议。

一、引言

中共中央办公厅、国务院办公厅为贯彻落实乡村振兴战略和乡村规划战略，于2019年5月印发《数字乡村发展战略纲要》。

当代信息技术和科技创新不断进步，全球经济格局加速发展和产业形态深度变革。党的十八大以来，以习近平主席为核心的党中央高度重视网络安全和信息化工作，作出一系列战略决策。农村信息基础设施加快建设，线上线下融合的现代农业加快推进，农村信息服务体系加快完善，但也存在顶层设计缺失、资源统筹不足、基础设施薄弱、区域差异明显等问题，亟须进一步发掘信息化在乡村振兴中的巨大潜力，促进农业全面升级、农村全面进步、农民全面发展。将数字农村作为数字中国建设的重要方面，是立足于中国国情，加快农村现代化建设，进一步解放和发展劳动力和生产力的正确决策。

以习近平新时代中国特色社会主义思想为指导，全面贯彻党的十九大和十九届二中、三中全会精神，紧紧围绕统筹推进“五位一体”总体布局和协调推进“四个全面”战略布局，加快推进农业农村现代化，着力发挥信息化在推进乡村治理体系和治理能力现代化中的基础作用，繁荣发展乡村网络文化，抵制和进化乡村落后和不良的“土味”风气，构建乡村数字治理新体系；培育信息时代新农民，走中国特色社会主义乡村振兴道路。

坚持党的领导，全面加强党对农村工作的领导，把数字乡村作为建设数字中国的重要方面，加强统筹协调、顶层设计、总体布局、整体推进和督促落实。坚持全面振兴，统筹推进农村经济、政治、文化、社会等各领域信息化建设。坚持城乡融合，引导城市网络、信息、技术和人才等资源向乡村流动，促进城乡要素合理配置。坚持改革创新，深化农村改革，充分发挥网络、数据、技术和知识等新要素的作用。

到 2020 年，数字乡村建设能够取得初步发展；2025 年，数字乡村建设取得重要进展；2035 年，数字乡村建设取得长足进步；最后到本世纪中叶，全面建成数字乡村。

加快乡村信息基础设施建设；发展农村数字经济；强化农业农村科技创新供给；建设智慧绿色乡村；繁荣发展乡村网络文化；推进乡村治理能力现代化；深化信息惠民服务；激发乡村振兴内生动力；推动网络扶贫纵深发展；统筹推动城乡信息化融合发展。加强组织领导；完善政策支持；开展试点示范；强化人才支撑；营造良好氛围。

此次调研地点为江苏省常州市武进区南夏墅街道胜西村，而此村的村民全部为失地农民。失地农民是指农民的土地被依法征收，土地的所有权大部分归为政府。胜西村的所有村民全部都没有土地的所有权，但是这些被征收的土地，政府并没有直接投入使用，所以很多土地虽然已经不种庄稼，但是被种上了葡萄或者各种蔬菜来供自家使用，有时间和精力的家庭会悉心地照料他们种植的葡萄树以此来出售并补贴家用。在常州，失地农民是一种很常见的现象。在工业化和城市化的过程中，农民土地收归政府从而转变为非农业用地是一个非常正常的现象。但是随着失地农民越来越多，出现的问题也日益突出。首先是土地由专业的农业用地转向非农业用地的速度越来越快，土地被征用的面积越来越大，失地农民的数量越来越多。一旦失地农民的数量过多，政府所能做的补偿也越来越有限，这些补偿开始无法解决他们的长远生计，他们的社会保障更加难以实现，一部分青壮年农民的再就业也会出现困难。因此，胜西村更加迫切地需要政府作出新的改革。

二、数字乡村促发展

1. **加快乡村信息基础设施建设** 通过数字乡村建设大幅度提高乡村的网络设施水平，扩大农村宽带、无线网和数字电视网的覆盖范围，同步做好网络安全工作，打击电话诈骗、网络诈骗等违法犯罪活动，保障村民的生命财产安全；帮助农村基础设施实现数字化转型，努力推进农村地区的公路和农产品加工等的智能化建设。

2. **繁荣发展乡村网络文化** 通过数字乡村建设加强农村的网络文化建设，扩大数字广播电视建设，充分利用互联网的优势来宣传中国特色社会主义和良好的社会品德；通过先进的现代技术加强农村优秀传统文化的保护与传承；加强对网络的监督，遏制封建迷信、低俗的消极文化的网络传播。

3. **推进乡村治理现代化** 通过数字乡村建设来完善农村基层的党建信息平台，推广党课教育；通过互联网和智能手机的使用来提高乡村建设和规划管理信息化水平；集中民智，加强村委会和村民之间的联系，便于村民及时反馈他们的意见和建议，促进村民与村民之间、村民和村委会之间的和谐友好相处，让村委会能够更好地进行乡村治理。

4. **推动城乡信息化融合发展** 通过数字乡村建设来推动农村城镇化进程，为村民能够更好地适应城镇生活提供保障；让城镇和乡村之间实现资源的共享，从而由城镇带动乡村，利用城镇先进生产方式和技术，引进科学的管理方式，实现乡村创业创新，增加过剩的乡村劳动力就业率，促进城镇和乡村的协调共同发展；保护村庄的特有资源，规避因过度城镇化而造成的乡村房屋过度拆迁，乡村逐渐消亡，甚至乡村特有文化失传的现象。

三、数字乡村受束缚

本次调研一共填写了11份问卷，每份问卷都由一户人家的特定代表填写，填写问卷的人年龄在30～62岁，其中一位老人，他是所有填写问卷的人当中唯一没有使用智能手机的人。由于填写问卷的人都是失地农民，所以问卷中的手机网络信息对农产品销售的影响都是空白的。并且，胜西村中许多在政府征用土地之前完全务农的都是年纪较大的人，他们在失去土地后都选择了歇业在家，接受政府给予的补助和子女的赡养生活。他们现在每月的补贴为870元，再加上胜西村中大部分人家都是和子女生活在一起的，他们完全不需要再寻找工作。物质的基本富足似乎让被调查的农民们都有了更多的机会去接触新鲜的事物，结果也果然如我们所猜想的那般，手机的使用率总体而言比较高。

填写问卷的人，如果是使用智能手机的人那必定会使用手机上网，并且在十位使用智能手机的人当中，四位的手机使用时间都在 6 小时以上，只有一位使用智能手机的时间在 30 分钟以内，这唯一的人也是因为她需要工作和照料家中的琐事，所以能让她使用手机的时间很短。但是所有的人在使用手机上网时都会关注新闻娱乐和微信等社交软件信息，只有两个人会关注除此以外的信息，一个是务工信息，一个是政府有关农民工政策的变化和政府有关农业方面的政策变化。大家购买手机的原因都有为了方便通信联系和利用手机上网来缓解生活压力。从问卷看来，很少有人利用手机关注农产品生产的有关信息，12316 平台和物联网更是无人知晓，但是也有好的一面，就是大部分人在政府进行相应物联网技术的推广时愿意尝试使用物联网。使用智能手机的人都开通了电子支付，并且熟练和经常使用电子支付。不可否认的是智能手机的使用对村民交流方式的改变有很大的影响，交流范围扩大了，和家人、朋友之间的联系也越来越多了。但是在胜西村，村委会发放通知的形式并没有随着智能手机的使用而改变，还是原始的利用通知单来通知村民，并且村委会交流事务的方式还是开会进行面对面讨论的方式，缺乏高效率。

乡村中智能手机的使用十分广泛，只有一些上了年纪的老人会选择使用老年机，一是因为他们不需要智能手机那么多的上网功能，他们只需要最起码的通信功能就足够了，二是因为他们不会使用那么复杂的智能手机。但是智能手机的普遍使用并不代表智能手机是被有效利用的。在我与村民的交谈中不难发现，事实上很多人使用手机都只是利用了微信和 QQ 等聊天工具扩大他们的交友圈或利用手机的上网功能关注娱乐社会新闻，所以手机的使用并没有给村民的生产活动带去直接有效的帮助，在胜西村这个例子中，村委会也没有良好地利用便捷的网络来进行村民的日常管理活动，甚至还停留在原来的发放通知单的阶段。但是无法否认的是智能手机强大的功能方便了村民的日常生活，尤其是手机支付和手机购物的功能，让村民不用为了购买一些难以在乡村集市上购买到的东西而花费大量时间进城购买。但是，我发现在询问网购给他们的生活造成何种影响时，村民们都只会考虑网购给他们带去的积极影响从而忽略了网购的风险，在他们欣喜的眼神中我也能切实感受到他们对于网络购物的喜爱。网络购物能够让人足不出户地购买到自己需要的东西，但是网络购物见不到实物，商品的信息可能与实物有很大的差异，商家会为了能够快速地卖出商品而过度美化商品，还可能会为了大量卖出而进行有水分的优惠促销。现在的许多网络购物软件都需要填写个人信息，这些软件对用户填写的信息可能不会做有效的保护，甚至还会公开传播，倒卖用户的个人信息。村民们所接受的教育程度并不是非常高，他们在买到了假冒伪劣的商品以及自身的利益受到威胁时都不会主动地去维护自己的合法权益。网络就是这样一把双刃剑，而网络的载体智能手机也是，智能手机会给村民带去便利的生活，也可能会造成他们利益损失，这些利益损失还可能永远不会被弥补。现在城镇化的范围日益扩大，智能手机也在村民融入城镇的过程中发挥了巨大的作用。通过手机他们可以建立微信群，联系他们同村认识的人，减少在城市融入中不可避免发生的孤独感。总体说来，智能手机和网络的使用对村民来说，只要加以良好、有效地使用必定会让胜西村有更加美好的发展。

四、避免数字鸿沟，推动乡村发展

通过调研乡村信息化的情况得出农村对于智能手机和网络的使用仍处于初级阶段，并没有对其实现完全有效的利用。

1. 开展智能手机的使用方法培训 智能手机在农村中年群体中的使用率并不是很高，并且大多数村民还未完全利用好智能手机的优势，开展智能手机的使用培训能够提高智能手机的普及率，同时需注意加强对手机网络的监督。

2. 村委会加强对智能手机的有效利用，提高乡村治理能力 建立村委会专用公众号和有关乡村治理意见的反馈绿色通道，建立村民群，加强村委会与村民之间的联系，增加村民关于乡村治理的参与度，确保村委会每次会议内容都可以公开。

3. 加强乡村网络文化引导 宣传良好绿色的网络文化，遏制封建迷信、攀比低俗等消极文化的网络传播，同时预防农村少年儿童沉迷网络，让违法和不良信息远离农村少年儿童。

4. 加强信息资源整合共享和利用 有效利用城镇先进的技术与资源，加快形成共建共享、互联互通、各具特色、交相辉映的数字城乡融合发展格局，引导特色保护村庄发掘独特资源，建设互联网特色乡村，并引导搬迁撤并类村庄完善网络设施和信息服务，避免形成数字鸿沟。统筹整合乡村已有信息服务站点资源，促进数字乡村国际交流。

解密数字生态，探寻绿色密码

崔蓉蓉（国贸172班）

实践时间：2019年7月22—24日

实践地点：江苏省东台市富安镇

为响应党中央数字乡村发展战略的号召，我们自行组成“东台驻南农大使队”并深入江苏省东台市富安镇进行实践活动。项目共分为三个部分，首先，我们将对富安镇的生态环境进行实地考察，通过拍照进行取证；其次，我们将深入了解富安镇的农业数字化以及绿色乡村发展情况，我们小组制作了绿色乡村和数字乡村的调查问卷，通过向村民发放问卷以及面对面访谈的形式了解当地乡村基础设施建设、数字经济以及智慧绿色乡村的建设情况。最后，结合调研数据分析富安镇现行乡村建设中存在的一些问题以及问题产生的原因，总结并提出相关的政策建议。

一、引言

1. 政策背景 2019年5月，中共中央办公厅、国务院办公厅印发《数字乡村发展战略纲要》，提出发展目标——到2020年，数字乡村建设取得初步进展。全国农村4G覆盖率超过98%，农村互联网普及率明显提升。农村数字经济快速发展，建成一批特色乡村文化数字资源库，“互联网＋政务服务”加快向乡村延伸。网络扶贫行动向纵深发展，信息化在美丽宜居乡村建设中的作用更加显著。到2025年，数字乡村建设取得重要进展。乡村4G深化普及、5G创新应用，城乡数字鸿沟明显缩小。初步建成一批兼具创业孵化、技术创新、技能培训等功能于一体的新农民新技术创业创新中心，培育形成一批叫得响、质量优、特色显的农村电商产品品牌，基本形成乡村智慧物流配送体系。乡村网络文化繁荣发展，乡村数字治理体系日趋完善。到2035年，数字乡村建设取得长足进展。城乡数字鸿沟大幅缩小，农民数字化素养显著提升。农业农村现代化基本实现，城乡基本公共服务均等化基本实现，乡村治理体系和治理能力现代化基本实现，生态宜居的美丽乡村基本实现。到本世纪中叶，全面建成数字乡村，助力乡村全面振兴，全面实现农业强、农村美、农民富。

2. **现实背景** 当前，新一代信息技术创新空前活跃，不断催生新技术、新产品、新模式，推动全球经济格局和产业形态深度变革。党的十八大以来，以习近平同志为核心的党中央高度重视网络安全和信息化工作，作出一系列战略决策，统筹推进网信事业快速发展。农村信息基础设施加快建设，线上线下融合的现代农业加快推进，农村信息服务体系加快完善，同时也存在顶层设计缺失、资源统筹不足、基础设施薄弱、区域差异明显等问题，亟须进一步发掘信息化在乡村振兴中的巨大潜力，促进农业全面升级、农村全面进步、农民全面发展。

立足新时代国情农情，要将数字乡村作为数字中国建设的重要方面，加快信息化发展，整体带动和提升农业农村现代化发展。进一步解放和发展数字化生产力，注重构建以知识更新、技术创新、数据驱动为一体的乡村经济发展政策体系，注重建立层级更高、结构更优、可持续性更好的乡村现代化经济体系，注重建立灵敏高效的现代乡村社会治理体系，开启城乡融合发展和现代化建设新局面。

南京农业大学作为历史悠久的农林类院校，密切关注民生，在积极响应党中央数字乡村发展战略的号召的同时，引导广大学子在实践中结合专业、了解国情、接受锻炼，培育和践行社会主义核心价值观，开展了“数字乡村建设——全国大型社会调研”暑期社会调研实践活动，并围绕加快乡村信息基础建设、发展农村数字经济、建设智慧绿色乡村、推进乡村治理能力现代化、深化信息惠民服务等方面调研所在地区数字乡村建设情况。作为南京农业大学的一分子，我很荣幸也很欣喜能够参与到如此有意义的活动中来，我和同学们自行组成分队，积极选择调研地点，制定调研计划，并在此次活动中受益良多。

二、绿色乡村富安镇的数字化探索

小组成员创建群组，在群内商讨实践的合适时间，最终确定实践时间为7月23日和7月24日。在开始实践之前，小组组长做出分工安排，具体安排分为绿色乡村问卷的设计，访谈问题的设计，实践过程拍照录像及采访村民等，确定实践安排后，小组成员各司其职，并于7月22日线下集中商讨实践具体事宜，为了提高效率以及合理利用地理优势，小组成员确定在富安镇的不同地点进行实践，地点分别对应小组部分成员的家庭或亲属住址。

7月23日，小组成员集合、观察实践地点的生态环境，并通过附近村民以及社区村委会了解富安镇近几年为建设绿色乡村做出的努力。我们了解到，近几年富安镇在改善乡村环境上做出了很多的努力，具体体现在对河流的整治，村民的垃圾处理，道路建设以及环境绿化等方面。河流整治方面，政府采取承包到个人的形式，将指定区域的河段委托给指定村民，让其负责河流水藻及垃圾的清理，并支付其一些报酬；另外，每条河流都设有河长，河长的主要管护责任为确保河面清洁，无漂浮物，无有害水生植物；确保岸坡清洁，无生活垃圾及其他堆放物；发现有乱占、挖、填河道，岸坡及将有害物质排入河道等行为，必须及时制止并向市主管部门、镇人民政府报告；除此以外，为了使河岸美观，我们观察到河流沿岸都栽种了垂柳。访问当地村民，多数村民反映政府的这一措施改善了原本家养禽兽粪便乱排乱放的问题，他们对现在的环境纷纷表示了满意。但我们在深入调查时发现水藻的处理仍然存在问题，在没有被重点注意的区域仍然存在着污染。村民垃圾处理方面，政府在商业街道增设塑料垃圾桶，在村间小路上建造水泥垃圾房，定期会有垃圾车托运垃圾，这一措施使垃圾处理问题得到了很好的解决。从村民那里了解到，以往村中没有设置垃圾桶时，村民的垃圾有些扔到河岸，有些就地焚烧，极大地污染了环境，现在的处理大大减少了环境污染，提高了废物的可持续利用水平，令我们惊喜的是村民们都自觉地将垃圾投放至垃圾桶，愿意改善大家共同的居住环境。在道路建设方面，为了满足村民生活条件日益改善的需要，近年来，富安镇各村相继改造道路，目前大部分乡间道路已被水泥覆盖，极大方便了村民的交通。在环境绿化方面，政府在乡间道路两旁栽种景观树，并对每家每户发放果树苗栽种，针对污水沟渠，同样采取承包到个人的形式，这些举措也取得了很大的效果。

7月24日，小组成员就学校准备的问卷和自己制作的问卷挨家挨户发放，问卷发放过程并不如想象中的顺利，虽然村民大多和蔼友善，但是由于问卷过于冗长，以及大多留守村民已年过半百，识字不多，所以村民并不都很愿意花时间填写问卷，我们总是碰壁，但我们运气还算好，一位大户非常热情地接受了我们的访谈，我们了解到这位大户主要种植小麦和水稻，承包面积980亩，我们针对手机使用情况对他进行了采访，他指出使用手机成为他获得生产类信息以及娱乐活动的主要途径，手机给他带来了许多便利，他可以通过手机App来获得信息以及智能监控生产，通过手机与家人联系以及购物，但他尚未开通线上销售平台，这也是他的一大遗憾。告别这个大户之后，我们又拜访了一些村民，通过拜访这些小户，我们大致能够了解到，手机在农村也已经普及，但小户农民除了通过手机查看天气预报及进行娱乐交流之外，几乎不通过手机进行生产类信息的查询。

实践结束后，为了方便结果的展现，我们将搜集到的数字乡村问卷制作成电子版并在问卷星上进行填写，同时，我们将自己制作的美丽乡村的问卷发布到问卷星上，通过小组成员的转发和动员搜集数据，最后，我们将问卷结果汇总，填写实践报告。

三、数字化助推乡村绿色发展

1. 绿色乡村问卷结果分析 绿色乡村问卷采取线上填写方式，有效问卷数量 32 份，男女比例 1∶1，年龄集中在 18～35 岁，超过 90%的参与者对目前的生活水平表示满意，在所在农村与过去相比经济改善最明显的地方一问中，交通设施、住房条件以及家用设备选项占比相当，说明农村经济发展在集体和个人方面均有体现。在农村生活水平提高的主要原因一问中，超过半数的人认为农村生活水平的提高与改革开放的影响关系密切，其中，又离不开政府的大力支持以及家庭的个人奋斗。在新农村的建设主要依靠什么一问中，一半人认为需要靠农民和政府的集体努力，说明在新农村的建设过程中，集体和私人共同合作才能发挥最大的作用。在所在农村是否有垃圾随处乱丢、建筑余物乱堆乱放现象一问中，75%的参与者表示存在这种现象，说明现代乡村的垃圾处理仍然是一个问题，政府仍需在这一问题上下功夫。在所在农村是否有加强农村绿化、美化工程一题中，几乎所有参与者都给出了肯定的回答，说明各村两委都有积极参与绿色乡村的建设。在如何看待农村秸秆处理一问中，大多数参与者认为应该回收处理或者用作沼气原料，而不应该就地焚烧，说明多数人拥有环保意识，但仍存在秸秆就地焚烧现象的原因可能是回收利用成本较高，针对此，地方政府应采取一些措施使秸秆回收利用便利化。在当前农村哪些环境问题对你生活影响最大一问中，水污染、大气污染、生活垃圾污染以及化肥、农药和地膜等被大多数参与者选择，说明尽管政府采取了许多改进措施，但农村环境仍然存在许多问题，政府应进一步进行改善。在对节能减排、绿色乡村这个概念的了解程度一问中，多数人表示基本了解，即使是老年人也能够大致地说出他们自己的观点，说明多数村民具备绿色乡村意识。在当地是否拥有绿色发展相关设施如建设有地热或太阳能发电等设施或推广一问中，多数人表示听说过但未使用过，说明绿色发展相关设施建设还不普及。在如果节能产品比普通产品贵 15%，是否愿意购买一问中，多少人表示会视价格而定，说明如果节能产品价格在可接受范围之内，即使比普通产品贵，多数人还是愿意选择节能产品，这就要求生产节能产品的公司加快科学技术创新，提高生产率。

2. 数字乡村问卷结果分析 数字乡村问卷通过线下走访的方式填写，有效问卷 31 份。在手机价格一问中，多数人的手机价格在 1 000 元以上。在手机网络运营商一问中，60％的人选择了中国移动，35％的人选择了中国电信，仅有 5％的人选择了中国联通，可以反映出当前中国手机网络通信承包商中，中国电信和中国移动市场占比率较高。当问及为什么选择中国移动时，多数人反映中国移动套餐费相比较而言更为便宜。当问及为什么选择中国电信时，多数人反映，虽然中国电信相比较而言更贵，但是它的网络质量稳定，速度快。在使用手机上网关注的内容一问中，多数人选择了新闻娱乐、微信等社交软件，只有极少数人同时选择了关注农业技术服务、农产品行情，这一结果反映了多数村民并没有将电子设备作为农业生产的辅助工具，而是一种娱乐工具。在购买手机的主要原因一问中，多数人表示是为了方便通信联系及缓解生活压力。在手机带来的影响一问中，多数人选择手机的使用给其工作生活带来了积极的影响，使其与家人联系更为方便，能够获取更多资源与信息，娱乐方式更为丰富，扩大交友范围。在娱乐方式一问中，多数人表示娱乐方式从以前的看电视到现在被手机替代，手机已经成为当代人娱乐生活必不可少的一部分。在生产经营过程中获得过哪些类别的信息一问中，各种类别的信息均有被选择，其中天气气象类信息被认为对家庭生产的帮助最大。在是否使用过 12316 平台一问中，多数人表示没有，其中，知道但没有使用过的人占少数。但同时，多数人表示目前获得的农业生产信息基本及时有效并且能够满足生产需要，联系之前的访谈，我们了解到，目前小户农民生产主要还是依靠历史经验，很少依靠当代信息科技，而大户农民相比而言能够更多地使用当代科技，科学生产。在关于网络销售平台一问中，多数人表示没有使用，但愿意尝试，说明网络销售平台对农户而言是具有吸引力的，政府在电商平台的倡导和推广上还需努力。在关于网购的问题上，多数人表示开通了电子支付并会选择网购，网购给生活消费带来了双面影响，即使购物更方便，但同时增加了购物风险。

3. 政策建议 从绿色乡村问卷调查结果中可以看出，当代村民具有绿色环保意识，并愿意和政府一起美化乡村环境，在价格允许范围内购买节能电器，但目前乡村仍然存在垃圾乱堆乱放以及污染肆虐现象，绿色发展相关设施建设仍不普及。针对这一问题，政府应大力宣传绿色乡村美丽图景，增设垃圾回收点，安排特定人员清理河道沟渠，定期回收垃圾，同时，对养殖大户或者工厂进行管控，禁止其污染乱排；政府还应大力宣传绿色发展相关措施，并给予一定的补贴，加快绿色发展相关设施建设的完成。

从数字乡村问卷中可以看出，手机在现代农村中已基本普及，手机给农户带来了新的娱乐形式，方便了沟通，农户使用手机与外界联系，手机的普及为农户的生产生活带来了积极正面的影响。但大户农民与小户农民在使用手机获取农业信息方面有些区别，大户农民已经可以利用手机进行智能生产并获取有效的生产信息，而小户农民几乎不使用手机进行生产方面信息的查询，这或许是生产规模造成的，大户农民生产规模大、风险高、专业化生产需求高，而小户农民生产规模小、风险低、专业化生产需求低。针对这一情况，政府可以安排座谈会让种植大户传授生产经验，政府还应积极推广国家农业政策，教会农民使用智能手机获取生产信息。

智慧赋能，沟连远方

洪书颖（国贸172班）

实践时间：2019年7月22—29日

实践地点：河南省驻马店市刁庄村

数字经济在当前社会背景下的应用范围越来越广，应用水平也越来越高。是因为它弱化了不同区域之间的地理障碍，以它的实时性和快捷性不断地渗透百姓的日常生活，并且给每个人都提供了切实的帮助，促进整个社会的经济效率不断提高，也推进了社会前进的步伐。7月下旬，我和我的高中同学走入了河南省驻马店市刁庄村，了解了村民的生活状况，感受到了信息化为村民带去的便利与好处，发自内心地为社会的巨大进步而感到骄傲与自豪，喜悦之情溢于言表。通过分析河南省驻马店市刁庄村数字乡村建设的现状，进而意识到应该顺应时代的潮流，响应党和国家的号召，牢牢抓住数字乡村的机遇。基于已有电子商务与网络平台，借鉴数字城市的优秀经验，结合具体情况来发展农村数字经济，坚定不移地实施数字乡村战略，振兴乡村。

一、引言

近来新闻媒体上总是提到数字经济。数字经济，顾名思义，是数字化带来的经济进步。那么，它有哪些具体表现呢?

在家里轻点鼠标，就可以看到蔬果在农田里的生长状况；在电商平台上下单，就可以买到千里之外、大山深处的农家特产；办证件、开证明，农民最多跑一次，数据成了跑腿员；交通不便的偏远乡村，危重病人通过网络，可以让城里的专家看病就诊……这些都是数字乡村的美好图景，很多已经成为现实。

壮大数字经济、建设数字中国，推进信息化和工业化深度融合发展，是党中央、国务院一项长期性的战略部署。而数字乡村的建设，正是其中极为关键的一环。

二、打造刁庄村数字化建设

通过实地考察，可以发现：刁庄村目前的基础设施配套较齐全，村庄道路清洁度较好，但是缺乏公共休闲绿地空间场所，没有集中式的村民广场。产业发展则以农业为主，村庄整体的经济水平良好，村民的满意度和幸福度普遍保持在中上等水平。同时，近三年以来，村庄的网络水平不断提高，为村民生活的方方面面都提供了极大的便利，特别在扶贫进程上提供了巨大支持：弱势群体的福利最大化，医疗保障制度的完善，农产品的购进与销售，都在很大程度上得到了提高。但是，刁庄村的发展过程中也存在一些问题，主要表现为数字化应用设施的投入不足以及村民对于移动技术及网络的掌握能力较为缺乏。

在村庄治理方面：地方政府对国家推进信息化的战略部署和重点工作了解不全面，对信息化的作用认识仍存在欠缺。这种认识的不到位，又导致了地方设施体系机制的不完善，购买设施的成本也较为高昂。同时，售后服务的欠缺进一步阻碍了对信息化设施的维护和升级，使得相关部门只能再次购买软件设施。随着农村经济的发展，这种重复投资必将会在其他地区出现（张芳丽等，2010）。

在农民生活方面，应用于农村的信息化软件过于单一，相应的功能也较为简单。一些高端、崭新的信息化产品对于农民来说极为陌生，并在自身学习能力的制约下，无法有效地掌握信息产品的操作技能，这是当前信息化建设比较普遍的问题。而对于数字农村的建设，则需要同时掌握计算机能力和农业知识的人才，可是这种复合型人才在当今社会是较为欠缺的，更不用说是在人才大量流失的农村地区。

三、由“城市数字经济”到“农村数字经济”的过渡

网络技术飞速发展，也催生了一种新的经济形态，就是我们在新闻中经常听到的数字经济。正是这种新型经济形态，给整个经济环境和人类社会都带去了飞跃性的变化。

听起来数字经济像是一个完美的政策，可是在实施过程中依然阻碍不断，问题也是层出不穷。如果为了避免问题的出现，而避免变革与创新，那么这个社会就永远都不会进步，只会一步步落后。中国要想维持领先世界的实力，必

须不断创新，利用科技和思想的同步进步，不断创造新的历史机遇。对于数字时代的到来，我们更应从积极的方面思考崭新的数字时代可能带来的一系列问题，并针对现阶段提出的问题，寻求突破的解决思路。而要对这些问题有迹可循，首先要充分了解数字经济，了解它的本质和特点。

数字经济的本质是信息化，信息化就是运用信息技术改造和提升农业、工业、服务业等传统产业，以快速提高产业效率，降低产业成本，实现产业的信息化。以下一些则是数字经济的主要特点：

1. 快捷性 网络之间的连接使得不同地区由于地理位置而形成的自然障碍被打破，不同国家和地区因而被密切地连结为一体，"地球村"的村落之间的纽带也更为坚不可摧。

而同时，由于没有了时间上的束缚，人们之间信息的传递也更加方便快捷，更是改变了远距离信息传递的滞后性，最终实现了实时性。从这个角度来说，每个人对信息的处理利用能力也随之增强，在一定程度上，也推动了时代的进步和经济的发展。

2. 高渗透性 数字经济凭借信息化的巨大进步，实现了较高的渗透性功能，使得一二三产业之间的边界变得若隐若现，出现了一二三产业相互融合的趋势。不同产业相互学习借鉴，使得几个产业齐头并进，共同发展，不断形成正向外部溢出效应，将社会资源的配置效率不断地最大化。它带来的全产业链协同发展，以及行业间的横向发展具有明显的溢出效应，逐步弱化了区位劣势对经济发展的影响（斯丽娟，2019）。

3. 自我膨胀性 商品经济的最大弊病在于利益机制的自我膨胀的随机性和无限性，会导致经济行为的盲目性和破坏性。而数字经济作为经济的一种创新形式，自然也有其相应的不足之处。数字经济的价值等于网络节点数的平方，这也就是说，信息化所产生的效益会随着网络用户数量的增加而增加。在一定条件下，经过一段较长的时期后，就会出现垄断局面。

此外，它还有边际效益递增性、外部经济性及可持续性等特点。

一个城市的数字化水平，首先取决于它的信息获取能力，以及与这种能力有充分联系的信息产生、信息传递和信息应用等各个环节。数字城市信息基础设施的规划与建设，其中心始终围绕着城市对于信息获取总能力的持续提高。而农村经济也是类似，同时也有不同之处。

在城市数字经济的发展趋势日趋良好的大环境下，2018 年，中共中央、国务院印发了《乡村振兴战略规划（2018—2022 年）》，其中指出："要大力发展数字农业，实施智慧农业工程和'互联网＋'现代农业行动，建设具有广泛性的农村电子商务发展基础设施，加快建立健全适应农产品电商发展的标准体系等。”

2018 年，三四线城市的数字化消费迅速增长，更高品质的产品、更优的服务在数字化赋能下实现了无差别触达。更值得关注的是，农村的数字消费增速全面超越了一线、新一线和二线城市。这是数字技术带来普惠性增长的有力证明。在由城市数字经济向农村数字经济的过渡之中，不仅要借鉴城市的发展经验，还要根据自身特点，开辟出一条适应自身的发展道路。一步步健全农村的各项制度，完善基础设施建设，方能最终实现农村数字经济。

四、数字乡村战略化发展

1. 互联网普及率提高迅速缩小了城乡间的数字鸿沟 我国幅员辽阔，自古以来，城市与乡村之间的信息流动都较为缓慢，乡村社会各方面的发展皆受制于信息闭塞，在一定程度上阻碍了农村经济的发展。随着信息化走进农村，城乡收入差距也在不断缩小，城乡之间的数字鸿沟被缩小，这也为乡村社会的发展提供了前所未有的支撑条件。而数字鸿沟是指在全球数字化进程中，不同国家、地区、行业、企业、人群之间，由于对信息、网络技术的占有和应用程度不同所造成的“信息落差”“知识分隔”“贫富分化”。

不断推进数字乡村战略，将在很大程度上推进信息化的建成。乡村居民可以很便捷地多途径获得外面世界的信息变革和发展经验，这提高了乡村社会信息服务和发展水平，为之创造了前所未有的有利条件。网络信息化的普及、公共服务水平的发展创新、网络扶贫开展，也让广大乡村居民实实在在共享了互联网发展成果。

在城市，不少传统行业已经深度数字化，互联网支付深入经济的各个方面，各类分享经济更是如火如荼。但在广袤的县域，尤其是农村地区，信息基础设施建设落后，很多区域还没有网络覆盖，数字经济发展相对滞后。因而，加大基础设施的建设力度，加快乡村 4G 深化普及、5G 创新应用，可以使城乡数字鸿沟明显缩小（《当代县域经济》编辑部，2019）。

同时，加大对贫困地区金融知识、数字技术知识的教育培训力度，也将缩小贫困地区居民与发达地区的不平等差异，促使贫困地区居民提高自身的理财能力，从侧面推动贫困地区的经济发展。

2. 数字经济提高了农业产业的能级和效率 数字经济带给涉农产业更大的影响则体现在：重组产业组织系统，升级产业链条，提高农业产业的能级和效率。借助数字技术赋能传统行业，通过新的生产力要素的投入促进生产效率的提高，实现产品的高质量。

长期以来，农产品销售大多依靠农贸市场，但随着拼多多等新型电商平台的出现，人们拥有了不受时间和地域限制的“24小时市场”。而且通过聚焦需求，农民更清楚该生产什么。小农户对接大市场，不仅有利于创新农村流通服务体系，而且有利于培育一批质量优、特色浓的农村电商产品品牌。

此外，借助互联网，创意农业、观光农业等新形态也在不断吸引着人们前来。网络的便利性为数字农业打下了坚实的基础，使得农民的决策更加合理，根据自身情况作出创新与改变，有效提升了社会生产率。

五、助推数字乡村新发展

1. 坚持城乡融合 坚持城乡融合，创新城市与农村共同发展的机制，促进社会资源向乡村流动，从而促进城乡要素合理配置，让广大农民群众更好地分享经济发展、信息化发展成果，建设美丽乡村。一直以来，乡村发展的资本和资源都较为贫瘠。这就需要调配好各种资源要素，形成资本、人才、技术、信息等要素顺畅流动，加快促进农村一二三产业融合发展，更好地整合资源要素，实现产业和区域间的优势互补、良性互动（李玉清，2019）。

2. 推动数字化转型 数字农业是传统农业与信息化的智慧结晶，它侧重于通过数字化，更快捷地传递信息，并通过互联网大数据与农户共享实时信息，从而让现代农业踏上新的征程，提高整个涉农产业的生产效率和积极性。

我们要加快推进网络技术在农村基础设施中的运用，将智能科技与农民的真实需求相结合，更深层次地为农民群众谋福利、行方便，使得数字化的果实传递到每一位农户的手上，共享科学对人类的贡献，最终提升民族的凝聚力！

而数字化转型不只体现在基础设施的投入力度及软件设备的转型上，更多的还体现在运营商对互联网平台的灵活运用上。运营商有独特的优势，如网络和客户资源以及本地化能力等，但是传统的规模经营模式不可复制，它们需要向互联网企业学习，引进新的理念和举措，核心是建立网络资产经营和客户资产经营两个重心（张平安，2019）。

3. 开展信息扶贫 农村经济的发展只依靠外部力量的催生是远远不够的，村民的力量是其中较为关键的环节。如果外部条件创造得很好，村民仍然不会合理利用资源，只会造成资源的浪费及社会生产效率的下降。

随着经济的发展与社会的进步，信息技术改变了人们的生产生活方式，改变了资源配置的方式，带来了劳动生产的自动化和人们日常生活的便利化。但并非所有社会成员都能平等享有运用信息技术带来的红利，受资源、机会限制形成的信息不平等引发了一种新型贫困现象——信息贫困。因此，在这种背景下，要积极开展信息扶贫，通过互联网让贫困人口更加平等地享有信息技术带来的红利。

4. 加大金融创新应用，解决产品缺乏问题 在推动数字乡村发展的同时，还需数字普惠金融进一步持续发力，为乡村振兴打通“最后一公里”。

推广非现金支付工具等数字普惠金融技术创新的产品，使农民足不出户，即可享受到金融服务。鼓励涉农金融机构提升大数据应用能力，丰富数字金融产品，完善对新型农业经营主体发展的数字信贷政策，加大数字信贷支持力度。实现与扶贫开发大数据管理平台信息系统对接，构建大数据应用生态体系（黄德刚等，2019）。

在全面实施乡村振兴战略的新时期，应充分发挥金融科技的作用，促进金融科技的技术外溢，调动各类金融市场主体主动地服务乡村的积极性，构建农村数字普惠金融发展的良好生态圈，使农村数字普惠金融成为乡村振兴的助推器（宁爱照等，2019）。与此同时，这从一定程度上补齐了乡村金融供给不足的短板，部分满足了农村地区日益增长的金融需求。

最终实现数字乡村还任重道远。随着经济社会的转型发展，因为有数字化的助力，传统农业会更加高科技，传统乡村也会更加智能化，乡村生活同样将更趋于时尚与潮流。让我们共同驰骋在信息化的高速公路上，期待乡村更美好的未来。

等待还是前行：留守中的数字化探索

李彤彤（国贸172班）

实践时间：2019年7月14—23日
实践地点：江苏省镇江市西寺巷村

随着数字化乡村发展战略的提出，为了了解当今乡村的数字化发展状况，我们来到江苏省镇江市西寺巷村进行调研，在了解调查到当地数字化建设情况之后，本文基于此次社会实践的实际情况，提出了在这次实践中观察到的乡村发展中的存在问题，同时基于这些问题提出一些可行的建议与措施，以推动数字化乡村的发展。

一、引言

《数字乡村发展战略纲要》提出，数字化乡村是在随着数字化、信息化及网络在农村经济社会发展中的实际应用，以及农民提高获得现代信息的技能而衍生的农村和农业数字化及现代化发展过程中的进步，而数字化乡村既是实现乡村振兴的重要步骤，又是将来建设数字中国的奠基石。为了了解我国乡村数字化的情况，我们进行了实地调研，以江苏省镇江市西寺巷村为案例，从产业、农民生活、村庄治理、医疗教育等方面多角度调查描述村庄的数字化现状以及未来其可能的发展方向与选择。

二、看西寺巷村数字化建设

随着社会经济的发展，越来越多的中年人、年轻人选择去城市就业，外出务工，寻求更好的发展，城市工资水平远远高于农村工资水平，但这即导致了农村劳动力短缺，流失至城市，农村人口更加老龄化。镇江市西寺巷村也是这种情况。我们初入村庄时，眼前是一些老年人在交谈，走进村庄，发现并没有很多人。在与老人的交谈中，我们得知他们家里的年轻人都在城市打拼或定居了。而他们这样选择的原因主要是城市工资更高，生活更加便利，教育、医疗资源更加丰富。对于他们而言，他们更加适应城市生活。这也给农村农业生产带来了不利影响，朱利芬（2018）的研究显示，农业劳动力的流失，致使耕地利用率降低，农业生产受到制约，农业基础设施建设也较为落后。而一些先进的技术和知识也不能迅速有效传递至农村，这也就使国家一些农业信息技术得不到落实。而在我们的实践调查中，我们发现由于未与数字化、信息化技术相连接，镇江市西寺巷村的农业生产与发展也受到了一定的制约。

我们前期关于数字化乡村的情况设置了一些问题，制成问卷去西寺巷村调查，总共回收问卷 143 份，有效问卷为 114 份。首先是关于乡村信息基础设施建设方面的调查。信息基础设施的网络设施主要是指农村宽带通信网、移动互联网和数字电视网，还有农村地区水利、公路、电力等基础设施的数字化情况。我们基于这方面，也对农民生活的数字化进行了调查。

通过对问卷进行分析，我们可以发现从年龄方面看主要还是老年人，47.37%都是 60 岁以上的老年人，26.32%在 41～60 岁。村子里主要还是老年人居多，这也同时验证了上面所说，农村劳动力流失，农村人口逐渐老龄化。而关于家里是否安装无线网，76.32%的人家里是安装了的，说明互联网在西寺巷村还是较为普及的，但更大可能性还是年轻人以及中年人使用较多，据我们调查，老年人会使用智能手机的人数很少，一般他们都是使用老人机，而且也不会使用网络，不了解网络。关于手机的使用，我们调查显示 63.16%的人使用智能手机，36.84%的人不使用智能手机。而关于智能手机的 App 的使用方面，大部分人都是使用微信，也使用抖音、快手等短视频 App，还有人也会用新闻类 App。每天使用手机进行休闲娱乐的时间大概是 3～5 小时，而没有使用智能手机的人一般是不用手机休闲娱乐的。家里有在校学生的，认为手机还是给学生学习造成了一定的影响的，有的则认为造成了很严重的影响，特别是对于爱打游戏的孩子来说。关于电视方面，55.26%家里是数字电视，42.11%家里是网络电视，还有 2.63%家里没有，但是也有部分人家里两种电视都有。从前面各项数据来看，网络给农民的生活带来了很大的变化，让他们可以接触到更新鲜的事物，生活也比以前便利，可以学到很多知识，了解更多知识。

在农业生产方面，镇江市西寺巷村并没有大规模生产，而是农民每家每户会种植一些用以自给，我们观察到他们那儿有种植玉米、豇豆、丝瓜，还有一些蔬菜类的作物。我们从爷爷奶奶那儿了解到他们有的是不再种植，将土地承包出去，有的则是种植一些蔬菜类，有的种植很多的除了自给之外，还会拿到菜市场或集市上去销售，有将近一半的人是既不种植又不销售的。究其原因可能是他们并没有大规模集中生产，也不了解网络，不会通过网络途径去销售来有效辅助生产，而且这种蔬菜在物流运输方面也存在问题，需要新鲜保存，保质期短。但是我们在调查过程中也发现一个经营网点的阿姨，据我们了解，她与工厂合作，购买工厂里生产的产品再通过网络途径去销售，用快递形式发货，扩大了销售渠道和市场范围，进一步增加了自己的收入，充分发挥了网络的中介作用。但是在询问到他们村在农业生产中是否使用数字化技术和设备时，他们极少使用甚至根本没听说过有这种技术。这也恰恰说明了他们并不清楚也不了解数字化乡村和农业生产的数字化，数字化乡村这一个政策战略的传播程度不够。

之后我们还前往西寺巷村的学府路小学及居委会，调查了一些教育、政务和数字化联系的情况。其实我们在询问村里人农业生产数字化方面信息时，也询问了一些医疗相关的问题。西寺巷村的村民一般都会选择去镇江市大医院看病，因为那里的医疗条件更先进，医疗设施更完备。但是只有年轻人或会使用智能手机的人知道如何在网上预约挂号，方便就诊流程，节约时间成本。对于那些不会使用智能手机的老年人来说，不仅是挂号特别不方便，支付也存在困难。他们并不会更加迅速便捷地从网上挂号，付款时也不会使用网上支付，而排长队对老年人来说费时费力。虽然网上预约比现场排队更便捷，但是对于老人来说，则更会倾向一些传统的方式，毕竟迅速掌握新鲜事物也不是一件容易的事。现今的医疗与互联网相联系，提高了医疗机构的信息化水平，完善了民生保障信息服务。但是也要考虑到不会使用智能手机的老年人，时代发展过程中需格外注意那些时刻可能与时代脱节的、步履蹒跚的人。

而且在与一家开小卖部的老奶奶的交谈中，我们发现异地的医疗保险不能报销，老奶奶是镇江外地人，但是女儿嫁到了镇江市西寺巷村，老奶奶便跟着女儿来到了这里，去医院看病时并不给外地人报销医疗保险，这对于异地人来说无疑是加重了自己的生活负担，也不利于民生保障。这也给加快实现城乡居民基本医疗保险异地就医直接结算、社会保险关系网上转移接续增加了难度，在这一方面需要加大力度实施，方便人们异地就医。

在学府路小学，我们很幸运，遇到一个老师，询问了一些关于数字化的问题，他们学校会用多媒体给学生上课，因为对于低年级的学生来说，多媒体能够丰富他们的感官，课间也会用广播或投影仪给学生放一些有趣的视频，设施比较完备，有的家长也会让自己孩子在家学习网络课程，与此同时，老师也会让家长控制孩子玩手机的时间。推动乡村教育信息化，只能说这个学校做到了一定程度地将互联网与教育联系起来，但也仍然有一定的缺陷，学校还没有资源能够给学生提供网络上的一些课程与教育。

而在政务方面，他们并没有能做到在网上将党务政务公开，这一方面需要加大力度，要争取做到建设完善农村基层党建信息平台，优化升级全国党员干部现代远程教育，推广网络党课教育。推动党务、村务、财务网上公开，畅通社情民意。要充分利用网络这一途径，推动政务服务网上办理，快速办理，提高群众办事便捷程度和效率，方便群众并且不给群众带去麻烦。

在我国现行推动建设数字化乡村的过程中，主要还是要加大宣传力度，在我们调查西寺巷村时，发现大多数村民都没有听说过数字化乡村发展战略，虽然发展前景很好，但推广过程仍困难重重。而与数字化程度相对较低的原因有关的可能还是乡村资源匮乏，无论是技术还是信息等都较为缺乏，而且目前乡村这个大环境与实施数字化乡村发展战略尚有一定距离，数字化政策的普及率也有待提高。

三、寻乡村建设发展问题

现如今城市发展越来越迅速，城乡之间差距越来越大。而在乡村发展过程中，主要存在着这样的问题：一是农村劳动力匮乏，大量劳动力流失到城市，农村人口逐渐老龄化，而这个主要是因为城市工资水平和生活条件都明显优于农村，同时城市教育资源和医疗条件也更加完善。众多年轻人选择进城务工，老年人留守乡村。二是农村互联网覆盖率不高，数字化乡村发展困难。在农村，特别是老年人众多的农村，大都不会使用智能手机，不了解互联网，也不会使用，家里基本上也没有网。即使有，也是留给家里孩子回来后用。对于农村地区来说，互联网还不是特别普及，虽然4G的使用较为普遍，村民会使用手机联系，看视频、看新闻、网购等，但是互联网的覆盖率还是不能支撑数字化乡村的发展，而且也可能存在网络文化筛选的问题，儿童沉迷于网络游戏，消极文化在网络上传播，不良信息和低俗信息围绕着儿童。三是数字化乡村发展战略的宣传程度不够。村民大都不知道这个数字化的具体定义，以及数字化发展战略涉及哪些方面。这主要与当地政府的宣传科普有关，要让农民都能大致知道了解数字化乡村发展战略的内容。四是农村资源匮乏，技术水平低下，没有找到合适的发展道路去带动农村经济的发展。大多数地区注重城市的建设与发展，忽略了农村的发展，也没有找到合适的方式去发展农村，有时候可能还会用错方式。可以发展乡村旅游的地方应该充分利用先天条件，大力发展该地旅游业；可以大力发展产业的农村应该致力于发展合适的产业，促进高新技术的发展。而不是使城乡差距越来越大，应该为想发展的年轻人提供充分的空间和支持。

四、促农村经济数字化发展

1. 强化农村就业政策、数字化农村政策的宣传与实施 在农村大力开展农村就业政策以及数字化农村发展战略的宣讲活动，组建宣传队伍，宣传当今新时代农村对农民提供的各项惠民利民政策及相关法律法规信息，提高农民对政策的了解与认知水平，吸引更多青年劳动力回到农村，扎根于农村。对于那些有意愿回到农村的青年人，要给他们提供鼓励的政策和相应的补贴，促进他们的农业生产，提高他们的就业率，鼓励他们创业。同时要将数字乡村建设与乡村振兴联系起来，充分发挥政府的作用，在数字乡村的发展过程中学习那些试点地区的经验。

2. 建立健全社会保障制度，推动新型城镇化的发展，促进城乡一体化建设 农村地区的人口结构越来越趋向于老龄化，年轻人都更愿意在城市生活，应该大力促进农村地区养老事业的发展，保障农村地区老人生活的基本条件，加大公共基础设施的建设，在医疗方面更要加大保障，让老年人能够有钱去看病，能去看病，老年人的医疗保障是一件极其重要的事。还可以采取异地养老的模式，让老年人有事可做。促进人才引流，吸引人才去农村发展，也鼓励从农村走出去的大学生能回到农村发展，扎根于农村。同时应该大力鼓励并且引导农民自身作为劳动力参与到农村建设中，参与到农村的经济社会发展。发掘当地农村的资源优势，结合市场需求，生产发展该地特色农产品，进而进一步提高农民收入，改善农民生活，优化农村人口结构。

3. 提高农村网络覆盖率，增强数字经济与数字农业农村知识的普及宣传 加强农村地区网络设施建设，提升农村网络覆盖率，让农民能够学会利用网络，改善农民生活方式。信息化时代需要数字化，需要数据去支撑，可以多举办一些知识普及活动，宣讲活动，让农民能够听懂，能够主动去学一些关于信息化、数字化的技术，也可以举办一些实践活动，让农民切身体会数字化技术。并且邀请专家去做讲座，推动数字化农村的新发展。

随着我国经济的迅速发展及经济环境的不断变化，农村也需要新发展，在数字乡村发展战略的领导下，各地政府应该积极推动数字乡村建设，让农民能够发展新农业、精准农业，利用信息化、数字化技术带动农业进步，提高农民收入，改善农民生活方式，进一步促进农业经济的发展。

沟壑深深，信息化的参差由谁抚平？

项泽堃（工商171班）

实践时间：2019年8月17—24日
实践地点：江苏省淮安市涟水县李集乡、南京市栖霞区摄山村、红花镇

我们小组先后在淮安市涟水县李集乡、南京市栖霞区摄山村、红花镇等地进行了考察，对各地的信息化程度有了初步的了解，也看到了其中存在的差异。我们根据收集的问卷和数据进行了分析，最后得出结论。

一、引言

信息技术的普遍应用，对乡村经济的发展起到难以想象的巨大推动作用。目前的乡村，一方面是科技信息、市场信息进不来，另一方面是农产品卖不出去。这种因信息渠道不畅导致的问题不但影响了农产品的竞争力和农民的收入，而且延缓了农业现代化的步伐。

二、探索乡村信息化道路

我们小组调查了多个乡村，发现各个乡村之间的发展情况存在不小的差距。

以江苏省淮安市涟水县李集乡为例，李集乡近年来快速发展，年轻人也更多地留在乡中，这让信息化有机会在乡村中得到发展与传播。近年来乡里与周边城市的联系更加紧密，不仅是交通，还有一些商业合作等，发展十分显著。信息化得到了大家的广泛追捧，信息化的交流方式给人们带来了许多便利，人们也能通过手机等其他信息化方式获得关于农业方面的基本信息，如近来的农产品价格情况，以及政府的最新政策等。但对于智能灌溉、智能监控这一块具

体的农业生产技巧方面，信息化程度并不高。一部分农民知道并且有想法利用，但受到了资金、土地的限制，还有一部分农民安于现状，并不打算发展起来。

虽然李集乡已经发展得足够快速，但相比之下，江宁区的大棚大面积生产，信息化设备监控管理就更胜一筹，更加有信息化的味道。

摄山村的村民们采用的是纯手工种植生产，与李集乡尚且不能相提并论，但是通过信息化的技术预测，依然使单位收成提高了不少。与之相似的还有红花镇，团队在红花镇进行了社区调研。这次社区调研主要面向小区居民，由居民口述具体情况，小组成员进行登记。下面是该社区具体情况：

红花镇在2010年前由数个大小不等的村子组成，后来由政府作出批示，建设小区，并将村民移入小区统一居住、管理。由于前身为村子，因此居民大多数仍为村民，部分保留了耕地或有小范围田地进行耕作并出售蔬菜。

此次调查的受访者，主要介绍的是居住在12栋7楼的陈爷爷。陈爷爷是红花镇的原住民，目前在附近废弃铁道边的无人地带种了约10米^{2}的蔬菜。在保有自己的田地时，还是传统的农业生产方式。智能时代后，虽然土质差，但是单位收成却得到改善了。陈爷爷认为，通过现代的实时信息分享，预测更加准确，对于生产的帮助是很大的。

我们还从一些村民口中得知，即使在同一个乡村，不同年龄的人对乡村信息化的接受度也不同。我们小组找到了当地刘先生一家，我们来访时家里的老人也在。从他们的口中我们得知，乡村近几年的公路、网络等都发展得很快，现在的生活比以前方便了许多。大部分的土路都已经被水泥地替代，而且在外工作时也能随时得知家里老人的身体状况，不会再出现老人生了病自己回家才知道，从而不能及时就医的情况。就采购方面，虽然这里乡村的快递依然不能直达，但在不远的地方也可以取到，比之前买东西方便不少。就种植来说，连网之后对各个农产品都有了更细致的了解，无论是种了自家吃，还是出售，都对种植的农产品的种类有了更好的选择。

但是他也提到老人们显然还是没能完全接受这些改变，对于手机之类的物品接受度很低，网络更是不会用，刘先生认为可能还是需要一代又一代人去渐渐适应这种信息化的乡村生活，并且之后的调查发现这种情况并不是个例，而是普遍存在的，这一点也应当得到重视。

除此之外，我们还走访了月牙岛康居示范村。2014年，海州决心将这块地变废为宝，启动月牙岛建设，打造离市区最近的天然氧吧。为了节约费用，滨河新区就地取材，用粉煤灰铺路和造景。薰衣草园、波斯菊园、向日葵园，1 100亩双湖湿地成为各种野鸟的栖息地，三五成群的游客，或在健步走，或在赏花观鸟。月牙岛的开发建设，改善的不仅是环境，更是民生。环岛路建设、近2 000亩的土地流转与改良、民居改造、高压线迁移……对此感受最深的是新圩村村民，原来交通闭塞、环境恶劣的自然村庄经过综合整治变成生态良好的旅游景点。

在这样的示范景区内，我们发现环境优美的同时，农业现代化气息也相当浓厚，无线网络架构居民村落，村民的电子设备较为齐全，数字休闲娱乐设施、电子屏幕比比皆是。在与附近新圩村的村民们攀谈过程中，村民们非常配合，填写了我们的五份问卷。他们对于这样的变化也感到非常开心，他们评价道："以前这里就是个偏僻小村子，现在路也修了，环境也变好了，很多村民开起农家乐，挣钱也比以前多了。"可见在模范乡村中乡村信息化已经收到了很好的成效。

显而易见的是，大多数乡村的信息化还是停留在了对网络信息的运用，并且这种运用也受限于消息提供者的消息的准确性。与更加现代化的大棚生产、数字管理等还有一段距离，需要更多像月牙岛康居示范村一样的模范乡村，让所有乡村进行模仿。

三、定位乡村信息化壁垒

1. 基础设施推广困难 由于部分乡村位置偏远，有线宽带由村到村小组、到户这级，成本高、收益小，后期维护、服务等工作存在困难，光缆被盗现象严重，通信基础设施铺设到位后，电话、宽带入户率难以保证，投资大而收益小，特别是贫困乡村的信息化建设投入成本更高。投资和运作农村市场，尤其是边远落后地区，成本高、收益小甚至亏损，企业不愿意。因此，若地方政府不制定相关的利益激励机制和扶持政策，运营商在艰苦边远农村、山区投入基础建设的积极性很难调动，信息进村入户困难。

2. 缺乏相应的技术人才 信息人才比较缺乏且现有人才结构不够合理。一直以来，专业信息人才的缺乏严重制约着农村经济的发展。迫切需要培养一批适应市场经济和信息时代要求的专业人才，需要一批有信息收集、信息识别、信息加工、信息应用、信息反馈和预测分析能力的信息人才队伍。目前，全村虽有几个农业信息网站，但是网上综合性的信息多，专业性的信息少；简单堆积的多，精心加工的少；交叉重叠的多，有特色的少；尤其是不能保证实时更新，缺乏有价值的信息分析和对未来农业经济形势的预测，不能较好地分析农产品生产和市场状况，使一些农业信息对农民的生产经营不具有指导性。

农业信息服务站点可持续发展机制尚未建立，由于乡级没有信息员编制，导致人员变动大，调动频繁，不能安心工作，缺乏服务农民的内生动力，影响信息网站网页的维护和信息的编写发布工作。

缺乏农村电子商务人才。既懂农业又懂电子商务信息技术的复合型人才匮乏。尤其是农产品包装、营销人才的缺乏已经成为制约农村信息化发展的重要因素。

3. 政府后续投入不足 乡村信息化建设及服务工作属公益性活动，没有直接经济收益，需要各级加大投入进行维护和发展。由于区、乡财政资金有限，难以长期支付网络租用管理维护费用，每年资金缺口较大。每年的网络租用、设备维护、人员培训等费用没有着落，难以保证已建成网站正常运转，信息更新工作难以持续。区、乡两级农业信息服务平台和农村经济信息服务站电脑设备更新及配套设备（如打印机等）的投入都需要经费支撑。目前，政府还没有建立稳定的投入机制，农业信息化缺乏持续项目支撑和系统推进。

四、助推乡村信息化发展

1. 加强农村信息服务网络体系的建设 农业农村局要完善农业信息服务平台，完善乡镇信息服务站和村级信息服务点。在乡镇一级重点建设信息服务站，村一级培养信息员，健全乡镇、村两级信息传播网络。充分利用新闻媒体和农业信息网络，调动涉农企业、农业合作社、村干部、农村信息员、党员，各方面密切合作形成集信息收集、加工、发布、服务于一体的农业信息服务体系。工业和科技信息化局要推动电信企业加快农村通信网络建设，巩固成果，推动完善电信普遍服务补偿机制，形成支持农村和偏远贫困地区发展的长效机制，以加快农村信息基础设施建设，引导电信企业进一步加大资金投入，加快通信基础设施建设。

2. 以电子商务为抓手，加强农村市场体系建设 农业电子商务是农村经济发展的新抓手，乡村信息化建设，主要目的之一就是借助现代信息技术手段，发展农村经济，改变农村信息闭塞、贫穷落后的面貌。随着互联网络的普及应用，“互联网＋”成为乡村农业发展的突破口。政府要以发展农业电子商务为抓手，培育特色农产品，优化农产品流通格局，促进农产品产销衔接，建立新型农产品营销方式，构建线上线下相结合的农产品市场体系。农业农村局要合理引导特色农产品主产区应用电子商务技术，引导培育特色农产品，以点带面，形成规模，构建各具特色、网格化发展的农村市场体系。

3. 加快建立农业信息实验示范和农业电商产业基地 鼓励、引导信息技术在农业生产、经营、管理和服务中的应用，引领农村信息化发展，选择和鼓励条件较好的地区，建立农业信息化实验示范基地，示范引领农村农业信息化发展、推动信息化与现代农业全面深度融合。同时，重点突出农业电子商务的示范引领作用，建议选定条件好的乡镇培育农产品电子商务产业基地，推广“电子商务平台＋农民合作社＋家庭农场”等新型农业经营模式，发挥示范基地的辐射、带动作用。

4. 积极开展信息进村入户试点工作，加强农村信息队伍建设 积极开展信息进村入户试点工作，设定专门的场所、配备专业人员、购买相关设备、连通宽带，加强建设村级信息站，并在每个村级信息站配备一名专职信息员。一方面确保公益服务、便民服务、电子商务和培训体验服务进到村、落到户；另一方面负责本区域内村级站的服务管理、物流配送和对新型农业经营主体的指导服务，同时与其他村级站一样开展各项为民服务。让农民群众足不出村、新型经营主体足不出户就能享受“买、卖、推、缴、贷、取”等服务。农业农村局要高度重视农村信息员队伍建设，制定农村信息员培训规范，编制培训教材，培养适应市场经济和信息时代要求的农业信息人才；组织部要着重加强对农村基层干部和农业技术人员的信息技术培训，使基层村干部既是农业技术专家又是农业信息专家，让他们在农户信息化过程中引导农户、帮助农户并起到模范带头作用。另外，要充分利用农村党员干部培训基地等教育资源，分期分批对村组干部、党团员、复转军人等进行培训。

数字乡村新路径：从造“智”到“智”造

周春艳（电商171班）

实践时间：2019年7月20—29日
实践地点：浙江省温州市永嘉县鹤盛镇

农村信息化为农村提供了新的历史机遇，是统筹城乡发展，促进“三农”问题有效解决的新途径。我国农业发展的方向是发展现代农业，这是建设社会主义新农村的主要工作。因此，要强化基础农业地位，推进农村和农业经济结构调整，加强农业市场的竞争力，必须进一步推进信息技术在农业技术中的应用与推广，加快农业信息化的进程。农村信息化的发展对于发现农业现代化、整合农村信息资源、参与国际竞争有着重大的意义。此次社会实践走进乡村，调查研究农村信息化建设的情况，分析其中存在的问题，并提出一些建议和对策，供大家参考。

一、引言

信息化是促进“以城带乡、以乡促城”战略实现的需要。数字化是增强城市辐射力的有效手段，高速便捷的信息网络能突破地域限制，使城市的各种知识、信息、技术、服务等资源快速有效地从城市向广大农村地区传递，有利于提高农民技能、降低市场风险、促进农民增收、推动农业结构调整。信息化为社会主义新农村建设提供推动力量，通过信息化，农业将实现集约化经营，从而分流出劳动力、资金和土地，用以发展非农产业，消化农村剩余劳动力，实现自上而下的城市化，推进社会主义新农村建设。

通过本次调研，了解数字化在温州市永嘉县鹤盛镇乡村的普及率及人们对计算机的了解程度和利用程度，以反映出信息产业的市场行情。通过与改革开放之初的国情作对比，清楚地看到人民生活水平的提高，进而感受到全民共同建设小康社会的稳健步伐，看到国家科教兴国和科技强国战略的历史进程，预见到全社会物质文明和精神文明的协调发展。

此调查的调查对象是温州市永嘉县鹤盛镇东炉村的全体居民，由于调查的局限性，采用抽样调查的方法，包括村里的一部分居民，大街上随机调查的一些人，分别代表农村居民和普通大众。

二、从鹤盛镇探数字乡村阻碍

1. 农村信息化建设的现状分析 我国引进“信息化”的概念是在20世纪80年代，落后于欧美国家大约20年。早期农村信息化建设表现在20世纪70年代末80年代初计算机应用于农业生产，80年代末90年代初又相继建立一批农林数据库。而农村信息化产业的起步更晚，与欧美国家的差距更大。直到1996年第一次全国农村经济信息工作会议才明确了农村信息化建设的方向。目前我国涉农数据库建设初具规模，农村信息化建设网络平台逐步建立，农业信息网站发展迅速，农业信息技术研发成果显著，农业专家系统开始发挥作用，农村信息服务机构和队伍不断壮大，服务模式灵活多样，地方农村信息化建设有效开展。

这说来也比较简单，如现有信息化产品：农信通（移动产品，12582短信服务）、12316、农企通、汇农通、金农通、数字乡村、平安农机通（农机设备）等（无各产品详细资料，信息有限，所有信息均是通过支点网了解到）。信息化服务对象有农业、农村、农业企业、县（乡）农业技术推广部门、农资部门、种养大户和科技示范户、普通农户（农牧渔民）。信息化服务领域有种植业、畜牧、渔业、农垦、农机、农业科技教育、农产品市场、农村村务管理、农商对接等。信息化实现功能有：农业监测、预测、预警，农业服务信息系统，农业生产经营管理系统，农业科技教育服务平台，农村村务管理系统，农产品电子商务，专业大棚标准化生产监控，农业自动化滴灌，淡水养殖无线水质监测，动植物病虫草害诊断防治系统，防汛抗灾、公益事业等。

2. 目前浙江省温州市永嘉县鹤盛镇计算机应用现况 近几十年来，计算机技术的发展日新月异，应用领域空前普及，渗入各个行业，正在逐步走向乡村。特别是计算机网络的发展，正在改变着农民的生活和生产方式，把农村社会生产力的发展提到了前所未有的高度。为了更深入地了解浙江省温州市永嘉县鹤盛镇乡村计算机普及的现状，我走访村落，通过发调查问卷和交流交谈的形式，进行了一次具体的调查分析，现报告如下：

浙江省温州市永嘉县鹤盛镇经济发展比较落后，农民收入水平不高。在乡镇，我了解到，由于工作的需要，乡镇大多科室都配备了计算机，例如，乡镇办公室、计生办、派出所等，都能够使用计算机进行办公，数字化初步形成。另外，乡镇一些领导同志的办公室里都安装了计算机，极大地提高了乡镇各科室的办公能力和工作效率。在农村，通过发调查问卷和交谈的形式，我们了解到，农村使用计算机不是非常普及，很多农民不了解计算机知识，他们并没有把计算机作为家里必不可少的家用电器，只有比较少的家庭配备了计算机。虽然我国为了促进农业的发展，在农村实行了现代计算机远程教育，但是由于农民计算机知识落后，有的也都处于闲置状态。鹤盛镇农村计算机普及与应用还处于刚刚起步阶段，和我国城市及经济发达地区相比，存在着资金、知识、设施、观念等诸多制约计算机普及发展的因素。

我还了解到，由于村落位置比较偏僻，山区丘陵众多，地势不平，没有大规模的规模化经营或集约化经营，基本上以小农户个体经营为主，大家对网络的了解也不够，不是很重视网络对农业生产的作用，有些家庭也配备了计算机等设备，但是基本上应该是闲置着的，并没有用于农业生产。大家也都有智能手机，除了一些七八十岁的老年人不会用智能手机，用的是老人机，有智能手机的也仅限于与家人联系等，极少用于关注农业新闻和农业生产方面的信息。

3. 浙江省温州市永嘉县鹤盛镇农村信息化建设面临的难题　近年来，农业信息化工作有了较大进展，但农民对农业信息资源的利用状况并不十分理想。究其原因，一个带有普遍性的问题是农业信息网络推进乡村后，入户遇到了障碍，农业信息得不到广大农民充分有效的接收和利用。主要有以下方面：

农民的信息意识呈现出一定封闭性，主要表现为对信息反应迟钝、缺乏应用信息的积极性、敏感性，因而对信息技术需求欲望低。这种现状，使农村仍然存在着信息不畅，生产、销售和需求相脱节，一些农产品等被压价，甚至滞销等问题。

农民自身满足其信息需求的能力是十分有限的，农村专业信息技术人才匮乏。而实现信息化，人才是关键。由于农业发展相对落后，信息技术人才很少，同时受经济能力制约，很难吸引人才。

农村信息服务推广离不开政府统筹协调，才能使各个领域协调一致地将涉农信息有效落地。这不仅需要对此项工作增大人力、物力，更重要的是在前期的信息化服务推广工作中，增大财政投入。

4. 制约鹤盛镇农村信息化建设的因素分析　计算机在工作和生活中的重

要性对于城市人来说不言而喻。计算机网络可以用以交流工作信息，可以方便亲戚和朋友之间的亲情交流，可以不断地学习新知识，也可以使他们在最短的时间内了解到国际和国内发生的事情等。而大多数农民特别是年龄稍长一些的农民根本不了解计算机，他们不知道通过计算机能干什么，更不知道如何运用计算机改变他们的生产和生活方式。

当前，浙江省温州市永嘉县鹤盛镇能够通过互联网获得市场和技术信息的农村家庭少之又少，除了少数种养大户外，极少有真正通过数字信息来指导农业生产和销售。

浙江省温州市永嘉县鹤盛镇农村劳动力的文化程度以小学和初中为主。其中，掌握计算机知识的农民很少。因为缺乏计算机知识，农民不懂得怎样使用计算机，当然也不会为此投资。

传统农业是以农民传统的耕作经验为基础，劳动生产率不高，是自我循环和发展的自给自足的自然经济。而信息农业则要求农业基础设施装备信息化，农业技术操作全面自动化，农业经营管理信息网络化。目前温州市农业生产规模普遍还比较小，农业产业化程度还不高，这就决定了上网的回报率较低，使得自给自足的传统农户对网络信息需求不高。

尽管农业农村部中国农业信息网已开始运行，而且内容日益丰富，部分省级农业信息网络已基本建成，但农村地区则较为滞后，多是单机作业，有的微机型号还很落后，特别是有的县乡因缺乏资金，更无暇顾及农业信息化建设。温州农村的宽带也极少有选择且费用较高，很多农民是为了上网才选择购买计算机的，既然农村的网络情况不理想，大部分农民就不再愿意购买计算机。

从村民那里了解到，农民人均纯收入较低，由于农民还要赡养老人、抚养孩子，加上昂贵的医疗费用及其他生活费用，农民的经济负担依然很重。计算机在农村对部分农民来说仍然算是个奢侈品，农民没有足够的经济条件，是很难下定决心购买计算机的。

三、从鹤盛镇寻数字乡村发展

1. 浙江省温州市永嘉县鹤盛镇农村信息化建设的对策 政府应该加大计算机的宣传力度，通过广播、电视向广大的村民朋友讲解计算机的重要性。同时组织有关人员深入农村，走进田间地头，与农民面对面进行交流，使他们懂得掌握和利用计算机将会直接改变他们的生产和生活，激发他们应用计算机的兴趣，使他们意识到不会使用电脑的农民将成为21世纪的电脑“文盲”。

政府应该抽出专门力量，投入农村计算机培训工作当中去，就计算机的连接和安装、计算机的基本操作等内容实施培训，使村民初步掌握电脑的基本操作等技能。找专业人员到农村培训农民学习计算机，手把手地教给农民，使农民亲身体会到计算机带来的乐趣，以及学会使用计算机。教育部门在农村中小学开设计算机课程。孩子们掌握了计算机的应用知识以后，会在生活中不自觉地影响他们的父母及其亲戚，这样更有利于计算机知识的普及。

政府要高度重视农村互联网的建设问题，加大电信基础设施的投入力度。农业信息网站、信息网络平台的建设需要硬件设备的投入和软件的开发，还必须及时进行网页维护，这就需要投入大量的人力和物力。政府要积极开辟其他筹资渠道，鼓励社会力量参与农村电信基础设施的建设。

针对各地区不同的状况，要进行不同类型的农业信息化的实验示范。通过建立实验示范基地，进行宣传和展示，并不断扩大辐射推广面积和范围，改变农民的传统观念，让广大农民真正意识到能够从信息网络中获得更多的实用信息，得到更多的实惠，真正体会到“种地用电脑，庄稼长得好”的信息价值。例如，农作物施肥，通过计算机分析数据，确定施肥时间、施肥量、施肥方法，使用田间遥控自动施肥机具或与灌溉水结合实现自动施肥。

计算机的主要功能是辅助人们达成一定目标，能使孩子们从计算机中获得乐趣，从网络中学到知识，而并非沉迷于虚拟的网络世界，不能自拔，从而荒废了学业。教育工作者要切实做好孩子上网的思想工作，让计算机发挥其优势，而不是成为毒害孩子们的工具。

2. 浙江省温州市永嘉县鹤盛镇农村全面普及计算机的建议 农民可以通过上网查价格，上网查政策，上网选择良种，上网销售和采购，在网上听课学习农业科技知识，网络信息在农民心中会成为一种依赖，成为学习实践、与外界沟通的桥梁。信息化不仅能增长农民的见识，还会增强公民意识，渐渐学会运用知情权、管理权、监督权，村民民主自治的水平也将会明显提高。

如今电话、电视、电脑多源的信息渠道使农产品价格公开透明，销路增多，农产品增值。可使农产品减轻滞销情况，扩大销售，通过网络还可以引进新的优良品种，可以按订单生产，远销海外。促进农产品的大量生产，又能带动村里发展起科研、加工、冷库储藏等产业链。

开展农村信息知识宣传和教育，增强广大干部群众的信息意识，提高对农村信息化建设的重要性、必要性和紧迫性的认识。强化组织领导，成立专门领导机构，协调信息化建设各职能部门，通力协作，密切配合，形成一个强有力的组织领导机制。

农村信息化建设是高技术、高投入的社会公益性工程项目，必须依靠资金支持。一是政府每年财政预算中要有计划地安排信息化建设专项资金；二是动员社会各界加大投入力度，积极扶持农村信息化建设；三是向上争取专项资金。通过信息化手段帮扶农村脱贫致富，培养有文化、懂技术、会经营的农民，实现农村跨越式发展。

当务之急是建立完善的农村信息服务体系，做好农业信息分析，较好地分析农产品生产和市场状况，使一些农业信息对农民的生产经营具有指导性，推动农民对网络信息资源的有效利用。并充分调动农民积极性，促进各方面密切合作，形成集信息收集、加工、发布、服务于一体的农村信息服务体系，增强时效性、正确性和实用性，最终使信息服务惠及广大农民。

人才是农村信息化建设中最重要的因素，要最大程度加大培训力度。一是对信息服务站的工作人员进行专业知识、业务能力等方面的培训；二是积极探索合适的方式，组织引导农民学习信息网络知识，带动农民上网，利用信息实现增收；三是制定一些优惠政策，吸引计算机专业毕业的大学生到农村工作。

总之，为加快农村信息化建设步伐，我们要加强农村信息资源建设，巩固农村信息资源共享平台，建立和完善农村信息网络体系，优化农村信息服务模式，加快农村科技信息服务体系建设，建立有效运行机制，确保农村科技信息化的顺利推进。

此次活动深入农村，我了解到农村经济发展的基本情况，了解农民日常生活的基本轨迹，把握好整个农村社会发展的脉搏，增强实践意识，增强“心系农民，为民服务”的意识，同时提高自己的社会实践能力，在理论与实践的有机结合中不断地完善自己，成为社会主义事业的优秀建设者与接班人。

这次社会实践虽然时间不长，但是我学到了很多课堂上学不到的东西。社会是最好的课堂，确实，在社会上，还有太多东西等我们去学。在今后的学习生涯中，我们不仅要扎扎实实地把理论知识学好，还要在此基础上再增加实践经验，增强动手能力和交际能力。

这次实践活动，丰富了我们的实践经验，提高了我们的团队合作能力，使我们通过这次实践更加了解社会，这次实践活动意义深远，对我们的帮助享用一生。作为一个21世纪的大学生，社会实践是引导我们走出校门、步入社会并投身社会的良好形式。我们要抓住培养锻炼的好机会，提升我们的修养，树立服务社会的思想与意识。同时，我们要树立远大的理想，明确自己的目标，为祖国的发展贡献一份自己的力量。我深刻地认识到计算机在农村的普及情况不容乐观，农村计算机事业还有更大的发展空间。作为当代大学生，我们有责任和义务，充分利用自己所学的知识，发挥大学生有活力、有激情、吃苦耐劳的特点，为农村计算机的普及作出应有的贡献。提高农民文化素质，在农村普及计算机一般应用知识，应是当今所急。这也是个系统工程，需要大量的人才与资金的投入。我相信，通过我们大家的共同努力，农村计算机的普及情况会越来越好，农村的生活水平也会因计算机的普及应用而得到提高。让我们携手让农村的生活更美好，共同创建美丽乡村的新时代——数字化乡村。

全方位解锁数字乡村战略

颜芳芳（电子商务171班）

实践时间：2020年7月16—23日
实践地点：浙江省温岭市新河镇肖家村

2019年5月16日，中共中央办公厅、国务院办公厅印发《数字乡村发展战略纲要》。数字乡村建设将围绕加快乡村信息基础设施建设、发展农村数字经济等十大重点任务稳步推进。这是乡村、农民的福音。为积极响应国家的政策，作为一名大学生，我选定了浙江省温岭市新河镇的一个村庄——肖家村进行调研，了解中国乡村的信息化建设、农村数字经济、绿色乡村发展、乡村治理能力及信息惠民服务等方面情况，分析目前的状况的原因，并对目前的状况提出相关的政策建议。

一、多角度看肖家村数字建设

1. **农村产业**　肖家村主要产业是农业。由于十几年前的国家政策的实施，户口落实在肖家村的人民都会分到一定面积的农田。后来由于公共设施的建设，每家每户的农田面积都减少了同样的数量。从农民的角度来看，村里对农民会进行补贴，农民并没有产生很大损失。从农村发展来看，交通等方面变得更为便利。但是，从农田角度来看，村庄南面以及村庄的中心位置较为集中的农田被分成了几小块用于建设公共设施。除此之外，一些厂商也购买土地用于建设厂房。

因此，村庄的北面是农民们的主要农产品生产地，主要生产水稻、蔬菜等。农业生产主要依靠农民们自身的劳动力，而不是农业的机械设备。农业的机械化、自动化程度比较低。村庄的南面有一些较小的农田，农田主要围绕房屋分布。这些面积小的农田，有的老人会种一些自己平时吃的农作物，如玉米、甘蔗，不对外销售。当然，也有很大一部分地里长满了杂草，并没有得到很好的规划利用。

在肖家村，手工业的地位仅次于农业。手工业的厂房基本设置在村庄的南面，周围通常被一些未规划好、荒芜的农田包围。手工业也主要依靠劳动力，机械化程度不高。从事手工业的劳动者工资整体水平较低，工资的多少主要依据个人的工作完成情况，通过现金进行交易。

2. 农民生活 该村庄的农民主体是50岁以上的具有劳动力的老年人，他们的交通工具主要是三轮车，每天早晨5时至7时，载着农作物来菜市场摆摊，不存在通过网络进行农产品销售。接下来的时间，有的农民们会选择去周边的厂房载一些手工制作的标准化的零配件回家组装，赚一些额外的钱，有的就会回到在农田边建造的小房子，对农作物精心栽培，也有的主要回家照顾还未到上学年龄的孙辈。他们交易的方式主要是现金支付。

当然，通过个体调查，村民们家中用得较多的电器是电视、冰箱等，而且基本每一户人家都配置了光缆等网络设备。关于手机，大部分老年人用的是老人机，日常也不会选择网购，最大的用途便是与他人联系。青少年、中年人与一部分在村中具有管理权利的老年人用的是现在的智能手机，主要的作用是满足工作需要及娱乐。

在日常生活中，我们不能避免还有医疗、交通等方面的问题。在医疗方面，村民们基本实现人手一份医疗保险，村庄里的药店分布合理，镇上的新河医院设备完善，人员配置齐全，素质较高。由于老人较多，村庄里也建设了养老院。

在交通方面，村庄的主要公共交通方式是电动车。村民们在日常生活中喜欢的交通方式是自行车等。

3. 农村治理 首先是农村的规划建设方面。肖家村的建设存在着较为严重的问题。房屋的建造存在较大差别，风格不同，一些比较古老的房屋不适合配置网络设备，信息基础建设较为落后。

其次，城市的工业厂房都会设置在郊区，远离居民区。但是，在这个村庄里，工业厂房却与居民楼以及农田没有清晰的界限。工业厂房的地址虽大部分集中于南面，但是，它们离居民楼非常近，有的甚至建立在居民楼的对面，对村民们的健康以及农作物的生长产生了极大的不利影响。

最后，便是农村土地的利用效率问题。由于村庄的某些政策，土地被分割成小块，有的是农户私有，有的用于公共设施的建设。因此，村庄存在着大量的空地，有的长满了杂草，有的则堆满了砖块瓦砾。这些空地没有得到充分利用，以至于影响了村庄的美观干净。

当然，村庄也存在着美好的一面。河流治理后的清澈、道路两旁树木的合理种植等都使得村庄看起来非常优美。除此之外，村庄的公共场所环境治理较为到位。例如，我们都知道 2019 年的一个热门话题便是垃圾分类。虽然村庄不像上海那样管理严格，但是村庄也开始了垃圾分类，并且在努力地向村民宣传垃圾分类，树立村民心中的环保意识。

二、多方位探数字乡村需要

1. 农村人口状况 目前，通过在肖家村进行的问卷调查和实地研究，发现该村庄年龄在 20 岁左右的青年人和在 45 岁左右的中年人大概占 45%，而且其中的 90%都离开这个村庄，选择去城市发展。除了这一类别，还有祖籍在这里，只是偶尔回家乡过节的一类人也占了大多数。因此，该村庄如今的主要居住人基本上是一些尚且具备劳动能力的老年人及他们的孙辈，孙辈也都是未到上学年龄、父母未有时间抚养孩子而暂时交给自己父母的。由此可见，村庄的主要劳动力是那些五六十岁的、具有劳动能力的老年人。

2. 农村传统观念 20 世纪六七十年代的农村发展状况不太好，所以现在农村的大部分老年人的文化素质不高。因此，在农业生产方面，他们倾向于投入自己的劳动力，使用较传统的方法和积累的农业知识进行农业生产，不喜欢那些机械设备。不喜欢使用机械设备的另一个原因是村民们的主要观念是节俭，机械设备的使用需要电、油等能源，成本较高。

在日常生产娱乐活动中，村民们也不习惯于使用电子设备。一是村中生活的主要是老年人，那些青壮年们倾向于在外发展，仅在逢年过节时回家几天。因此没有什么人想要回来推广一下电子设备，促进电子设备在日常活动中的使用，让村民们充分了解到电子设备对生活起到的极大便利作用，如网购的便利，手机各种 App 对生活质量提高的重要性。二是村民们有了自己的生活节奏与习惯。在岁数较大时，村民们倾向于过上稳定的生活，不期望去改变目前的状态，因此他们不会主动去学习新鲜的事物。例如，假如政府要向村民们推广新的技术，有的村民既不表示支持，也不表示不支持。

3. 农村经济发展 在肖家村，由于村庄政策的落实，土地被分割，土地变为私有。农民的经营方式主要是以家庭或个人为单位的，农民们也不需使用某些机械设备，依靠自己的劳动力便可完成日常的生产。正因为这样的劳动方式，农业生产规模无法扩大，该村庄的经济便无法取得较大进步，农村主要的农业经济发展不起来。

除了土地的因素，劳动人口里青壮年所占比例太少，那些年龄较大的劳动者的劳动能力非常有限，无法实现生产经营规模的扩大。

三、多视角寻数字乡村未来

1. 加快乡村信息基础设施建设 大幅度提升乡村网络设施水平。加强基础设施共建共享，加快农村宽带通信网、移动互联网、数字电视网和下一代互联网发展。持续实施电信普遍服务补偿试点工作，支持农村地区宽带网络发展。推进农村地区广播电视基础设施建设和升级改造。

完善信息终端和服务供给。鼓励开发适应“三农”特点的信息终端、技术产品、移动互联网应用软件，推动民族语言音视频技术研发应用，全面实施信息进村入户工程，构建为农综合服务平台。

加快乡村基础设施数字化转型。加快推动农村地区水利、公路、电力、冷链物流、农业生产加工等基础设施的数字化、智能化转型，推进智慧水利、智慧交通、智能电网、智慧农业、智慧物流建设。

2. 发展农村数字经济 推进农业农村大数据中心和重要农产品全产业链大数据建设，推动农业农村基础数据整合共享。

推进农业数字化转型。加快推广云计算技术、大数据、物联网、人工智能在农业生产经营管理中的运用，促进新一代信息技术与种植业、畜牧业、渔业、农产品加工业全面深度融合应用。

创新农村流通服务体系。实施“互联网＋”农产品出村进城工程。

积极发展乡村新业态。推动互联网与特色农业深度融合，发展创意农业、认养农业、观光农业、都市农业等新业态，促进游憩休闲、健康养生、创意民宿等新产业发展，规范有序发展乡村共享经济。

3. 发展数字普惠金融，助力乡村振兴 全面实施乡村振兴战略离不开真金白银的持续投入，须解决“钱从哪来”的问题。

充分发挥财政对农村数字普惠金融发展的基础引导作用。构建财政与政策性金融在实施乡村振兴战略中的互动融合机制，加大普惠金融业务开展的奖励和补贴力度。

发挥商业性金融机构在农村数字普惠金融发展中的主力军作用。基于雄厚的资金实力、较完善的法人治理机构、丰富的管理经验和风控能力，无论是在城市还是农村地区，商业性金融机构始终都是金融资源的主要供给主体。

发挥政策性金融在农村数字普惠金融发展中的支撑开发作用。大力支持国家开发银行和中国农业发展银行与商业性金融机构合作，创新以支农转贷、批发贷款、金融债券等形式，支持农村数字普惠金融发展。

4. **金融宣传教育** 从数字乡村建设的战略目标来看，未来城乡数字鸿沟将不断缩小，农民数字化素养要有显著提升。这种数字化素养包括农民的网络金融消费素养。

5. **强化农业农村科技创新供给** 推动农业装备智能化。促进新一代信息技术与农业装备制造业结合，研制推广农业智能装备。鼓励农机装备行业发展工业互联网，提升农业装备智能化水平。推动信息化与农业装备、农机作业服务和农机管理融合应用。

优化农业科技信息服务。建设一批新农民新技术创业创新中心，推动产学研用合作。建立农业科技成果转化网络服务体系，支持建设农业技术在线交易市场。完善农业科技信息服务平台，鼓励技术专家在线为农民解决农业生产难题。

6. **建设智慧绿色乡村** 推广农业绿色生产方式。建立农业投入品电子追溯监管体系，推动化肥农药减量使用。加大农村物联网建设力度，实时监测土地墒情，促进农田节水。建设现代设施农业园区，发展绿色农业。

提升乡村生态保护信息化水平。建立全国农村生态系统监测平台，统筹山水林田湖草系统治理数据。强化农田土壤生态环境监测与保护，利用卫星技术、无人机、高清远程视频监控系统对农村生态系统脆弱区和敏感区实施重点监测，全面提升美丽乡村建设水平。

倡导乡村绿色生活方式。建设农村人居环境综合监测平台，强化农村饮用水水源水质监测与保护，实现对农村污染物、污染源全时全程监测。引导公众积极参与农村环境网络监督、共同维护绿色生活环境。

7. **推进乡村治理能力现代化** 推动“互联网＋党建”，建设完善农村基层党建信息平台，优化升级全国党员干部现代远程教育，推广网络党课教育，推动党务、村务、财务网上公开，畅通社情民意。

提升乡村治理能力。推动“互联网＋社区”向农村延伸，提高村级综合服务信息化水平，大力推动乡村建设和规划管理信息化。

加快推进“互联网＋公共法律服务”，建设法治乡村。依托全国一体化在线政务服务平台，加快推广“最多跑一次”“不见面审批”等改革模式，推动政务服务网上办、马上办、少跑快办，提高群众办事便捷程度。

8. **深化信息惠民服务** 深入推动乡村教育信息化。加快实施学校联网攻坚行动，发展“互联网＋教育”，推动城市优质教育资源与乡村中小学对接，帮助乡村学校开足开好开齐国家课程。

完善民生保障信息服务。推进全国覆盖乡村的社会保障、社会救助系统建设，加快实现城乡居民基本医疗保险异地就医直接结算、社会保险关系网上转移接续。

大力发展“互联网＋医疗健康”，支持乡镇和村级医疗机构提高信息化水平，引导医疗机构向农村医疗卫生机构提供远程医疗、远程教学、远程培训等服务。建设完善中医馆健康信息平台，提升中医药服务能力。

完善面向孤寡和留守老人、留守儿童、困境儿童、残障人士等特殊人群的信息服务体系。

9. **推动网络扶贫向纵深发展** 助力打赢脱贫攻坚战。深入推动网络扶贫行动向纵深发展，强化对产业和就业扶持，充分运用大数据平台开展对脱贫人员的跟踪及分析，持续巩固脱贫成果。

巩固和提升网络扶贫成效。打赢脱贫攻坚战后，保持过渡期的政策稳定，继续开展网络扶志和扶智，不断提升贫困群众生产经营技能，激发贫困人口内生动力。

第四篇 DISIPIAN

扬帆拓路
科技打造实力

数字经济：沟通山村和世界的桥梁

郭仪凤（经管实验181班）

实践时间：2019年7月25—26日
实践地点：河南省林州市

当前林州农业发展前景广阔，在乡村振兴大背景下，互联网、大数据等新兴技术进入一个个山清水秀却贫瘠的小山村，为农业发展带来新机遇。在此背景下，认真考察林州农业发展的自然条件和资源禀赋、林州农业的发展现状，林州现行农业政策十分必要，它将为因地制宜打造林州“数字乡村”模式提供借鉴，推动山村与外部世界的联系。本次调研基于数字经济下乡时代特色，探索数字化技术与林州市农村融合途径。

一、引言

1. 乡村振兴打基础 2017年10月18日党的十九大报告中明确提出乡村振兴战略，指出农业、农村、农民问题是关系国计民生的根本性问题，必须始终把解决好“三农”问题作为全党工作的重中之重，实施乡村振兴战略。通过采取更加有力的举措，切实改变农业农村落后面貌，拉长“四化同步”发展中农业这条短腿，补齐农村这块全面小康社会的短板。

2. 改革开放拓视野 在现阶段，中国传统农业所面临的状况发生了一些新的变化，不论是在农业内部还是农业的外部环境，原有要素在影响机制中所占权重有所变化，也有一些新要素的增加。在中国改革开放、科技进步的发展历程中，传统农业面临衰落的局面。

改革开放的步伐不断前进，也使得乡村社会逐步与现代社会接轨。改革开放成果惠及农村，如智能手机、汽车、新型农业机械。随着社会主义市场经济的深入发展，乡村与外界联系更加便利与密切，乡村社会特有的思想文化受外部因素和内在发展的影响发生了一些改变。农民传统心态中寻求稳定的心理逐渐向寻求利益最大化靠拢。而且农民保守的思维方式，尤其在新一代中，逐渐转变为进步与开放。

与此同时，农业用地的减少、高质量劳动力的缺失、常住居民老龄化与幼儿化、政府政策的不足又加速了传统农业的衰落。

3. 政府战略稳根基 2019 年 5 月，中共中央办公厅、国务院办公厅印发了《数字乡村发展战略纲要》，明确提出要加快乡村信息基础设施建设、发展农村数字经济、强化农业农村科技创新供给，注重建立层级更高、结构更优、可持续性更好的乡村现代化经济体系。

4. 盘桓总结定目的 切实了解乡村振兴战略、改革开放和数字乡村在林州农村生活中的真实体现，调查林州乡村真实发展现状。发现政策与现状间的差距，观察林州农村发展现状并反思政策。力求发现我国现行数字乡村建设中存在的问题及问题产生的原因，总结提出相关的政策建议。

二、访豫乡大地，展红旗风采

1. 林州风情 林州位于河南省最北部的太行山东麓，地处豫、晋、冀三省交界处。林州市境内多山，山地、丘陵占 86%，地势西北高东南低。林州地处太行山东麓，属于华北地震带，境内断层较多，大多属于正断层。山地居多，平原较少，适宜种植作物的成片肥沃土地较少。

林州大部广泛分布着石灰岩，多裂隙、溶洞，致使地表水极易散失。在有隔水层的地方，地下水埋藏较深，开采相当困难。

林州市属于半湿润地区，境内的河流属于雨水补给类型，水位变化深受降水的季节变化和年际变化的影响，降水量季节分配不均匀，年际变化大，夏秋为丰水期，冬春为枯水期。全市属海河水系漳、卫南运河水系，有漳河、洹河、淅河、淇河 4 条天然河流及红旗渠，水资源总量 5.652 亿米^3，另有可利用的过境水 3.78 亿米^3，水资源主要由地表水和地下水组成，多年平均地表水资源量为 5.040 亿米^3，地下水资源量 3.556 亿米^3。地表可利用水资源较少，灌溉条件较为不利。

林州属于暖温带大陆性季风气候，四季分明，夏季高温多雨，冬季寒冷干燥。林州年平均气温 12.8℃，年降水量 672.1 毫米，年日照时间 2 251.6 小时，平均无霜期 192 天，最热月（7 月）平均温度 25.8℃，最冷月（1 月）平均温度−2.5℃。林州最大冻土深度 42 厘米，最大降水量 1 081.0 毫米/日，最大积雪厚度 180 毫米。

截至 2017 年，户籍人口 116 万人，人口密度 550.49 人/千米^2。

2. 产业兴旺 林州地少人多，人均耕地约为 0.5 亩。多种植玉米、小麦、稻谷等粮食作物，辅之一定量蔬菜。日常种植主要是口粮。种植机械化程度较低，多使用小型机械和人力，生产效率较低。

少部分地区养殖业较为发达，畜禽品种有牛、羊、猪、鸡、兔、驴等。但并没有进行现代化养殖，主要依靠力量仍为人力，且环保工作做得较差，带来较大的负外部效应。

林州盛产小麦、玉米、谷子、红薯、水稻、大豆、花生、棉花、油菜、芝麻等。境内山坡面积广大，林果资源丰富，主要土特产品有柿子、柿饼、核桃、山楂、板栗、花椒、苹果、杏、梨、桃等。尽管土特产丰富，但并没有大规模经营、商业化种植，并没有大幅度提高农民收入和农民生活水平。

大部分仍种地的农民，科学文化水平较低，对现代知识、当代政策了解较少，甚至基本不了解，只能靠天吃饭，不能有效地将现代工具和知识应用于生产，生产主要依靠仍为历代传承的经验。虽然智能手机和电脑普及率上升，但其主要功能是娱乐，甚少用来了解农业信息、农业政策，大概与农业最相关的就是用电视看天气预报。

3. 兼业发达 改革开放以来，外出工作机会增多，且在外打工的薪酬比在家种地的薪酬可观得多。所以在林州大多数青壮年男女选择外出务工。留下的多为老人、儿童和少部分妇女，大部分都面临土地荒芜困境和后继无人的窘境。

林州北部有一些乡镇，如任村、林阳，乡镇企业发展较好，数量较多，可提供工作机会较多，附近乡镇有不少村民选择进入工厂工作。

林州背靠太行山，山水风光较好。近些年来，依托红旗渠的红色旅游和依托太行山水的旅游业也得到了较好的发展。石板岩等村庄的村民会选择留在家中经营农家乐或饭馆。

近来，政府鼓励停止种植小麦等粮食作物，大力支持种植经济林，如果树、花椒树等。既在一定程度避免焚烧秸秆，保护环境，又有利于农村经济转型。

且在省道附近大量收地，退耕还林，用以种植观赏类、经济类、绿化类树木。既绿化环境，又有政府补贴，同时解放了农村的剩余劳动力。

由于部分地区养殖业发展较为粗放，对环境乃至周围居民生活产生不好影响，政府叫停，居民一时失去收入来源。

由于山地居多，林州存在很多大山深处的村落。这些村落现今几乎已经成为“留守村落”，村子基本只有几户人家仍有人居住。主要经济来源就是种地提供口粮，或者子女补贴家用。

三、聆乡土之音，扬红旗之光

上述只是我所能真实看到、真实感受到的情况。在我上网查询资料时，也找到一些关于林州农业发展的现状及政策，可能是距离我的生活太远，也可能是最近才发展起来，在我为数不多的农村经历里只留下浅薄的印象，甚至完全不知道，或者说感受不到。

林州的农业结构调整主要有四个重点：一是抓龙头。加大红旗渠农产品精深加工园投资力度，建成3万米^{2}标准化厂房，引进省内外大型龙头企业入驻园区，形成集聚效应，带动全市农业产业化发展。二是抓基地。巩固壮大横水红薯、东姚小米、茶店菊花、东岗核桃、任村花椒等乡镇特色产业；其余各镇也要结合实际，创建一批农业种植示范基地、示范村，加快实现“一乡一业、一村一品”。三是抓奖补。出台农业产业扶持政策，针对林州主导产业规模种植基地，制定具体的奖补措施。对涉农资金进行整合，集中投入农产品基地，帮助其做大做强。四是抓品牌。建议发挥红旗渠集团平台优势，申报“三品一标”认证，整合农产品品牌，创立打造红旗渠品牌系列农产品；组织农业龙头企业和合作组织参加各类农业博览会、推介会，走线上线下相结合的路子，扩大产品知名度；充分发挥红旗渠干部学院和红旗渠景区的红色教育资源，设立农产品展销专区，叫响叫亮红旗渠农业品牌。

林州位于太行山深山区，86%的面积是山地和坡地，素有“七山二岭一分田”之称。部分地区大力发展坡地经济，通过“政府推动、企业带动、科技促动、市场联动”等方式，已形成了标准生产—订单式、参与务工—就业式、土地作价—入股式、技术培训—内生式和合作发展—带动式五种坡地产业发展模式。标准生产—订单式如红薯粉厂、米厂等，提供种子，统一生产标准，最后统一征收；参与务工—就业式即指进入农产品加工工厂工作，或者企业直接聘用农民进行种植或养殖；土地作价—入股式是指农民把自家承包田使用权租给合作社或者企业获得租金；技术培训—内生式指的是通过政府或企业培训具备较高农业素养，由企业或者合作社聘请为技术人员；合作发展—带动式是指通过推动合作社发展来带动农民整体发展。上述五种发展模式充分发挥坡地经济劳动密集型产业特点，降低就业门槛，增加农民收入，还产生了一定的产业扶贫的作用。

在发展个例方面，林州市东姚镇北坡村的刘迷存，在十几年前，利用家乡盛产优质谷子的资源优势成立了东姚洪河米业有限公司和宏鑫洪河小米专业合作社，注册了“东姚洪河”商标。近年，他通过土地流转，搞规模化经营，与10多个村的2 500户农户签订谷子收购合同，带动群众共同致富。共同奋斗十几年，“金小米”长成了大产业。2011年，“东姚洪河”小米获得国家地理标志证明商标；2012年，获得“2012年最具影响力中国农产品区域公用品牌”称号。刘迷存本人也荣获“2012年全国500名种粮大户”称号。2015年，“东姚洪河”小米又获得“全国百家合作社百个农产品品牌”称号；林州市绿丰农业科技有限公司培训了60多名无人机飞手，使用无人机喷洒农药，成立无人机飞防大队跨区作业。

林州市委副书记、市长王宝玉说，要以发展坡地经济为抓手，深入推进农业种植结构调整，累计调减玉米种植面积20万亩，新增中药材面积2.5万亩，小杂粮种植面积稳定在15万亩以上。大力培育合作社、农业企业等新型经营主体，推进土地入股、土地流转等多种经营形式，打造100家农民合作社示范社，提升农业适度规模经营水平。

近些年来，林州农业结构调整进行得轰轰烈烈，然而轰轰烈烈下盈利情况究竟如何，我们就不得而知了。农产品这一市场上，产品高度相同，要在同类产品中脱颖而出，增强自己的市场竞争力，还是在于自己独有的特色产品、产品质量、产品知名度、生产成本、生产外部性等，在实施一项农业政策时，可从以上几个方面思考，看看改善了哪个条件，以及实施以后是否达到了自己期望的改善效果。而且农业新发展的成功案例要看是否具有普遍性，是否可以进行推广，推广后是否会产生恶性竞争。

我也思考过一些零碎想法，退耕还林，组织村民有序放弃坡耕地，改为种植经济林等。既可以保护和绿化环境，又能够提高居民收入水平。解放的剩余劳动力可外出打工，提高家庭收入。大力发展旅游业，建设旅游大县，既可以美化环境，又可以容纳剩余劳动力，提高居民整体收入水平。加快农业转型，发展旅游性农业，既带动一方经济，又不失保护环境。促进林州本地经济发展，减少高质量人才外流。提供政策支持，提供高质量工作机会和工作岗位，呼吁高质量人才回村建设家乡……

尽管林州农业得到了一定发展，但是从我们调研观察和政策调研中可知，林州数字乡村发展程度很低，而且在即将开展的农业结构调整的政策中，数字应用很少。政府进行上层建筑设计时很少提到数字乡村，而农民也对数字乡村了解甚少，根本不懂得如何利用先进技术来改善农业生产。当然其中原因是多方面的，如林州农业发展程度较低，且人均耕地较少，应用先进技术的话，相对获利而言，成本较高，现有农民受教育程度较低，对于新鲜事物接受和应用能力有限，等等。

只有深入农村、深入农民，才能真正了解一个地区的农业发展和一个地区的农民诉求。

不是所有乡村都应振兴农业，不同地方有不同发展方式。要根据一个地区的资源禀赋辩证看待乡村振兴。同样，数字乡村在一个地区的生根发芽牵涉各种要素，要根据不同地区特点，采取各具特色的政策措施，增加拉力，减少阻力，为祖国建设添砖加瓦。

总而言之，农业广阔天地，大有可为！

给夕阳群体一个“数字化”的家

王露莹（经管实验171班）

实践时间：2019年7月23—25日
实践地点：浙江省杭州市余杭区运河镇唐公村

浙江省杭州市余杭区运河镇唐公村由于优越的地理位置和较好的经济发展情况，与传统农村发展较为不同，在农业方面的关注和投入都较少，也因此有关数字乡村的建设多在信息基础设施建设和信息惠民服务推广。在“互联网＋”社会福利方面，本次调研重点是农村智慧养老，通过走访当地福利养老服务中心，了解智慧养老的相关技术设备，以及养老服务情况，发现目前余杭区农村智慧养老虽然处于发展初期，但是资金技术投入充足，潜力巨大。

一、引言

21世纪进入科技及互联网发展的全盛时期，信息技术进步下产品和模式持续更新，不断深化全球经济格局和产业形态的变革。我国在数字化建设方面紧跟时代的步伐，特别是在数字乡村建设方面。党中央统筹推动农村信息基础设施建设，加快完善农村信息服务体系，发掘乡村振兴关于信息化方面更多的潜力。2019年5月16日，中共中央办公厅、国务院办公厅印发的《数字乡村发展战略纲要》提出“数字乡村是乡村振兴的战略方向，也是建设数字中国的重要内容”，“遵循乡村发展规律和信息化发展规律，统筹推进农村经济、政治、文化、社会、生态文明和党的建设等各领域信息化建设，助力乡村全面振兴”等。

《数字乡村发展战略纲要》重点任务的第七条提出“深化信息惠民服务”。要求在社会保障信息化服务方面进行完善。加快建设全面覆盖乡村的社会保障系统，完善面向农村孤寡和留守老人特殊人群的信息服务体系。随着我国生育率的降低，老龄化程度不断加深，养老问题，特别是农村养老问题日益凸显。我国在养老政策方面要求政府加大对基层养老服务设施、福利机构建设投入力度；降低创办养老机构的门槛，推行优惠政策；以社区居家养老为主要发展方向；将养老服务人才建设与农村脱贫工作结合，开展养老护理人员专业培训等，推动“互联网＋”社会保障建设。

本次调研聚焦于浙江省杭州市余杭区在数字乡村建设方面的农村智慧养老的开展情况。

二、回首总结文献——文献综述

由于数字乡村建设的正式文件的提出时间离现在还比较短，所以现存我国相关研究不多，而且多是硕博毕业论文或理论和设计方面的文章，而实例分析方面，特别是浙江省的数字乡村发展基本上与电子商务有关。魏也华等（2018）关于浙江数字乡村建设的研究表明，浙江农村多以电子商务为平台发展“淘宝村”而产生了区域发展新模式，推动农村经济发展，展示信息技术在增强传统村落竞争力和活力方面的力量，使农村地区获得了现代化的地方意义。栗利琴（2013）在浙江省乡村旅游与电子商务相结合的研究中发现，当下更多游客选择休闲自由的乡村旅游方式，而信息的高速进步使电子商务成为满足消费需求、提升产业结构和资源利用率的途径，浙江乡村旅游的电子商务发展适应经济发展需要，增强了乡村竞争力。

另外智慧养老方面的研究较多。孙梦楚（2016）在杭州萧山智慧养老园区的相关研究中提到大数据和云计算等新兴信息技术为养老问题提供新的解决途径，我国智慧养老依托技术、资金、人才等资源，通过科技手段不断提高养老质量，目前智慧养老存在缺乏标准、产品设计缺陷、专业人才不足等问题。刘芷含（2016）在“互联网＋农村养老”的探究中提到“互联网＋”使不同用户自主定义实现需求，与养老相结合，智能居家养老管理配合相关健康指导更好地满足老年人生活需要，我国智能居家养老服务处于起步阶段，需求大，前景广。张瑞芳（2018）在农村智慧养老的研究提出农村劳动力流失弱化了家庭养老功能，所以产生了智慧居家养老（主要通过云中心将养老的各个方面相联系以满足养老需求）；该养老模式目前仍存在无法满足老年人生理和精神需求等问题，最急需解决紧急救助和护理服务的问题。

三、共绘夕阳图景——调研方案

1. **调研对象**　明确调研地点和调查对象：杭州市余杭区运河镇唐公村的农户以及余杭区福星养老服务中心的工作人员。

2. **调研方法**　查阅文献，实地调研，问卷法，访谈法（实地调研问卷为学院下发问卷，访谈以福星养老服务中心工作人员为主）。

访谈的相关问题设计：

（1）请问该服务中心创办于什么时候？是否响应了当时政府的相关政策？

（2）请问目前服务中心共有服务人员多少人？是怎样招收服务人员的？服务对象有多少？是怎么评定服务对象的？

（3）请问服务中心的服务内容有哪些？是上门服务还是接收老年人入住服务中心？

（4）请问服务中心是从什么时候开始引进技术设备，开展智慧养老服务的？引进了哪些智能服务设备？

（5）请问农村智慧养老服务主要包括哪些板块和项目？

（6）请问目前农村智慧养老的开展情况如何？相较以前是否收获了更好的服务效果？

（7）请问你们有对员工进行技术方面的培训或指导吗？是否有帮助？

（8）请问政府有对你们的资金、政策、贷款支持吗？你觉得有帮助吗？

（9）请问农村智慧养老对当地村民的生活有哪些影响？

（10）请问您觉得政府在发展智慧养老方面有哪些做得好或者有待改进的地方？面临的困难有哪些？

（11）能说说您对当地数字乡村建设和智慧养老现状、未来发展方向的看法吗？

3. **调研内容**

（1）具体了解余杭区运河镇唐公村数字乡村建设情况，包括智慧农业、信息基础设施建设、信息惠民服务等方面。

（2）具体了解余杭区福星养老服务中心智慧养老服务实施现状，包括技术应用、设备投入、政策、服务等方面以及智慧养老的优点和面临的困难。

4. **调研后续**　在进一步获取资料的基础上对资料进行系统的整理、分类、统计、检查、归类，将原始资料简化、系统化、条理化，使之适宜于进一步分析，并撰写调查报告，说明调查结果与研究结论，评估调研的成果，总结本次调查研究工作中的优缺点。

四、近观夕阳盛状——调研详情

1. 唐公村现状 唐公村位于浙江省杭州市余杭区运河镇西北部，地处杭嘉湖平原，北邻京杭大运河，西至运河特大桥，与塘栖镇和德清县禹越镇接壤，向南可达经济发达的临平街道。耕地面积近两千亩，农户七百多户，企业家数十人。

开展调研活动的第一天，我首先来到了余杭区运河镇下属的唐公村的农田访问了当地暂居在田野中或刚好在田中劳作的部分农民（唐公村实行宅田分离，村民住宅聚集在京杭大运河畔，而村民的农田则集中在距离住宅区一千米左右的地方）。调研的第二天则进行了入户调查，走访了唐公村部分农户的住宅，询问赋闲的村民相关问题。

根据调研发放的问卷和与村民的交流发现，由于该农村位于经济相对发达的杭州市，所以在许多方面区别于传统农村，此地村民基本上不存在全职农民或是承包大量农田的大农户，即使是许多60岁以上的村民也会选择在离家不远的工厂从事一些较为简单的工作，如传达室门卫、纺织工人等，每月可获得1 000～2 000元左右的工资，并在闲暇的时间从事一些农业劳作，多是种植一些蔬菜水果自给自足，基本没有大面积种植进行销售的大农户。养殖业情况相似，有部分农户，将农田改造成池塘，养殖一些鱼虾，或是饲养肉鸡，规模也不大，在五百只左右，肉鸡和鱼虾一般通过熟人购买或在一千米外的小镇菜场进行销售，通过询问发现一般不会考虑电商平台售卖，因为运输和保鲜存在困难，且相关知识技术缺乏，也没有这样的销售意识。甚至许多户人家已经基本不进行耕作和养殖，因为老一代农民过于年迈无法劳作或是已经逝去，而四五十年后的村民与传统农民的思想已经十分不同，认为农业辛苦且收益较低，所以造成了大量农田的闲置和荒芜。这种情况在四年前因造运河特大桥带来了大量农户拆迁后加剧。

该乡村人均生活水平较高，目前已实现4G网络全覆盖，住宅多是三层以上的新式楼房，基本上家家户户都有汽车、电视、电脑、无线网络的相关设备等，而且上至花甲老人下至豆蔻孩童，人人都有手机，不过手机价格一般不高，有些老人使用的是家里年轻人淘汰的旧手机。一般手机的用途是与家人朋友进行联系，至于手机在互联网的使用方面最多的是用于观看电视，因为本身从事农业的人较少，所以基本没人使用手机搜索获取与农业技术和农业信息相关的内容，农业发展也较少依靠智慧农业的相关信息，而更多的是根据自身多年积累以及长辈邻里口耳相传的经验。村委方面也因此更多关注乡村的文化建设，如创办文化礼堂、老年人活动中心以及开展各种文化活动等，在数字化建设方面则注重社会保障系统和信息基础设施，唐公村卫生院已经可以进行电子挂号预约，且村委每年会统一发送通知邀请农村老人前往乡镇医院进行系统体检并记录在案，不断推进“互联网+智慧医疗”的同时也欢迎智慧养老福利机构进行居家养老，但是在智慧农业方面相关培训较少。

以我的拙见，唐公村数字乡村存在的问题有：①出于经济效益考虑，对农业的关注和投入不足；②农村人才、脑力流失较为严重，较少吸纳相应技术或知识人员；③农田多闲置，造成资源浪费，没能进行智慧农业统筹规划以提高农业产能；④人均文化素质水平与经济发展水平不成正比，应开办成人教育和相关培训，提升农村人民的知识水平和素质。

2. 让夕阳无限好，给老人多份爱 关于本次农村智慧养老的相关调研我走访了余杭区福星养老服务中心，并与其工作人员进行了访谈沟通，参观了其大数据中心，观察了养老服务的一些具体工作内容和情况。

杭州市余杭区福星养老服务中心是在省、市老龄基金会的关心下，在余杭区老龄基金会、老龄办的支持下，响应国家居家养老政策和“老有所养，老有所享”的号召，于2015年3月在余杭区民政局注册登记成立的一家民办非营利性社会组织，奉行“孝行天下，惠及老人”的服务宗旨，积极配合政府部门进行养老工作，组织公益活动等。开办五年以来，吸纳余杭区农村乡镇剩余劳动力一百三十余人，共服务周边农村老人三千余人。该养老服务中心服务内容如下。①生活照料：帮助老年人穿脱衣服、如厕等生活起居，帮助老年人洗脚、理发等清洁工作，帮助老年人买饭做菜等，代买物品和代办手续等。②精神慰藉：为老年人读书读报，谈心交流，以及关心老年人情绪。③家政服务：打扫卫生，清洗、整理家具等。④保健服务：为老年人测量血压、按摩，及时提醒老年人就医、服药等。

福星养老服务中心的具体服务流程为：首先派遣评估人员走访各个农村调查收集老年人的信息，包括年龄、性别、住址、联系方式、是否为孤寡老人、是否为独居老人、健康状况（是否有重病、是否残疾）、是否具有自理能力、是否有退休金等。将收集到的老年人信息录入电脑数据中心，对每个老年人进行评估，评定每个老年人是否需要进行养老服务以及每个月的服务时长（6～8小时）。为每位工作人员分配服务对象（每人负责20余人）并安排服务时间。养老服务以居家养老为主，即服务人员进入服务对象的住宅对其进行所需的养老服务。除此之外也建有老年人活动中心，提供爱心早餐、多功能床位、老年人休闲娱乐场所等服务。该养老服务中心目前服务范围囊括运河镇、仓前镇、黄湖镇等多个乡镇农村。作为社会福利养老机构，农村居家养老服务都是免费的，服务人员工资来源于政府的政策资金支持。

2019年上半年，福星养老服务中心响应国家数字化、信息化建设要求和“互联网+”发展要求，正式开始引进了科学技术和相关设备开展农村智慧养老，开发了相关App用于工作人员的日常服务的开展，而科技设备以爱普雷德智慧养老系统为主，该系统包括以下设备。①健康设备：蓝牙血压计，可一键开关、自动测量传输；蓝牙血糖仪，自动关机、虹吸进样、无痛且准确、可同时储存三百组数据；蓝牙卡片式心电仪，手触启动、智能上传分析、简易省电；蓝牙血氧仪，多模式、高精度、智能管理。②居家呼叫器：红键用于呼救，绿键用于呼叫生活、家政、维修等服务。③智能定位仪：远程定位，设置围栏保护，可通过SOS键即刻拨打紧急电话，防止老人走丢。④智能服务查询一体机：可查询个人信息、消费明细、健康状况，展示服务中心简介等。⑤大数据中心平台：通过平台大电子屏监控家庭床位、评估系统、呼叫中心，更好地管理服务时间，督促工作人员高效完成服务工作，同时可以观测老人的生活起居状况，保证其安全健康。各类信息化技术产品目前全部投入使用，可以对各个服务人员的工作情况进行远程监督，也可以对各个服务对象的健康状况进行日常观测，从而提供更好的养老服务，通过智慧系统可以对各项数据进行分析，从而做出最科学的安排。蓝牙科技产品的使用提高了对老年人身体状况日常检查的准确度，更好地保障了农村老人的身体健康。

不过由于当地农村智慧养老仍处于发展的初级阶段，所以依然存在一些不足：①由于农村养老服务中心的服务人员多是本地剩余劳动力，所以知识素质水平普遍较低，缺乏专业技术人员。②虽然余杭区福星养老服务中心派遣了若干工作人员赴日培训学习相关知识，但是相对而言专门的培训还是较少。③智慧养老系统引入后还没有开展系统的学习使用，所以高科技设备的使用率较低，存在部分资源浪费。

五、共纾夕阳困境——意见建议

唐公村早年因为京杭大运河的贯穿所以具有较好的发展基础，而近年来在浙江省杭州市整体经济发展状况良好的带动作用和造桥拆迁项目的推动下，村民人均生活水平较高，因而传统农业并不发达，遂在数字乡村建设方面偏重于数字化信息基础设施建设和信息化惠民服务方面而非农业信息技术和农业经济发展方面。目前已经实现了4G网络的全覆盖和无线网络的大面积覆盖，手机、电脑等高科技信息产品普及率极高，科技发展水平较高，但在农业方面的应用不多，较多发展轻工业和文化休闲娱乐，普通农民文化水平和运用信息科技的水平都不高，人才匮乏。乡村“互联网＋”智慧医疗和社会保障开展情况良好，农村智慧养老服务稳步推广，资金技术投入较大，养老成效显著，为许多农村孤寡伤残老人提供了质量较高的福利服务，但智慧养老仍属于发展初期，引进了许多高科技设备和完整的信息化智慧系统，发展潜力巨大。

建议当地政府更多地推广数字乡村建设在智慧农业方面的相关信息，开放相关激励政策，鼓励新一代农民重新关注农业，发展新兴农业，更好地开发闲置荒田，因地制宜发展农业经济；扩大规模，从而获得更好的规模效应；提供相应的培训和技术支持，提高农民的知识水平和文化素质，更好地获取农业信息，使用更高级有效的农业科技和农业设备，提高农业经济效益；加深数字乡村其他方面的建设和学习，普及相关使用方法，推动村民更好地使用信息化基础设施，使数字化建设真正落实于惠民助民，切实提高民生水平；引进高素质人才，因才施用，更好地提升“互联网＋”发展广度和深度，加快建设数字化乡村；加大社会福利投入，更多开展相关学习培训，指导农村智慧养老方面的相关知识，提高科技设备和互联网分析的利用效率，从而提高农村养老服务的质量，使村民真正享受“老有所养”，带动农村社会进步。

一位乡村干部说，是老年人创造了旧世界，但现代技术的发展，使得老年人与现代社会脱节，被这个新世界抛弃。他们要做的就是通过数字化技术，实现科学人文化养老，给老年人这一个夕阳群体一个“数字化”的家。

数 字 拉 手

——联通信息扶贫的血脉

王雅婧（经管实验 171 班）

实践时间：2019 年 7 月 17—20 日
实践地点：孙各庄满族乡东葛岑村

当前我国一些地区在信息扶贫方面还比较薄弱，信息技术在脱贫攻坚中的作用没有得到充分的发挥。本文基于信息化发展的视角，主要以孙各庄满族乡东葛岑村为例，分析如何借助信息技术的推广和信息活动的开展来解决信息贫乏者的信息贫困及其形成的经济贫困问题，从而提高我国贫困地区的信息化建设水平和扶贫资源的利用效率，实现贫困地区脱贫致富，为我国 2020 年全面建成小康作出贡献。

一、引言

1. **互联网赋能扶贫**　2015 年 11 月，党中央和国务院发布的《关于打赢脱贫攻坚战的决定》中把贫困地区实施信息化作为打赢脱贫攻坚战的重要工作，明确提出要加大"互联网＋"扶贫力度，加快推进宽带网络覆盖贫困村。2016 年 4 月 19 日，习近平总书记在网络安全和信息化工作座谈会上指出："发挥互联网在助推脱贫攻坚中的作用，推进精准扶贫、精准脱贫，让更多贫困群众用上互联网，让农产品通过互联网走出乡村。"然而，从目前的扶贫工作领域来看，贫困地区普遍信息闭塞，贫困村互联网基础设施建设滞后，全国性的、信息共享的精准扶贫信息系统还没有建立，驻村扶贫干部信息化应用不足。

2. **民族村换新颜**　孙各庄满族乡东葛岑村是本次社会实践调查活动进行的地点。孙各庄满族乡位于天津市蓟州区东北部，辖 13 个村。境内有清代王爷陵、太子陵、妃子陵及行宫寺庙遗址多处。东葛岑村是其中一个村。当地满族人口（尤其是女性）占比较高，村民多以种植林木、水果和绿化苗木为生。

东葛岑村的经济发展状况相比于蓟州区其他村落较为落后，属于国家重点扶贫的对象之一。当地经营主体多为零散的小农户，只有三四户为承包面积达到几百亩的种植大户。零散的土地分布使得规模经营难以实现，同时当地的生产机械化水平依然很低。由于当地相对贫困落后的经济状况，当地一半以上的农户家庭仍然较为贫困，因病致贫、因教致贫以及返贫的现象在东葛岑村屡见不鲜。因此国家也支出大量财力和人力来帮扶东葛岑村脱贫，如何实现精准扶贫也成为工作的一大难题。

二、从“数字化”到“数智化”

信息贫困和富有与当地的经济状况息息相关。信息技术的广泛运用，可以有效创造就业机会、提高劳动生产率、降低农业生产和农产品交易成本，所以普遍来讲，越是信息富有的地区经济越发达，越是信息贫困的地区经济越滞后。因此通过信息扶贫来消除数字鸿沟至关重要。20 世纪 50 年代信息革命推动生产力发生的巨大发展，佐证了信息对提高贫困地区生产力、缩小贫富差距、实现共同富裕的重要作用。

从孙各庄满族乡东葛岑村的入户调查以及村委会访谈中了解到，在人均拥有一部手机的情况下，被调查者手机每日的使用时长都在 3 小时以上。同时，东葛岑村近几年加强了 4G 基站建设、光电建设，电信、移动、联通三家通信公司都投入了资金、技术和设备。

目前存在的问题是农村信息化建设与利用水平“双低”，农村信息化建设取得长足发展，体现在电信、广电及互联网覆盖率明显增长方面，但硬件设施整体水平有待提高，中国农村宽带用户净增城市低于宽带用户净增量的 20%。由于宽带网络建设具有成本高、周期长等特征，投资回报遥遥无期。随着“宽带乡村”建设的深入，施工难度将增大，项目投资将增多，技术要求将升高。显然，自然条件复杂、人口分布分散以及网络部署成本高、后期维护难度大等因素都影响着电信运营商在贫困农村地区投资的积极性。

同时，农村居民在宽带网络上多表现为需求不迫切、不明确，信息利用意识不强，数字媒介素养有限，电脑、智能手机等终端设备使用不够熟练，信息消费能力有限，对通信资费比较敏感。孙各庄满族乡东葛岑村的绝大多数农户已经通过手机物联网技术使用到了智能监控，实时监控农地果树的生长状况，以便及时防治害虫和摘取果实。但灌溉和施肥方面还鲜有涉及。虽然调查问卷的结果显示通过手机使用电子支付以及网购消费的方式在当地基本得到普及，加速了除固定批发商收购以外的农产品网络销售途径的出现，但农户大多通过朋友圈进行销售，由于缺少技术支持、考虑时间成本等原因，当地的电商平台销售还未发展起来，但目前村委会已经开始鼓励和组织电商平台的统一参与和运营。

三、从“数字化”到“富裕化”

扶贫从经济学角度来讲是一种准公共产品，贫困户在享受扶贫政策带来的好处的同时不会影响其他贫困户享受这一政策，但扶贫产品在非竞争性上表现不充分，贫困户一个人享受扶贫资源时会造成其他贫困户获得贫困资源的减少。同时，上级政府通常不能充分了解贫困户的真实情况，往往通过任命更为熟悉扶贫工作的干部和单位来分配扶贫资源。这个过程中会出现信息不对称。上级政府将有限的扶贫资源供给下级扶贫单位，但对下级单位的扶贫工作过程无法充分掌握，导致政府无法科学合理地进行扶贫这一准公共产品的分配和管理，导致扶贫效率低下。

从与扶贫村干部的对话中了解到，东葛岑村的扶贫工作进程中就存在着这样的问题，由于信息不对称问题的存在，扶贫工作人员入户调查所了解到的贫困实际情况与国家所分配的贫困指标数量不符合。

根据以上分析并结合孙各庄满族乡东葛岑村的实际情况，从信息化发展的视角来看，由于信息不对称和信息化建设不足等情况，目前的扶贫工作确实存在扶贫对象不精准、扶贫资金分配和使用不精准、措施制定不精准、脱贫成效考核不精准等薄弱环节和问题。

以上这些问题，是当前在脱贫攻坚进程中各级地方政府以及东葛岑村面临的难点，因此本文将视角转向在当代社会发挥重大作用的信息技术，试图寻求信息化精准扶贫的对策。

2016年8月，中央印发的《国家信息化发展战略纲要》明确指出，要更大程度上发挥大数据的作用，加大政府信息公开以及政府信息资源共享，释放数字红利。这对加快我国扶贫系统建立数据统一开放的门户、深度挖掘扶贫信息以及大数据的利用提供了重要机遇。

目前东葛岑村已经建设了网上政务服务平台，延伸了政务网络，提升了政府办公效率，实施政务信息公开，方便扶贫人员、贫困人员及社会大众了解扶贫的工作状态。孙各庄满族乡计划将区（县）、乡镇、村各级管理员的PC端、手机端同步开放，扶贫干部通过大数据平台开展新一轮精准识别行动，采集贫困户信息。依托大数据技术，对扶贫数据进行实时观测、动态监测和分析研究，能确保扶贫项目科学合理、精准到位。

大数据系统通过监控扶贫项目与资金的实施与使用情况，对相关数据进行实时采集，全天24小时实时上报。利用大数据技术，能够对贫困人口的分布状况、致贫原因、帮扶情况、脱贫进度等做到精准把握。东葛岑村通过脱贫攻坚大数据云平台可以清楚地查看到每个贫困对象的帮扶干部是谁、帮扶干部对应几户贫困户、做了哪些工作、是否真正进村入户、工作到位与否、任务落实如何，实现脱贫过程可视化、数字化和动态化管理。

通过把大数据技术运用到扶贫领域，用大数据方法评估脱贫成效，实现动态数据的可视化分析。在未来，东葛岑村将实现贫困人口、扶贫干部绩效等信息均可以逐级筛查并能够详细展现脱贫摘帽的考核情况，数据实时统计汇总，将不达标原因一一展示。

四、数字化展望

1. 加强信息化设施建设　只有加大信息化技术投入，实时动态掌控贫困地区的贫困外貌特征、建档立卡用户特征等，才能借助信息化技术的先进性来充分发挥其优势。因而，该村应该大力加强贫困地区的网络设施建设，缩小城乡数字鸿沟，从而加快当地的经济发展；大力引进互联网、物联网、遥感技术等，将技术与农业、工业等领域充分融合，享受技术带来的便利，改进扶贫流程，优化扶贫的方式，从而实现东葛岑村的长效脱贫。

国家在全面加速信息化建设的同时，应要特别关注西部和其他贫困地区的信息化建设进程。充分动员国内各方面的力量，以公共电信平台为基础，构建数字化、多媒体、交互式的信息工作平台和多元化的农业信息资源，充分利用现代信息技术，尤其是网络技术，为西部农村和其他贫困地区开展快捷直观的技术、市场、教育信息服务，展示和共享国内外信息资源，从而为西部农村和其他贫困地区经济发展作出积极贡献。

2. 为产业扶贫构建信息高速路　在信息化扶贫规划时，注重把信息化扶贫与“一村一品”“一村一业”的产业基地相结合，关注那些具有突出特点的产业，建成村级农业信息及技术培训基地，直接为贫困村产业结构调整服务。企业利用信息服务站对农民进行电脑知识、种植和养殖技术培训，而农民通过培训提高了素质，掌握了生产技术，了解了市场信息，为加快脱贫致富提供智力支持。信息化扶贫在推动贫困地区农业产业发展方面的作用就得到了初步体现。

3. 切实抓好手机、电脑应用培训 工作能否取得实效，关键是要解决好农民群众是否“会用、好用、管用”新技术的问题。东葛岑村应该首先开展农民电脑知识方面的培训，总结出一些好的做法，使得农民学电脑、用电脑的积极性空前高涨。同时，采取募捐电脑、维护管理、培训农民“一帮到底”的办法，将每个村的培训任务落实到每个机关、学校、企事业单位，并确定专人负责。积极开展送网络知识下乡活动，利用节假日组织网络专业教师成立信息技术服务队，深入东葛岑村开展技术培训和现场指导。对于各部门针对农民培训的计划应由县财政拨出专项培训资金，制定农民培训计划并编写专用培训教材。

4. 实现扶贫的信息共享与双向选择 国家层面应尝试鼓励民营企业和社会资本参与精准扶贫，通过大数据精准扶贫信息化平台，不仅可以动态管理贫困户的相关扶贫信息，而且可以与各民营企业进行数据实时共享。通过一定的分类，匹配出社会各组织帮扶有效资源，进行按近帮扶、按需帮扶。在缓解企业短时用工压力的同时，还可以整合所在地区贫困户的可利用劳动力。此外，电商企业可以上架并促销贫困地区的农特产品，以达到消费扶贫的目的。同时通过大数据精准扶贫信息化平台，可以将优秀的扶贫经验分享至其他地区，促进精准扶贫工作的协同发展。

因病致贫、因病返贫是贫困群众主要的致贫原因之一。大数据精准扶贫信息化平台能为贫困户提供准确的医疗信息。将各类医院分别录入平台，贫困户可以根据自己的病情选择合适的医院，寻求帮助。医院也可以通过平台，根据自己的医疗优势选择贫困户进行帮扶。教育在促进扶贫、防止返贫方面的作用，可以说是根本性的、可持续的。可将学校分幼儿园、小学、中学、大学、特教学校等录入大数据精准扶贫信息化平台。贫困户按照自己所需要的学校进行选择，找到离家最近的学校。学校也可在平台找到自己适合帮扶的贫困地区，进行对口教学。中小型企业所需的劳动力按照年龄、性别、文化程度、健康状况、所在地、专业等录入大数据精准扶贫信息化平台。贫困户可以通过平台筛选适合自己的工作，企业也可根据自己的需要选择相应的劳动力，达到双向选择的目的。

结论：信息技术的广泛开发和应用，将给社会成员带来更多信息接触的平等权利和机会，有利于人们普遍地参与到信息经济和知识经济活动之中，获得更多的经济利益和社会利益。当前我国信息扶贫工作的主要任务是：加强贫困地区的信息基础设施建设，为信息进入乡村创造条件；加强扶贫帮困数据库建设，有效地为用户提供信息服务；发展农村教育和信息培训，提高信息贫困者的信息素质；加强国际合作，争取联合国和信息富国的大力支持。

小磜村的信息荒原

游诗涵（农经 172 班）

实践时间：2019 年 7 月 21—25 日
实践地点：福建省永安市洪田镇小磜村

本文通过对小磜村村民的农产品生产经营状态的研究调查，了解目前小磜村村民对于数字乡村信息的认知程度，以及对信息化农业发展的态度与看法，分析互联网技术、数字乡村的推广程度，相关设施设备的配置情况，以及政府对相关技术的宣传情况，探究小磜村在信息化道路上遇到的问题与挑战，针对目前存在的相对落后的网络设施，较低互联网使用率，低效率的农产品销售模式以及政府管控的短缺等问题，提出了加大政策扶持和资金支持力度，完善基础设施，优化数字乡村环境，加大对数字生产营销概念的宣传，突出特色农业优势等解决对策，以便于加快信息化进程。同时针对这次社会调研活动，对课本知识用于实践过程中所遇到的困难与成长进行心得分析，提升自身对于知识的运用以及实践能力。

一、走进小磜村

为了积极配合参与南京农业大学经济管理学院开展的“数字乡村建设”全国大型社会调研活动，放假回到家后我便开始准备去小磜村实地考察所需的调研材料，包括乡村信息化情况的调研问卷以及有关的活动宣传资料，并针对目前市场上的柑橘生产经营状况以及相关种植知识进行了大致的学习了解，以便于让村民们能更加信任、配合地进行采访调研活动。具体内容如下：

首先为了能在总体上对小磜村的情况有一个较为全面的了解，我搜集了有关小磜村的有关资料。小磜村位于洪田镇的西南部，与集镇相距 12 千米，交通非常便利。全村共有 735 人，182 户，下辖 9 个村民小组，拥有土地总面积

14 551 亩，其中耕地面积 1 026 亩，林地 13 449 亩，果园 1 930 亩，毛竹林 3 251亩，是一个以林木、水果为经济的村庄。并且，小磜村是一个典型的高山村，村部所在地海拔 320 多米，高岭干自然村海拔 480 多米，村民收入主要来源有果蔬种植、禽业养殖、农作物及林业发展。

这次的调研活动采取了通过发放问卷调查的方式，但考虑到村民的文化程度普遍不高，于是决定使用问卷和走访相结合的方式，这样的调查方式得到了村民的欢迎，并且也提前联系了几位村民，因此这次调研活动非常顺利，在良好的氛围下，针对各个住户，特别是在柑橘生产经营方面有较大成果的农户进行了为期四天的细致采访调研。还在热心村民的带领下参观了柑橘地、竹林以及农产品分拣的仓库基地，让我了解了很多仅凭网络、书本资料无法获得的信息，学习了许多有趣的农业知识。

二、探小村秘密

本次调研采用挨家挨户的走访调查方式，共获得了 12 份有效问卷。同时发放 30 多份与农产品数字营销知识有关的宣传单，并留有 10 份于村中的小卖部内以便于更大范围的宣传。由于问卷设置的问题较多，本文选取了与手机网络信息对农产品生产及销售的影响有关的信息进行重点分析，其他信息作为参考信息辅助分析。在这整个调查过程中，通过问卷结果可以得出多个方面的结论，反映了当地村民的农产品生产经营状况。

通过网络获取信息：有 9 位村民都使用过手机上网获取有关的农业信息，其中，搜索天气气象类信息、疫病疫情类信息、农技推广类信息（新品种、新技术、新设备）占主要比例，且村民对于获得的这些信息都表示对他们的生产经营有很大的帮助，基本可以满足目前的生产需要，但对于信息的准确度，不同年龄段的村民对此有不同的看法，比较年轻的村民都表示通过网络获取信息方便快捷且准确及时，而年龄较大的村民似乎对于网络上搜索出的信息结果持有一定的怀疑态度，往往只是将其作为简单的参考，并主要依靠自己的生产经验。

获取信息的途径：有 6 位村民获取生产信息的方式是通过村委会宣传介绍过的涉农网站，有 2 位村民通过手机下载的涉农 App 了解气象信息及生产信息。仅有 1 位村民使用过 12316 平台，这可能反映了目前的农业信息获取渠道的推广还不够到位。

物联网技术的使用：很遗憾的是在调查的十位村民中，都没有通过手机端 App 等使用物联网技术进行农业生产。当询问到其未使用物联网技术的原因时，村民大都表示由于政府并未在这方面进行深入的宣传，于是便缺乏相关的配套设施和服务，也没有系统地学习相关的技术，对于他们来说，这似乎是一个难度系数很高的技术，但也有4位村民表示如果政府进行相应物联网技术的推广以及政策、经济上的支持，还是愿意尝试学习使用的。但由于已经习惯于传统的耕作方式，大部分的村民对于物联网的发展表示了随意的态度，通过观察一段时间以来村里的村民是否使用这项技术，发现也有个别村民对这项技术带有一定的排斥心理。

农产品主要传统销售途径：村里的主要农产品是柑橘和毛竹。对于柑橘的销售，将近八成的村民是把柑橘等主要水果作物自行运送到镇上的集市进行销售，然而这样的销售方式也存在很多弊端，有些村民表示由于集市的时间不规律，有时候大量的柑橘堆积放置在仓库中，由于没有专业的保鲜技术，容易发生部分的霉变现象。而一些老人表示自己年龄大了，去一次集市非常辛苦，所以经常是通过麻烦过路的班车顺道送给联系好的顾客，这样也显得不够便捷。而毛竹或木材则大都通过与相关的批发商联系，让批发商上门收购。

网络营销途径的应用：在这次调研中，仅有两位村民表示存在网上销售的情况，其中一位村民由于种植柑橘的面积较小，产量不多，于是通过微信朋友圈进行宣传出售。他表示通过朋友圈能让很多亲戚朋友了解到他正在出售柑橘，能更快更好地卖出农产品，更重要的是由于微信或支付宝支付快捷方便，免去了使用传统的纸币的空间限制，他也能熟练掌握支付收款操作，于是节省了大量的路费以及减少了由于储藏期过长造成的浪费。而针对未使用网络途径进行营销的村民，有4位表示愿意尝试使用电商平台销售产品，希望能通过这个途径加速产品的销售，但未了解到政府是否组织有关使用电商平台销售的专题培训，也并未了解是否有关于电商销售的鼓励或补贴政策，其他的村民则表示由于觉得自己年纪大了，也不了解互联网技术，因此不打算尝试电商平台销售。

对政府农业信息化工作的了解：对于国家的农业信息化相关政策或推进措施，有5位村民表示有听说过但不太了解，2位村民表示并没有听说过这类政策，因此村民们对目前政府部门的农业信息服务工作并不是太满意，认为宣传还不够到位，没有帮到实处。

三、访典型对象

林尔河，男，汉族，54岁，长期生活在农村，并从事着各类农作物的生产活动。最开始只是种植一些日常的蔬菜瓜果供自己食用，而后逐渐扩大了土地面积，抓住土地承包机遇，承包了共50亩荒地，其中柑橘种植面积约20亩，亩产值可达2万元，毛竹种植面积约30亩，这样良好的产出成绩不仅鼓舞了他对于种植农作物的热情，也让周围的村民看到了良好的前景，一步一步让自己与家人的生活更加舒适。

积极学习必要的种植技术：当谈起柑橘种植时，他显得非常自信，表示通过自己查阅书籍、上网搜索等途径而形成了自己独特的一套种植方法以及注意事项，如树苗在栽种之前，一定要用生根剂对树苗进行处理，在播种期间要进行精细的农机作业，以避免伤害到果树等。

较为先进的销售渠道：当微信朋友圈开始流行的时候，他便开始效仿一些出售日用品、小零食等微商的销售模式，在朋友圈进行柑橘的宣传，附上清晰的果园种植照片或视频，让顾客能直观地了解到柑橘生长的环境及果实的优良品质。

缺乏先进的生产技术：由于村部尚未推广物联网技术等高效现代种植技术，以一己之力，且考虑到目前的资金储备还不足以引进这类技术，成本过大。

优良品种的获取渠道限制：由于目前的果树树苗主要还是来自镇上的代售点，所销售的品种并未经过科学改良，产量比较不稳定，而对于网上搜索到的优良品种又没有熟悉的购买渠道。

毛竹的销售方式的弊端：由于毛竹主要用于大型家具或工艺品的制作，并不适合通过朋友圈等普通渠道销售，而是以极低的价格被批发商所收购，之后被他们高价卖出，真正获得大份额利润的不是辛苦劳作的村民而是经销商。

四、析主要问题

结合所有被调查村民的情况以及个案分析，得出目前小磉村农产品生产经营存在的主要问题是：

1. 村中信息设施落后，互联网普及程度不高　没有高度普及的互联网使用，数字营销、互联网生产技术便无法顺利推广，虽然近年来村里的互联网使用率已经有所提升，但部分家庭的网络设施配备以及使用能力仍不够理想，无法熟练地上网获取及时性的信息。

2. 农产品的低效销售　由于生产主体规模小，经营分散，无法适应市场的大规模需求。并且村民缺乏对市场需求供给变化的准确判断，生产仍较为盲目，容易导致生产出的大量产品堆积浪费，销售受阻。

3. 缺乏政府的推进与调整　虽然交易方式落后，产品结构优化缓慢等问题已经暴露在生活生产过程中，但仍缺少针对农民、农业的信息网络，对于先进的物联网技术等便民技术仍停留在小范围的理论宣传，对于整体的实践推进还有很长的路要走。

五、提对策建议

为了有效地解决以上问题，我认为可以结合中共中央办公厅、国务院办公厅印发的《数字乡村发展战略纲要》，提出一些对策建议。

1. **加大政策扶持和资金支持力度** 增强对农产品数字营销政策的支持力度，向数字营销基础设施建设、培育高素质农民工程进行资金及政策上的倾斜，在技术上，为农民提供在线培训，为村民及时解惑，培养造就一批真正热爱农业、掌握精良技术、有一套自己的经营模式的高素质农民队伍。在兼顾其他活动的同时，积极推进“互联网＋小农户”计划的实施，使农户的发展能力得到实质上的提高。通过这些政策的大力扶持，不断完善数字农业的发展状况，帮助数字农业摆脱现有的困境。

2. **完善基础设施，优化数字乡村环境** 优秀的数字生产经营需要配备完善的基础设施，物流配送、仓储冷链、交易平台和服务配套设施的建设与完善便显得十分重要，政府及组织应加大对这些设施的投资与重视，为村民的数字营销理想创造条件。

3. **加大对数字生产营销概念的宣传** 针对先进的生产技术以及高效的现代营销方式，政府及有关组织应进行积极宣传与教育，并且要让宣传做到实处，对于一些难以理解的概念与经营模式都应该通过村委会通知栏、村民大会等直接与居民联系的渠道进行详细的分析讲解，确保村民能及时、有效地获取有关信息，并正确树立对数字乡村的认识，逐渐减弱传统低效生产经营模式在村民心中的顽固地位。

4. **突出特色农业优势** 为了扩大市场，解决村民盲目生产而缺乏有效的销售途径这一问题，可以通过对特色农产品的深度挖掘与推广，结合本村现有的生产经营状态以及传统民俗，为特定农产品进行重新定义与包装，将该产品作为本村的代表物，通过互联网宣传，让特色农产品走出乡村，进入大众视野，增加消费者的需求。

六、悟实践感受

在这次数字乡村调研实践活动里，我第一次切身体会到了农户们辛苦的日常生活，当时由于之前的采访结束较早，想要深入访谈的下一位农户还在田里进行劳作，于是邀请我去田里参观感受。我在柑橘地里待了仅仅15分钟便满头大汗，苦不堪言，但看到村民和他的帮手都还在认真地测量、讨论有关柑橘收获的事项，身上的衣服都被汗浸湿了。原以为村民们的工作只是机械的播种、收获，应该比较简单，但真正深入了解才知道，劳动不仅要消耗大量的体力，而且要在作物生长的各个阶段进行未雨绸缪的思考与规划，绝不是一件简单的事情，成为一个好的农民也不是一个容易上手的职业。

并且，我也深切体会到为何国家需要鼓励大力发展科技农业、智慧农业，如果物联网技术等新兴技术能得到广泛的推广和实施，农户们的工作压力将会大大减轻，起到事半功倍的效果。同时，我完成了自己最初的想法，通过这次调研活动完成一些有意义的事，尽自己所能，在了解村民实际生产经营状况的同时，向他们推广各类新兴农业生产信息平台的使用方法并告知他们这些信息应该如何应用，应用后将带来的有效成果，尽量多学习科技农业、智慧农业的知识并在有能力的情况下掌握学习的方法，学会进行自我提示。在另一方面，我认为更重要的是转变一些农户对智慧农业的畏难情绪，让他们真切地体会到在智能手机的帮助下，实现信息化农业并没有他们想象中的那么困难，方便快捷的现代农业固然与传统农业在很多方面都有巨大的差异，操作起来可能存在一定的生疏，但通过问题的及时提出及线上专家的解决，我相信村民们中的大部分，特别是年纪较小的村民一定能很快地熟练掌握起来，并对此有很好的应用。

我认为，大学生暑期社会实践活动是高校培养人才的一大有效方法和途径，是提升大学生综合素质的重要举措。对于在校大学生来说，我们常常将自己的眼界局限于书本资料所能到达的地方，却往往忽视了实地的考察与调研，缺乏对问题的切身感受，就很难获得真正的知识与感悟，而这样的社会实践活动让我们在有充足时间的暑假深入地了解农村，了解这个社会组成中的非常重要的一部分，让我们能够为中央1号文件提出的实施数字乡村战略作出我们自己的贡献。通过真实切身的实践学习有关党的发展与建设情况，并且通过调研走访活动体验社会生活，服务于社会生活，并不断增长见识、砥砺品质、强化本领，进一步了解了数字乡村作为实现乡村振兴战略的重要指导方向的作用，同时也为建设数字中国作出重要贡献。

虽然这次“数字乡村建设”社会调研实践活动结束了，但这绝不是终点，作为我们的第二课堂，我们应该不断地实践，深入地了解社会、正确地了解国情，在丰富自己见识的同时，不断发现、发展理论知识并进行合理的应用。类似小磉村的信息荒原也许还有很多，是该撒下数字的春种，迎引信息的春露春风。

农产与电商的邂逅

陆静芬（农经 172 班）

实践时间：2019 年 7 月 13—18 日
实践地点：江苏省

随着数字乡村战略的提出和“互联网+”的诞生，传统的农业经济模式已经不能满足社会的需求，将农产品营销与电商产业结合成为促进农村数字经济发展的必然趋势，也是推进农业数字化转型的重要方面。本文通过对当前江苏省农业电商发展现状及存在的问题的解析，对电商应用于农业经济进行可行性分析，最后提出具体的改进措施，从而促进农业电商和农村数字经济的发展和完善。

一、引言

1. 农产品经营者对农业电商不够重视 我国是人口大国，民生问题一直是国家领导人高度重视的问题，科技发展日新月异，中央 1 号文件明确提出“实施数字乡村战略”，加强农产品电子商务平台建设。但由于农产品销售与其他类型商品的销售存在较大的不同之处，很多农产品经营者并没有高度重视农业电商的应用。很多农产品经营者经过长时间的农产品销售，都存在固定的销售对象、出售方式和推销方式，并且可以给他们带来一定的收益来满足他们的需求，因而他们不愿意改变原有的销售方式，让他们尝试接受新的销售方式需要相当长的过程。电商销售属于虚拟营销，在农产品经营者尝试的前期，可能会出现投入大于产出、经济效益不明显的状况，给经营者带来投资得不到回报的假象，使其对农业电商经营产生排斥心理，固守原有的传统的销售方式。故而，为了更好促进农产品电子商务平台建设，政府需要加强鼓励、支持与引导。

2. 农业产业技术人员匮乏 农业作为第一产业，对人才的吸引力不够。当今具有一定专业知识与技能的大学生对于农业产业心存误解，毕业后更愿意选择金融、经济等行业从业，不愿选择与农业有关的职业作为就业对象，因而造成农业中缺乏技术人员。而农业电商的展开和推广需要一定技术人员的帮助，存在较高的技术含量。并且利用电商平台销售农产品需要经营者熟练掌握基本的平台操作与管理的方法和流程，而如今仍在从事农产品销售的多为中年人且受教育程度不高，学习相关的技术方面困难较大。如果选择聘用高技术人员或额外聘请平台管理人员也会增加农产品经营者的生产成本，为节约成本，获得更大的收益，经营者往往会坚持采用原有的传统销售模式。

3. 农业电商存在“信誉危机” 农业电商是在虚拟的网络空间进行的，所以农产品经营者信誉好坏很大程度上影响到销售的效果。当经营者在电商平台上进行销售时，如果信誉度与评价较好，那么经营者的成交量和未来销售前景就会较好。反之，如果一个经营者的信誉度和评价比较差，那么其未来销售就会面临一定的问题和挑战。因而农业电商对于农产品的质量及经营者的信誉有更高的要求，经营者应该保证农产品的质量及自身信誉良好。不然，十分容易陷入“信誉危机”。

4. 农业电商相关法律不完善 农业电商借助互联网和电商平台进行销售和交易，电商平台上的交易区别于面对面交易，需要政府加强监管，并且网络监管的难度也更大。如果存在监管不到位的情况，会使交易双方同时面临更大的交易风险。网络工具的应用也为交易双方带来一定的安全漏洞与隐患，安全性无法得到保障。我国在电商特别是农业电商方面的法律不够完善，跟不上电子商务的发展速度，农业电商的发展得不到法律的保障，很多经营和管理活动得不到有效的规范与制约。

5. 农产品的物流配送存断点 特色农产品是通过物流配送来达到农业电商的最终目的。因而，物流配送成为农业电商中至关重要的一个环节。近几年来，我国物流行业飞速发展，但是对于农产品这类对保鲜要求极高、运输不便的产品来说仍存在着较大的不足。

一方面，由于农产品不宜长时间保存，因而其容易在物流配送的过程中出现腐烂的现象，为物流运输带来极大的挑战，同时对于农产品经营者来说也容易造成不必要的损失。所以农产品在物流运输方面有极高的要求，物流公司为了满足农产品运送的需要，也会采取质量更高的包装和运输方式。但高质量的同时也带来了高费用，经营者不愿放弃自身现有利益而为极高的物流成本买单。

另一方面，在我国的一些偏远地区，物流并没有像发达地区一样发展得十分完善，运输时效和质量不能得到保障。发达地区的农产品无法运输到偏远地区，造成了销售范围上的限制。同时偏远地区即使存在品质好、价格低的特色农产品，也无法通过电商平台进行大范围的推广。农业电商在较大范围的跨区域农产品销售上存在局限性，无法充分发挥其优势。

上述两点都给农产品的电商销售带来了极大的影响。

二、农业电商发展绘蓝图

1. **大国三农**　我国是人口大国，也是农业大国，农业是我国的基础性产业，农产品的种类丰富、种类繁多，人们对农产品需求旺盛。传统农产品销售模式在市场竞争中处于劣势，因而农产品经营者需要寻找新的销售方式，在激烈的竞争中获得更大的收益。

国家和社会重视农业电商的发展，明确提出“实施数字乡村战略”，要求“继续开展电子商务进农村综合示范，实施‘互联网＋’农产品出村进城工程”，加大对农业电商的资金投入力度，使农业电商发展有足够的资金支持。同时国家的关注与重视给予了农业电商发展政策上的支持，为农业电商发展提供了制度保障。

2. **基建缺失**　在江苏地区，乡村网络设施完善，农村宽带通信网、移动互联网等发展状况较好。手机、互联网及移动支付使用较广泛，为农业电商的应用提供了良好的条件与基础，也使农产品电商平台销售可能性更高。在其余地区，国家提出加快乡村信息基础设施建设，大幅提高乡村网络设施水平和加快乡村基础设施数字化转型，均为农村电商的进一步发展提供良好的环境与技术支持。

3. **农业电商宜“大鹏展翅”**　我国国土面积广阔，人口众多，农业是我国经济发展中必不可少的一环，在“互联网＋”背景下农业电商有着强大的市场潜力。“互联网＋”已在第三产业中得到了全面的应用，如互联网金融、互联网交通等，正向第一、二产业发展。对于农业来说，“互联网＋”下的营销是指将特色农产品和互联网销售渠道结合的营销。“＋”是指在互联网上展示农产品的特点、价格、供求等信息，并通过物流配送、上门服务等形式，完成交易的一种营销模式。要想大力发展农业产业，就必须结合电子商务，引领网络特色农产品行业的发展。

4. **电商交易策马奔**　与农产品的传统销售模式相比，“互联网＋”背景下农业电商交易效率可以得到明显提高。网络技术和电商平台能避免中间的众多烦琐环节，将买家和卖家直接联系到一起，大大缩短了销售周期，提高了从生产、销售到使用整个过程的效率。在电商模式下，消费者在运输和销售中能直接与生产农产品的农户沟通，可以节省时间和金钱成本，农户也能从中增加收益，实现各方互利共赢。

5. **消费方式迭代** 随着近年网络购物的繁荣和互联网模式的推动，人们的消费水平和消费观念有所转变，一部手机足以满足人们日常的消费需求，人们已经可以做到足不出户进行商品的选择和购买。因而人们对农产品网络销售接受程度有所提高。且智能手机及移动支付在我国部分地区农村已得到较广泛的使用，使得这些地区农产品的电商平台销售成为可能。人们消费方式的不断更新预示着我国农产品行业加入电商销售的必然性。

三、农业电商发展添计谋

1. **提高农业电商销售的意识** 该方面意识的培养要具体针对两方面人群：

一是针对消费者而言，社会应加强对农业电商销售模式宣传，让人们了解到农产品电商销售的相关信息，并给人们提供具体实际操作的机会及优惠活动。通过让人们了解到农产品电商销售的流程、优势等，可以提高人们通过电商平台购买的意识，降低人们对农产品电商购买质量无法保障、网络交易安全性等问题的担忧，积极参与到农业电商销售活动中。

二是针对农产品的经营者而言，政府应该加强对农产品经营者电商平台使用的简单培训，对农业电商销售加强宣传，适时为经营者提供具体实际的操作尝试机会。让其了解到农业电商平台销售能使经营者更好、更快地出售农产品，可以使得农产品的销售量上升、成本下降，从而为经营者带来更大的便利与利润。同时能促进经营者树立诚信经营、注重保证农产品质量的意识。

2. **完善偏远地区的信息基础设施** 农业电商主要依靠网络平台进行交易，但仍有一部分地区的网络设施不够完善。因而，对于农村地区网络设施的更大范围覆盖和完善工作在网络营销中显得尤为重要，而这部分的工作离不开政府的支持与帮助。政府可以为其提供财政和政策两方面的支持。财政上，政府投入资金完善农村网络设备；政策上，政府可以出台鼓励性的政策，支持农产品电商销售的发展，为积极实施农产品电商销售的经营者提供便利和奖励补贴。

同时，鉴于农村地区农民对于网络知识了解不够深入，使用上存在较大困难和问题，政府可以定期进行相关知识的普及。还要及时了解消费者在电商平台使用中遇到的问题（如权益受到侵害、平台操作不便等），加强网络安全管理的法律、法规建设，为消费者提供一个安全、可靠的网络交易环境，让农产品经营者的维权有法可依。

3. 优化电商平台的设计 平台本身也需要不断地完善和改进。根据使用者的反馈，及时弥补平台使用中存在的问题与漏洞。在产品网页制作方面应该做到界面简洁易懂，在专业问题的解答部分应避免过于专业的术语并对专业术语进行解释，防止消费者产生理解偏差或存在理解困难。在资源有限的情况下，经营者应该充分利用微信平台与手机客户端的开发，尽量使程序应用有较高的用户满意度，尽量满足用户的多种多样的需求。

4. 建立健全农产品电商销售的物流配送体系 网络营销是一种虚拟的销售。消费者在购买时并不能见到实物，买卖双方通过网络进行商品交易，买方在买下农产品后，都希望能够尽快收到自己想要的商品，这就需要完善的物流配送体系的支持。为了促进农产品经营者电商销售推广的顺利进行，需要在农村地区建设高效、专业、系统的物流运输系统，保证物流配送效率的提高和物流成本的降低。在农村地区建设一些标准化的物流运输方式，实现物流运输和物流配送的一体化建设，对农产品物流运输的各种渠道需要进行整合，促进物流配送系统的优化。对于实力较强、销售范围更广的农产品经营者来说，可以建立属于自己的物流配送网络，这样能为电商销售提供更大的保障，对于实力较弱、小范围销售的经营者来说，要充分利用第三方物流的作用，来为自身的物流配送提供保障。各经营者之间还可以强强联合，建立一个物流联盟，加强各个企业之间的物流合作与交流，扬长避短，实现物流配送体系的共享，促进农业电商的健康发展。

5. 培养专业的农业电商方面的运营人才 通过进行农业电商的系统专题培训，培养出能熟练掌握和运用相关知识的、有着良好理论知识和专业素养的新时代现代化农业电商运营人才，避免和缓解农业技术人才匮乏现象的出现。同时，为了让更多的年轻人加入推进农业电商发展的队伍，提高当今农产品经营者的平均受教育水平和整体素质，国家可以通过优惠政策，鼓励农村大学毕业生返乡参与和加入农业电商的发展过程，同时支持非农村大学毕业生参与到农业电商中，发挥示范带头的作用，为推动农业电商发展作出贡献。

6. 政府加大对农业电商的支持和引导 政府需要对农业电商发展科学地制定发展规划、推动资本与人才的聚集、加强农业硬件设施和农村基础设施的建设，引导农产品经营者打造具有特色的农业品牌，树立自身的良好品牌形象，提高自身农产品的市场占有率。此外，政府要倡导农产品标准化生产，重视农产品质量的保证和提升，建立完善的标准化体系和统一的市场标准，从生产到包装，再到销售，都要进行标准、规范的把控，保证农业电商平台上的农产品质量优良，能满足消费者对农产品的要求。

四、数字乡村谋发展

在“数字乡村战略”背景下，虽然我国各地区农村农业电商发展中仍存在许多值得探讨的问题，但不可否认农业电商在数字乡村进程和农产品销售发展中存在一定的必然性和可行性。现阶段，我国数字乡村建设仍处于初级阶段，许多问题急需解决，乡村百姓的农产品数字信息化生产及销售的观念需要培养，农业电商的网络设施和物流配送需要完善。未来，将农产品营销与电商产业结合必定成为促进农村数字经济发展的必然趋势，人们能够足不出户地选购新鲜的农产品，更进一步推动农村数字经济的发展和完善。农产品与电商的邂逅，除却相遇的惊喜，更需要稳健的发展来营造美好的未来。

数 字 村 旅

喻子怡（农经172班）

实践时间：2019年7月19—22日

实践地点：安徽省宁国市方塘乡

随着党的十九大对乡村振兴的提出，乡村旅游业的发展成为炙手可热的振兴途径。与此同时，旅游信息化的发展战略逐渐深入农村，成为实现智慧旅游，打造智慧乡村的基础。总体来说，智慧旅游是旅游信息化发展的高级阶段。本活动拟对安徽省宁国市方塘乡进行调研，在考察当地旅游业现状、走访当地农户、随机采访游客、问询当地政府的过程中，剖析其乡村旅游发展中信息化的实施现状和发展难题，并结合本团队队员在江苏省智慧乡村竹镇的体验与调查收获，对乡村旅游产业发展中的信息化问题和政府数字化管理体系作出梳理，因地制宜，提出相应措施与建议。

一、以自营工商业为主体的被调查群体

在本次调研的准备阶段，在对问卷进行简单分析后，为了对照相应项目主题，增加了副问卷来更好地收集相关信息。初步的调研设想为：将本次主题面向三个群体，即自营工商业、农业从事者及政府相关人员，以乡村旅游业的发展为中轴线来对相关产业进行主题为数字化的调研，剖析当代智慧旅游理念下乡村信息化的发展。

本次调研共计八天时间，从三个群体入手，调研不同的产业和监管部门对物联网技术的不同运用方式，探寻物联网发展的广度以及深度上受阻的原因。并采取实地化问卷的形式，对调研内容进行采集。

在走访中，我们发现，随着旅游业的兴起与发展，该村镇的村民多以开展自营工商业作为收入的主要来源，农家乐、旅店的比例占到了很大一部分，并

在一定程度上出现了农民工回流的现象。

1. **主要问卷调查结果** 在主问卷的调查中显示，随着大众媒体和信息化的快速普及，农民群体对手机的使用已基本实现普及。但对手机类型的选择上，呈现出以年龄为分界线的差异化。

50岁以上群体的手机多为老年机，即按键大、音量高、屏幕清晰度没有很高要求，需求功能仅限于接拨电话的手机。对于上网等功能并没有呈现出较大的需求导向。具体原因有：农村信息化网络等基础设施建设较晚，年龄偏大的农民接触电子设备的时间晚，且受农村教育程度的限制，其学习能力也较弱。由于子女外出打工等其他原因，手机的必要性在农村也得到了体现。

在自营工商业的群体中，仍使用老年机的群体却并没有在日常收付中遇到问题，随着移动客户收付平台的普及，老年机群体的子女加入自营的队伍中，他们成为自营工商业的主要收款方，再以现金的形式返还给老人。

50岁以下的自营工商业者多使用的是智能手机，并在日常生活中熟练使用，其中包括移动支付平台的使用、娱乐软件的使用等。并极大地促进了支付的便利，在客流量高峰期节约了时间与劳动力。而且在日常生活中提高了生活质量，运用网络联系家人，了解实时资讯等。

2. **副问卷的调查结果** 首先，自营工商业的整个群体已经在一定程度上普及了物联网的使用，并协助了自营工商业的快速发展。基本上截至2019年7月30日，随着乡村旅游的发展，以及物联网技术的普及，智能手机等互联网工具的应用普遍化，方塘乡以开展自营工商业为主的村民实现了收付的网络化，支付宝、微信平台等基本实现全覆盖，农家乐或旅馆等个体户也使用了相应的物联网平台，大力推广自己。

其次，虽然物联网技术在乡村旅游中不仅实现了便利化，而且实现了推广渠道的扩展，但据部分店主反映，此举并没有带来显而易见的客流量的增大和收入的显著提升。我们询问了相关民宿店主后得知，民宿的主要客源仍然凭借着老客户带动新客户，以及熟人、回头客的带动。主要的原因有：当地的旅游资源并没有形成规模和得到较好的一站式管理，在争夺旅游市场上仍处于劣势或者萌芽阶段，这与当地经济的发展、政府的管理与建设有很大关系。

二、以乡政府旅游管理部门为被调查主体

1. **从整个市政府的层面看整个乡村旅游发展的物联网运用现状** 物联网

技术分布不均。从整个宁国市的乡村旅游发展现状来看，乡村旅游业的发展已经成为乡村振兴的一大途径，但是区域旅游资源分布不均，政府的投资并不能做到全面顾及，因此，不同地区的基础设施建设差异化较大。以当地湖南村为例，作为市级重点支持项目，其森林防火检测与水位监控、垃圾污水处理系统与大气环境检测系统等现代化技术已经得到全面升级提高，完善的信息化处理技术极大地提高了湖南村的生态宜居水平，并带动了当地休闲旅游业和观光农业的发展。

新兴旅游业发展地区对物联网技术的运用浅尝辄止。在对市级单位进行访问后，我们在城市郊区又选择了街道办事处进行询问。调查结果很明显，从当下的社会经济发展水平来看，政府无力支持物联网技术的大规模建设，主要的原因是没有建设的迫切性与必要性。例如，在乡村旅游业的环境管理监测方面，政府成立了相关的新组织与部门，利用原有人力资源和鼓动社会公益服务组织，来解决旅游业发展产物环境的被动污染问题。在整治处理等方面并不完全需要物联网技术的插入。

现阶段，国内乡村旅游的信息化发展集中体现于专项网站的建设上，传统网站的宣传内容多为国家级旅游景点的宣传。近年来，随着信息化技术在乡村地区的普及，以当地乡村旅游景点为主要宣传内容的网站已升级为旅游网站中的重要部分。在网站信息化建设中均以各大搜索引擎为基础，建立检索网页，针对当地乡村特色景点与相应的旅游模式进行介绍和宣传，其中一些网站已经与途牛、携程网这类大型知名旅游网站进行合作，进一步提高乡村旅游信息化网站建设水平。

乡村旅游管理信息化建设。就目前方塘乡的发展实际情况来看，在智慧旅游背景下已经逐步形成了以现代信息技术为依托的景区管理体系，如景点电子门票，启用了凭身份证入园的信息化管理手段等，进一步提高了乡村旅游信息化发展水平。但是，区域监测系统及保护电子系统等的应用仍然处于空白阶段。相较于一些旅游管理信息化发展进程较快的乡村地区已经开始进行的LED信息发布及卫星遥感定位等先进系统的应用，当地的旅游管理水平还亟待提高。

2. 乡村旅游基础设施的信息化建设 乡村旅游模式逐步开始了区域性乡村旅游信息化设施的建设工作，如在乡村景点内部增设自助售票机及零食贩售机等，实现了基础设施的信息化建设，有效控制了人力资源的投入，降低运行管理成本。此外，政府方面也在相关战略性指导意见当中指出了乡村信息公共服务平台及网络工程建设工作的重要性，这也为乡村旅游基础设施的信息化建设奠定了一定基础。

三、以农业生产者为被调查主体

1. 手机及互联网的普及现状 与第一部分的自营工商业农民群体手机使用状况基本一致。以年龄为分界线，手机使用群体被分为老年机与智能机两个部分。

2. 物联网在农业生产中的应用现状 调查问卷显示，农业生产的过程中，对于较大规模的，以外销为主的农户会更多地使用手机关注天气或者农业新政策，在短时间内进行生产调整或者申请到适合的农业补助，但是对于方塘乡来说，其原有产业有竹笋相关加工业和香菇种植业及加工业，其农产品品类及加工技术已经较为成熟，并不会因为某种农业政策对相关农产品的补助加大而有较大程度的改变。并且，在农产品的生产过程中，部分农户可以实现自动化的温度调节和液体肥料的补给。但是，物联网的技术应用也仅限于此，并没有实现深层次的应用。

3. 物联网在农产品销售方面的应用现状 受本市相关政策的影响，每个乡村都有与其相对应的农产品互联网外销基地，并以淘宝等形式受到政府的大力支持。对于农业生产的个体户来说，规模较大的有"有机大米生产基地""土鸡繁殖散养基地""大棚香菇种植"等，在这些具有规模化的农产品生产的基础上，个体户本身也积极拓展外销渠道，将电商带入自己的营销渠道中。

四、现阶段我国乡村旅游信息化发展面临的问题

方塘乡的旅游行业是近两年发展起来的新兴行业，乡村旅游信息化发展与智慧旅游理念进行结合的实践时间较短，其中有很多环节仍需进行深入探索和尝试，因此在实际工作中难免会面临一些问题。

1. 针对网站宣传缺乏足够的重视 随着我国经济发展水平的提高，居民生活更加富足，乡村旅游作为一种新型的旅游形式，其浑然天成的乡土自然环境逐渐赢得越来越多人的关注。但是，受乡村旅游发展中的经营者自身专业素养水平限制，以及对于相关政策法规、建设标准缺乏全面的了解，个体经营者片面追求降低建设成本，而没有充分利用物联网技术进行服务升级。另外，部分乡村地区自行建立专项宣传网站，受地域的影响受众群体较小，项目宣传效果具有较强的局限性。

2. 乡村旅游信息化管理水平有待提高 随着互联网信息技术研究与应用

水平的逐步提高，信息化时代悄然而至。利用乡村旅游信息化管理手段可以实现资源的优化配置，同时有效提高管理工作质量与效率。然而，由于对信息管理缺乏正确、系统的认识，乡村旅游信息管理的实施十分困难。在实际的信息管理建设中，往往存在数据信息缺乏和重复的问题，不利于建立专门的数据信息共享系统。与此同时，部分乡村旅游从业人员没有参加系统的专业技术学习和培训，加剧了信息管理水平不足的问题。

3. **农村旅游信息化基础设施建设缺乏** 全面的信息基础设施建设是智慧旅游理念下乡村旅游产业发展的重要组成部分。当前，乡村旅游产业也应随着旅游业信息化发展和升级的总体趋势，加强特色基础设施建设，为旅游信息化的发展提供硬件基础。但目前乡村旅游信息化基础设施建设缺乏全面的覆盖，只有部分村的景点在积极地运营公众号，许多景点未能全面利用好物联网技术的作用，所以景点信息宣传效果并不令人满意。

五、完善乡村旅游信息化发展的方案

1. **充分重视网站宣传工作** 乡村旅游向智能化方向发展是使乡村旅游从同质化中脱颖而出的重要条件之一，可以在一定程度上提高旅游服务水平，还可以确保乡村旅游项目获得稳定的客流量以实现长效发展。所以，在乡村旅游信息化发展过程中需充分重视网站宣传工作，明确认识网站宣传方式具有信息传播范围广泛及传播速率迅速等特点。同时，可以通过互联网服务平台取得他方合作，吸引更多人通过服务网站发现乡村旅游项目，扩大其知名度和传播的范围，从而为不断提高乡村旅游信息化服务质量做好准备工作。

2. **提高乡村旅游信息化的整体管理质量** 智慧旅游建设作为旅游信息化的升级，注重旅游公共服务与管理服务的衔接，利用互联网信息技术建设智慧乡村旅游项目，确保相关社会资源的充分利用。其次，项目经营者应准确把握乡村旅游产业未来发展趋势和规律，在此基础上建立科学有效的人才管理体系，制定系统科学的发展战略，确保乡村旅游产业的长远发展。最后，应积极引进先进的特殊人才，使其在日常工作中充分发挥专业技术优势，提高管理水平，推动信息化的发展，并为项目操作注入新鲜的血液，推动改变员工的整体精神面貌，增强企业凝聚力，为乡村旅游的发展奠定基础。

3. **农村旅游信息基础设施综合建设** 为了确保乡村旅游信息化发展水平，有必要认识到信息化建设的重要性，通过提高基础设施建设、技术设施水平来有效地确保信息化服务和管理效率，如计算机设备、物联网、数据库和通信技术。标准化数据库作为乡村旅游项目信息化建设的基础，包含了大量的旅游者和政府的数据信息，可以为项目建设和未来规划等重大决策提供科学依据，以便加强物联网设施建设。随着信息技术的不断升级，手持电子智能终端的游客可以随时接入无线网络，实时分享旅游体验。为实现这一目标，应加强无线网络通信的建设，为游客提供智能旅游服务。

撬动的花卉

李炳义（国贸172班）

实践时间：2019年7月14—21日
实践地点：云南省昆明斗南花卉交易市场

2019年7月14日，我们小组在云南省昆明斗南花卉交易市场，调研现代数字化建设对花卉销售的改变。通过对斗南花卉电子交易中心的负责人和前来购买、销售花卉的人员进行采访，我们了解到区别于传统的议价交易方式，现在花卉交易方式为降价式拍卖。该交易方式不仅让花农卖花的价格尽可能地高，也避免花卉价格的恶意炒作以及花卉市场的混乱。此外，我们还了解到该交易方式出现后，花农的收入得到了很大的提升，花卉销售人员也在逐渐增多，很多乡镇甚至出现集体种植花卉、共同脱贫致富现象。

一、引言

农村乃国之根本，一国的发展不可只注重前沿城市的发展，还应关注农村的发展。近年来，国家数字化建设发展迅速，除了老弱病残，基本实现人人有手机、人人都上网，可以说在我国只要有人的地方就有网络、人能走到的地方手机就有信号。

但是，在我国数字化高速发展之时，我们往往关注的是前沿技术城市的数字化发展和建设，而忽略了农村地区的数字化建设。为此，我与刘双成同学一起组队，前往偏远地区农村进行现代农村的数字化建设情况调研，发现数字化建设不仅发生在前沿城市，还发生在农村地区，数字化建设使农村发生了翻天覆地的变化。

斗南花卉交易市场位于云南昆明滇池东岸，现已发展成为中国乃至亚洲最大的鲜切花交易市场，是著名的花都。云南省80%以上的鲜切花和周边省份、周边国家的花卉入场交易均在斗南花卉市场进行。在全国80多个大中城市中占据70%的市场份额，出口日本、韩国及东南亚等周边46个国家和地区，有全国10枝鲜切花7枝产自云南之说。多年来借助斗南花卉这一中国驰名商标的品牌效应和市场优势，斗南已成为中国花卉市场的“风向标”和花卉价格的“晴雨表”。

斗南花卉电子交易系统是全套原装进口荷兰的降价式拍卖交易系统，该交易系统在2008年就已经在斗南花卉市场建立，但一直到2012年都处于亏损状态，没有任何的经济带动作用。直到2014年通海县彩玫种植的出现，才带动该拍卖系统走向盈利。斗南花卉电子交易中心通过利用该交易系统的优势并配合云南得天独厚的自然条件，令云南的花卉交易规模迅速在全国范围内扩大。时至今日，斗南国际花卉产业园区建成后，已创造6万个就业岗位，实现年交易额100亿元（远期300亿元），承担国家赋予的“带动全国、影响世界”的历史使命。

降价式拍卖交易系统区别于传统的英式拍卖系统，降价式拍卖通常从非常高的价格开始，高的程度至有时没有人竞价，这时，价格就以事先确定的数量下降，直到有竞买人愿意接受为止。

云南众多落后县区也依赖于斗南花卉交易市场的发展，大力发展花卉产业，出现全家种花、全村种花、全县种花的现象，很多原本发展落后的乡镇因为花卉种植，已出现全村脱贫、步入小康的景象。其中，最具代表性的是通海县的花卉种植产业。

通海县于1991年便开始发展花卉种植，到1993年形成了一定的种植、加工和销售规模，但由于信息、交通等方面因素的限制，其所产花卉多以盆栽种植为主，销售范围也仅局限于周边县区，所以，其销量较小，从事花卉种植交易人员也较少。直到2011年通海县玫瑰鲜切花示范区获国家农业标准化示范区认定，通过采取“公司＋合作社＋农户”等运作模式，建立起利益共享联结机制，实现了公司、合作社、农户三方的良性互动、共进双赢。目前，全县种植玫瑰、洋桔梗、康乃馨等为主的花卉，拥有集鲜切花种苗培育、生产、加工、销售为一体的省级花卉龙头企业8家，带动2 000户农户参与鲜切花生产。2018年，全县花卉种植面积8 054亩，产量3.74亿枝，产值3.7亿元以上，为全县农户带来的净收入达1亿元以上，不仅成为高原特色现代农业发展的新亮点，还是当地继烤烟、蔬菜之后的又一个支柱产业。

通海县总土地面积和耕地面积在全云南省县级单位中均为倒数，也是目前云南省县级单位中唯一没有矿产资源的县（市、区），但是通海县的农业人口收入在全省排名前列，农业人口基本无流出现象。这是源于现代数字化建设的发展，使得农产品的销售范围扩大，农民收入增加。

二、静闻花语——调研准备

2019年7月14日，我与刘双成相约前往斗南花卉电子交易中心开启了本次调研。

尽管我们事先做了充足的准备，但在正式调研中仍然遇到了不小的阻碍。在向前来卖花和买花的商户发放调研问卷时，我们发现先前所做的调研问卷并不适用。卖花商户并不是我们先前所设想的种花农户，而是收购花卉再销售的中间商贩。批发买花商户也不是最终的经销商，而是代替经销商进行采购的雇佣人员。我们先前设计好的问卷，发放给这些买卖花的商户填时，很多的选项都无法作出回答，如花卉种植面积品种、电子交易中心成立前后收入变化等，但这些选项是我们此次调研原本最为关心的地方。此外，我们还了解到斗南花卉电子交易中心所使用的拍卖方式并不是我们先前认为的英式拍卖，而是降价式拍卖。

所以，针对出现的这一突发状况，我们便决定更改我们的调研思路，从原本的发放问卷式调研，改为采访式调研。

我们针对我们想要了解的情况，更改了原本设置的问题，然后我们去寻找有可能回答我们这些问题的相关人员进行针对性采访，以便于最直接地了解我们想要了解的情况。

首先，我们去找斗南花卉电子交易中心的有关负责人员了解其拍卖中心的一些情况，却意外得到斗南花卉电子交易中心刘总经理的盛情招待。他不仅向我们详细介绍了降价式拍卖在斗南花卉交易市场的发展历程，还带领我们参观了整个拍卖交易过程。

然后，针对我们想要了解的花农情况，由于斗南花卉市场周围没有花卉的种植基地，我们便决定听从刘总的建议，前往种植花卉的代表县——玉溪市通海县调研花农种植花卉的情况。因为出现的实际调研情况与我们预想有偏差，导致我们先前的时间估计错误，刘双成预先购买了南京与昆明往返车票，时间不够用，所以，刘双成无法前往通海县调研。而我的家乡则正好在通海县，于是，剩下的花农部分由我一人前去调研。

2019年7月17日，在通海县，我走访了董叔叔、李叔叔、罗叔叔等个体花卉种植农户，了解了斗南花卉电子交易对于当地花卉产业发展的改变。

最后，我与刘双成于7月22日，通过网络进行此次调研的信息交流整理，得出有效信息，得出相关结论。

三、近观花颜——实地调研

由于此次调研我们采用采访的形式进行，所以我们展示的调研成果为筛选、整理过后的采访情况。

1. 与斗南花卉电子交易中心刘总经理的访谈 斗南花卉电子交易中心的拍卖过程为：公司每天都会派物流车前往各花卉种植村镇向花农收集成熟的花卉，凑够一车后，统一运往斗南花卉电子交易中心（图 1）。因为种植花卉的花农所在地离斗南都比较远，加上每家花农每天成熟的花卉数量有限，所以如果花农每天单独将自家花卉运往斗南销售是不合算的。接着，从各地运往交易中心的花卉，由交易中心的专业人员进行分拣、评级，由工作人员将分拣好的花卉运至待拍区。待拍区的每辆拖车分为上下两层，每层按照九宫格最多放置 9 份花束，横排的 2～3 份花束为一家农户的一批花，每一批花都有一个数字编号代表这批花来自哪一家花农。因为每一轮拍卖的数量规定，每轮只拍卖一批农户的花，也就是横排放置的 2～3 份花，一批花大概 100～300 支（根据不同种类的花，每批规定的支数不同）。等花卉评级、分拣好放入待拍区后，前来买花的商户可以前往待拍区挑选自己需要购买的花，然后记录下自己所要买的花的批次上的数字编号，等每天下午 3 时开始拍卖的时候前往拍卖大厅拍下自己选中的花便可。每天下午 3 时在拍卖大厅开始拍卖。拍卖前，由斗南花卉电子交易中心的工作人员根据最近花卉交易价格制定一个最高价格，并将所拍花卉的数量、优缺点写在拍卖钟上。等待拍卖正式开始时，拍卖钟上的价格开始由最高价开始往下降，买花的商户可以在价格合适时按下座位桌子上的确定按钮，拍下花卉。同时，要想拍卖花卉，必须提前办好交易市场的会员卡，并且在会员卡中要有足够的资金，在拍卖时，将卡插入拍卖厅座位桌子上的读卡处才可以拍卖花卉。拍卖成功后，买花商户和交易中心协商花卉的配送问题，一般情况下由交易中心合作的运输公司进行配送，费用由买花商户额外负担，花农也将通过短信接收到当天自己所卖花卉的价格和自己应得的收入。正常情况下，交易成功后第二天，花卉便空运至买花商户所在省份城市，花农将收到自己卖花后的银行转账汇款。若是第一天拍卖失败，交易中心第二天将对花卉重新评级拍卖，直到花卉达到废弃标准时，交易中心将销毁，其未卖出的损失由农户承担。目前，交易中心拍卖成功率达 98%以上，很少出现流拍现象。刘总经理称，斗南花卉电子交易中心的成立，首先，由于实行“一手交钱一手交货”制度，解决了传统花卉交易普遍的赊账问题，降低了花农的交易风险。

其次，由于降价式拍卖系统的使用，避免了花卉节日的价格的疯狂炒作。最为重要的是，由于斗南花卉交易市场规模化的形成，花农有了卖花的地方，商户有了买花的地方，花农可以专心地去种好花卉，不用为种好的花卉去寻找销路。斗南花卉电子交易中心的建立形成了规模经济，带动了农民的致富，符合国家农业发展战略。

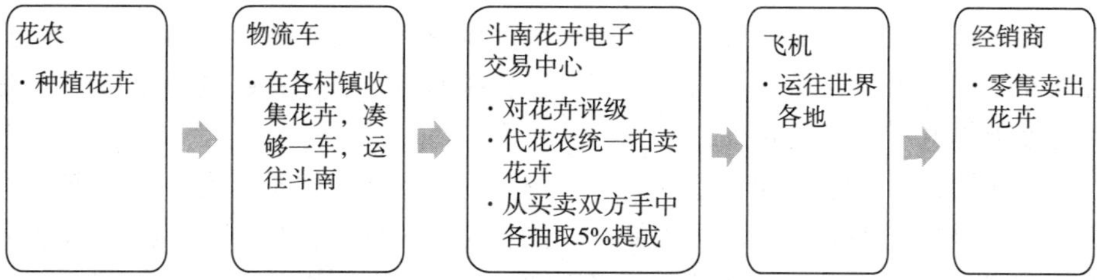

图 1　斗南花卉交易过程

2. 与通海县花农董叔叔的访谈　董叔叔家共种植花卉 1.3 亩，种植品种为洋桔梗，根据每年花价格来看，种植花卉给董叔叔家每年带来收入 2 万元左右，在未种植花卉前种植蔬菜，年收入不到 1 万元。董叔叔称，斗南花卉电子交易中心成立后，自己便开始跟着村里的人种花，收入远比以前种植蔬菜多。而且在卖花过程中，当天就可以通过短信知道花卖了多少钱，第二天钱就到银行卡上，不像以前种蔬菜，菜卖了还不行，得拿到钱才算。

3. 与通海县花农李叔叔的访谈　李叔叔家种植花卉 2.1 亩，种植品种为粉玫瑰——卡罗拉，从前两年才开始种植花卉，前一年种植花卉为其带来收入 6 万元左右。去采访时，他家前一天刚刚卖了一批花，每支价格卖到 1.35 元，除去手续费后，当天银行到账 461.7 元。李叔叔说这几天花价格不好，但正值花成熟时期，隔天就得卖一次花。未种植花卉前，李叔叔家种植白菜，每年收入 1.5 万元左右。李叔叔称，种植花卉后，收入明显比以前多了很多。现在手机使用很方便，卖花都不需要与买家见面，每天只用把花交到指定的收花地点，第二天就可以等着到账短信了。并且，现在种花时遇到什么问题困难，可以立刻用微信询问卖花苗的公司，基本当天就会回应。

4. 与通海县花农罗叔叔的访谈　罗叔叔家共种植花卉 1.2 亩，种植花卉品种为向日葵，每年为其带来收入 2 万元左右，未种植花卉前，田地种植水稻，年收入为 5 000 元左右。罗叔叔称，斗南花卉电子交易中心的出现，方便了我们农民，增加了我们的收入。以前也听说过种植花卉比种水稻挣钱，可是，我既不会种花，又不知道种了花该拿去哪里卖、该卖多少钱。现在倒是好了，种花有不懂的就微信问花苗公司，花种好了也不用担心卖的问题，花成熟了就交去收花的地方，用手机在家就可以知道花卖了多少钱，第二天卖花的钱就可以到银行卡上。

四、春华秋实——调研成果

斗南花卉电子交易中心的出现，使得云南花卉交易市场得以规模化，形成规模化经济。这极大地增大了云南花卉在世界花卉市场上的影响力，也拓宽了云南花卉销售渠道和增加了销量。而对于农民而言，斗南花卉电子交易中心很大程度上提升了农民的收入。

众所周知，种菜比种粮赚钱，而种花比种菜赚钱，但是，为什么大家都种粮食而不是种花卉呢？原因很简单，一是种花卉比种粮食难，二是花卉销路比粮食难找，粮食卖不出去可以自己留着吃，但花卉不可以。

现代数字化建设却正好解决了农民的这两个问题。当农民种植花卉出现问题时可以通过微信找专业的人员解决问题。如果遇到难以描述的花卉问题，还可通过视频电话询问。售卖花苗的公司也会经常通过微信群分享花卉的种植经验及花苗价格。通过现代网络通信大大提高了农民花卉种植问题的解决效率，农民种植花卉难的问题也得到了很好的解决。

针对销售难的问题，斗南花卉电子交易中心的成立为花卉的销售带来了市场，解决了农户花卉销售问题。花农不需要为花卉的销售担心，只要专心种好花卉即可，销售问题完全由斗南花卉交易中心来为他们负责。花农花卉的买卖情况可以随时通过手机进行查看，卖花的收入当天卖出第二天便可到达花农手上，真正实现了“一手交钱一手交货”，符合农民买卖的心理习惯。斗南花卉电子交易中心本着互利共赢的原则，也会尽量帮花农将花价卖得尽量高。当花价格卖得高时，农户收入增加，交易中心的佣金收入也会增加。而花农种植的花卉越好，交易中心评级就越高，花卉就越受买花商户的争抢，花卉的卖价也就越高，农户和交易中心的收入也会增加。

由于降价式拍卖系统的使用，避免了花卉市场上价格的随意哄抬，有利于花卉购买者以尽量低的价格购买花卉，降低花卉在零售中的价格。

斗南花卉电子交易中心为消费者提供了花卉的购买地方，为我国的花卉交易建立规范化的市场，为广大劳动人民提供就业岗位、增加收入。可以说该交易中心的建立顺应时代潮流，完全符合我国的乡村振兴发展战略。

斗南花卉电子交易中心能有如今的成就，离不开我国乡村的数字化建设。如果没有现代乡村的数字化建设，花农将无法使用手机接收花卉交易信息，也无法通过电子银行转账得到应有的收入。

所以，农村现代数字化建设不仅改变了农户的种植生产模式，而且很大程度上提高了农户的收入，拓宽了农户农作物的销售渠道。降价式拍卖的数字杠杆，撬动的是当地花卉产业上升的经济。

通过此次社会实践调研，我了解到了许多未曾知道的知识，拓展了我的眼界。比如，此次斗南花卉交易中心所使用的降价式拍卖在我以前的人生经历中从未碰到过，我一直以为拍卖便是指英式拍卖。我深刻地认识到这个世界很大，还有很多的东西需要我去学习，在今后的生活中，不能够停止学习的脚步，要不断地去认识、完善自己不足的地方。

并且，通过这次调研，我还结交到了新的朋友，如斗南花卉电子交易中心的刘总经理。在调研过程中听他们分享创业成功的经验，令我深受启发。我们作为新一代的大学生，应该传承他们老一辈吃苦耐劳的精神，不害怕失败，从失败中总结经验，敢于创新。斗南花卉电子交易中心的成功与他们老一辈的这些精神息息相关，正因为他们看准了数字化建设今后在农村地区的发展潜力，敢于全国第一家从荷兰花巨资引进全套降价式拍卖设备，才有了如今的成功。

此外，我感受到生活中处处有学问，很多高大上的先进技术，往往离我们很近。数字化的建设并非仅仅局限于先进的发达城市，也在农村中茁壮成长，对农民产生了巨大的影响。今后在看待一个新兴事物时，我们不应该将它看得过分神秘，因为，它也许早就存在于我们生活周围，对我们产生了影响，只是我们还未去发现它而已。

最后，我认为本次调研对我走向社会起到了桥梁的作用，即过渡的作用，是人生的一段重要的经历，也是一个重要步骤，对将来走上工作岗位也有着很大帮助。向他人虚心求教，与人文明交往等一些做人处世的基本原则都要在实际生活中认真贯彻，好的习惯也要在实际生活中不断培养。这一段时间所学到的经验和知识是我一生中的一笔宝贵财富。这次调研也让我深刻了解到，与团体保持良好的关系是很重要的。做事首先要学做人，要明白做人的道理，如何与人相处是现代社会做人的一个最基本的问题。对于自己这样一个即将步入社会的人来说，需要学习的东西很多，实践是学生接触社会，了解社会，服务社会，运用所学知识实现自我价值的最好途径。亲身实践，而不是闭门造车，实现从理论到实践，再到理论的飞跃，增强认识问题、分析问题、解决问题的能力，为认识社会、了解社会、步入社会打下良好的基础。同时还需我们在以后的学习中用知识武装自己，用书本充实自己，为以后服务社会打下更坚固的基础。

艰辛知人生，实践长才干。通过这次的社会实践活动，我们逐步了解了社会，开阔了视野，增长了才干，并在社会实践活动中认清了自己的位置，发现了自己的不足，对自身价值进行客观评价。这在无形中使我们对自己的未来有一个正确的定位，增强了自身努力学习知识并将之与社会相结合的信心和毅力。对于即将走上社会的大学生们，更应该提早走进社会、认识社会、适应社会。大学生社会调研实践活动是大学生磨炼品格、增长才干、实现全面发展的重要舞台。在这里我们真正地锻炼了自己，为以后踏入社会做了更好的铺垫，以后如果有机会，我会更加积极地参加这样的活动。

“从群众中来，到群众中去”。在本次社会实践中，我还同诸多群众谈心交流，思想碰撞出了新的火花。从实践中汲取了丰富的营养，理解了“从群众中来，到群众中去”的真正含义，认识到只有到实践中去、到基层去，把个人的命运同社会、同国家的命运联系起来，才是大学生成长成才的正确之路。通过此次社会实践调研，我更加充分地了解社会，学到了许多在书本上、课堂中、学校里无法学习的知识，拓宽了自己的人脉圈。所以，在今后的学习生活中，我要走出课堂、走出学校，多积累学习社会经验，以便在将来真正步入社会时不会手足无措。

互联网“荒漠”的“造林”经验

李　菊（工商管理171班）

实践时间：2019年8月17—23日
实践地点：山东省潍坊市周边农村

我国是农业大国，近年来随着“互联网+”的兴起与发展，我国经济政治建设发生了极大的变化。尤其是在农业方面，更是形成了“互联网+农业”的模式，由此产生的新技术、新观念也给传统农业带来了极大的冲击。本文基于对潍坊市进行的实地调研，对潍坊市在“互联网+”背景下的智慧乡村发展建设进行分析，找出农村在发展中存在的问题，并依据调研实际情况对发展智慧乡村提出相关建议。

一、引言

中共十八届五中全会提出了实施“互联网+”行动计划，这为现代化农业的发展提供了契机。中共中央办公厅、国务院办公厅印发了《数字乡村发展战略纲要》，数字乡村是网络化、信息化和数字化在农业农村经济社会发展中的应用，以及随着农民现代信息技能的提高而内生的农业农村现代化发展和转型进程，既是乡村振兴的战略方向，又是建设数字中国的重要内容。

1. “互联网+”提出的背景　在2015年3月5日召开的十二届全国人大三次会议上，李克强总理提出制定“互联网+”行动计划。李克强总理在政府工作报告中提出，“制定‘互联网+’行动计划，推动移动互联网、云计算、大数据、物联网等与现代制造业结合，促进电子商务、工业互联网和互联网金融健康发展，引导互联网企业拓展国际市场”。现如今，新一轮信息技术创新应用风起云涌，以物联网、云计算、大数据为代表的新一代信息技术不断取得突破和应用创新，催生新兴产业并获得快速发展，同时通过与传统产业的融合与渗透，助力推进产业转型升级，给人类生产生活方式带来了巨大的变革（宁家骏，2015）。

2. “互联网＋农业”的背景 在提出“互联网＋”行动计划之后，国务院又发布了一系列文件进行指导，其中2015年7月4日发布《国务院关于积极推进“互联网＋”行动的指导意见》，在“互联网＋现代农业”方面作出明确部署。

在“互联网＋”深刻并且全面影响市场经济的背景下，农村经济同样获益匪浅。比如说企业，国内的各大电商平台开始致力于发展“下乡运动”，改变了农产品传统的流通方式，丰富了农产品营销方式，拓宽了农产品营销渠道，以一种全新的模式推动农业获得较大的发展（邵鹏等，2016）。

3. 潍坊市“互联网＋农业”发展的基础 近年来，潍坊市信息化总体水平不断提高，并且被确定为山东省首批两个智慧化城市试点之一，与此同时，潍坊市是国家级的电子商务示范城市，具有良好的互联网应用基础。

潍坊市紧跟互联网与传统农业相结合的大潮流，在各个方面进行了积极探索与实践。如在信息服务方面，潍坊市农业农村局建设了“潍坊农业信息网”，这个网站设有“三农”服务专栏，专栏中囊括了种植业管理、农业科技、质量监管、农业执法、农业品牌、生态能源、农业扶贫、农技中心等13个板块，各个县（市、区）也有涉农网站；坊子区成立了山东省潍坊市首家县级农产品电子商务协会。除此之外，潍坊市成立了众多新型经营主体，如农民合作社、家庭农场。在农产品流通方面，积极开展农业电子商务合作，如青州市、寿光市与阿里巴巴集团深入合作，启动了阿里巴巴农村淘宝青州服务中心、寿光服务中心。在新技术应用方面，寿光市实施物联网农田；“有机汇”电子商务平台在峡山区正式上线运营，全力打造包括有机农产品、电商平台在内的农业品牌等（潘慧，2014）。

二、潍坊“数字化”的前世今生

1. “互联网＋农业”发展的基础 近几年来，我国互联网发展迅速，已经深入百姓生活的各个方面。根据中国互联网络信息中心（CNNIC）发布的第43次《中国互联网络发展状况统计报告》，截至2018年12月，我国网民在家通过电脑接入互联网的比例为81.1%，较2017年底降低4.5个百分点；在网吧上网的比例为19.0%，与2017年底的比例基本持平；在单位、学校、公共场所上网的比例分别增长3.8%、3.0%、2.9%，分别达到40.6%、22.1%、21.6%。截至2018年12月，我国网民规模为8.29亿人，全年新增网民5 653

万人，互联网普及率达59.6%，较2017年底提升3.8个百分点。我国手机网民规模达8.17亿人，网民中使用手机上网的比例由2017年底的97.5%提升到2018年底的98.6%。网络覆盖范围逐步扩大，入网门槛进一步降低。截至2018年第三季度末，贫困村通宽带比例超过94%，已提前实现“宽带网络覆盖90%以上贫困村”的发展目标。

我国城乡互联网普及率同样呈逐年上升趋势，但是农村地区的互联网普及率与城镇地区互联网普及率之间仍然存在差距。

由报告可知，网民职业结构中农村外出务工人员占比3.9%，农林牧渔劳动者占比7.8%。

2. 潍坊市现代化农业发展概况 潍坊市地处山东半岛西部，辖6市2县4区，设有潍坊高新技术产业开发区、潍坊经济技术开发区、潍坊滨海经济技术开发区和出口加工区；东连青岛和烟台，西接淄博、东营两市，南与日照、临沂两市相连，北濒渤海湾，是著名的“国际风筝都”。潍坊市是山东半岛经济开放区，也是山东省农副产品的主要集中产区之一，更是全国农业产业化的发祥地。全市总面积1.58万千米^2，总人口937.3万人，其中农业人口643万人，具有丰富的农业自然资源，海岸线长113千米，总耕地面积1 047万亩，是山东省的农业大市。作为一个农业大市，全市已形成粮食、蔬菜、畜禽、水产品、油料、花卉、果品、蚕茧、食用菌、烟草等16个具有商品优势和市场潜力的重点特色产品销售基地，与之相关的龙头企业有3 100多家，并且已经建成了一大批专业化的优特稀农产品生产基地，如寿光蔬菜、安丘蜜桃、诸城肉鸡、青州食用菌、昌乐西瓜和肉鸡等。潍坊市发展了以瓜果蔬菜为主的主导产业，成了全国主要的蔬菜生产基地；同时形成了一系列特色明显、规模和效益较好的特色农业产业，如潍县青萝卜、青州蜜桃、临朐大棚樱桃……

潍坊市的农业产业化水平较高，是全国重要的农产品生产和加工基地、全国蔬菜之乡。潍坊市历年农业生产总值如表1所示。潍坊的农业信息化起步早、发展快，是国家和山东省“农村信息化建设试点示范城市”。在开发涉农信息资源和农业信息服务等方面大胆创新，取得了明显成效，在寿光、诸城、安丘等县（市、区）信息化建设最为突出，起到了模范带动作用。

表1 历年农业生产总值

单位：亿元

年份	农业生产总值
2007	237.54
2008	281.69

（续）

年份	农业生产总值
2009	301.96
2010	330.51
2011	359.28
2012	390.52
2013	416.08
2014	437.30
2015	455.15
2016	493.65
2017	491.06

数据来源：《潍坊统计年鉴》。

潍坊市农业信息化起步于20世纪80年代，乡镇基层农技站的农技人员主要以口授身传的方式向农民开展农业信息服务，这是潍坊市农业信息化的原始阶段。20世纪90年代初，随着广播、电视、电话等通信技术在潍坊农村地区逐渐普及，县市两级开始利用无线电台、电视台播放涉农节目，向农民推广新型农业实用技术和发布各种农业信息等。市县乡政府和主管部门收集相关农业信息和农业科研成果，向农民开展信息服务和技术推广。2000年以后，随着“村村通宽带”建设和“百万农民上网”活动的开展，尤其是“金农工程”“上网工程”等信息配套设施建设，进一步加快了互联网进村入户，有力地推动了潍坊市农业信息化建设，使其步入网络化发展新阶段。在这一阶段，建成了潍坊农业信息网、潍坊科技信息网、潍坊市农经网、潍坊农网等多家涉农门户网站，初步形成了农业信息网络平台。平台形成后，有力地推动了农业智能专家、农业信息采集、农业信息技术等示范点的建设。

三、“荒漠”潍坊引数字

通过对山东省潍坊市周边农村进行实地调研，并且通过发放问卷、与农户交谈等方式，对山东省潍坊市目前关于数字化乡村建设的情况有了大致的了解。在假期刚开始，我查询相关网站了解数字化乡村的相关政策与方针，对数字化乡村进行了全面系统的学习，以方便后续实地调研的进行。

本次社会实践实地调研，我选择前往山东省潍坊市周边农村的村民家中进行调研。选取的调研对象有一部分是随机选取的，也有一部分是具有某些代表性的。我还选择前往村庄周围的一些农贸市场，在市场上对商家进行访谈。我了解到目前山东省潍坊市周边农村已经基本上实现了网络覆盖，村民虽然已经具备了连接互联网的条件，但是潍坊市农村向数字化发展还存在一些劣势：①农业人口的年龄构成由“青年型”逐渐向“老年型”过渡（人口老龄化）；②农业人口分布不均；③农村劳动力过剩，受教育水平过低；④人口文化素质偏低。

由于农村从事农业活动人口趋于老龄化，老年人对于先进技术的接受能力有限。村中很大一部分人没有智能手机等设备，无法及时了解到农业发展的最新资讯，在一定程度上阻碍了农村数字化的发展。而且潍坊市目前大部分村庄仍然属于小农户种植模式，无法采用更为先进的技术进行农业生产。让人喜悦的是，潍坊市乡村数字化发展在坎坷中前进，取得了一定的成果。潍坊市开通了多种渠道为农民提供资讯，帮助其学习先进经验。村庄中的种植大户开始趋向于采取先进的生产技术，生产效率大大提高，增加了经济效益。同时，在农贸市场上，农户在出售农产品时也逐渐接受微信、支付宝等移动支付手段，这也反映了农村数字化建设的一大进步。互联网“荒漠”中的“树林”，正在有条不紊地“植就”与发展。

四、数字潍坊立框架

1. 优势（strength）　地理位置优越、气候适宜。潍坊市位于环渤海经济区和山东半岛经济开发区，具有发展产业化和外向型农业的区位优势，成为全国重要的蔬菜产地。地处北温带季风区，北靠南海，市域地貌南高北低，总体气候特征为四季分明、雨热同期，对农业发展极为有利。

自然资源丰富。首先是农业生产的必要生产要素——土地，潍坊市土地资源丰富，类型多种多样，耕地率高；其次是水资源丰富，河流众多，水库数量较多，潍坊境内降水较为充沛；矿产资源、海洋资源及海洋生物资源也极为丰富。

地形适宜。地形平坦，以平原为主，可因地制宜发展农业。在中部洪积平原、冲积平原等较为肥沃的地方发展种植业，在南部低山丘陵区发展林果业。

信息化基础良好。潍坊市近几年颁布了《潍坊市信息化发展规划纲要》《智慧潍坊建设行动计划》等一系列文件，以信息化应用为基础，加快提升潍坊市的综合竞争力。目前以良好的信息化为支撑，积极适应农业现代化发展变化，以建设现代农业示范基地为重点，深入实施高端、高质、高效农业发展战略。

此外，潍坊市有比较高的农机、水利、电力水平，通过科技振兴农业，以及有优惠的农业发展政策。

2. 劣势（weakness） 农业产业化的经营水平不高，龙头企业的带动力不强。潍坊市的产业基础比较薄弱，农业生产经营主体仍然以分散的、小规模的家庭经营为主，龙头企业起到的带头作用小，影响力弱。同时企业与农户的利益存在很大的矛盾，这也制约和影响了农业产业化发展的规模和速度。

农产品深加工不足，产品附加值低。潍坊市的农业产业链普遍较“短”，农产品加工依然沿用传统的加工模式，技艺落后，在深加工、延长产业链等方面做出的成效较少。潍坊市各个县（市、区）基本都有自己的主打产品，但是因为缺乏科技创新和理念支撑而停留在粗放经营状态，农产品的科技含量和附加值低，缺乏竞争力。

“互联网＋农业”的发展不够全面。相关涉农网站的内容以宣传为主，政府发布的信息多，农户发布的信息少；广告及各类介绍的信息多，对农户的生产生活进行直接指导的信息少；理论信息多，实际数据少；对农户信息获取的技术要求高，个性化信息及商务平台服务被淹没在信息的海洋中（郑璐，2018）。

互联网虽然普及率较高，但仍有很大一部分人属于非网民，这些人以农村地区人群为主，使用技能缺乏和文化程度较低是这部分非网民不上网的主要原因。

对外贸易存在问题。出口商品结构层次不高，缺少技术支撑和附加值较高的产品。出口市场集中在日本、美国、韩国等少数几个国家，对世界其他地区的市场扩展不够；利用外资的中小型项目多，大型的、能对全市经济发展起带头作用的项目少。

3. 机会（opportunity） 重大区域发展战略实施的带动。山东半岛蓝色经济区规划中明确提出了要发展高端、高质、高效农业和生态循环农业的任务。这一规划的逐步实施，将为农业生产的转型及结构的调整提供强大的内生动力，也为潍坊市现代、高效、特色农业的发展提供有利条件。

政府政策的扶持。中央1号文件连续十几年聚焦“三农”问题，强调了“三农”问题在中国社会主义现代化时期重中之重的地位。

“互联网＋”机遇。“互联网＋”行动计划的提出打破了传统农业的格局，强调利用互联网来提升农业生产、经营、管理和服务的水平，培育多样化农业互联网管理服务模式，逐步建立农副产品、农资质量安全追溯体系，促进农业现代化水平的提升。

4. 威胁（threats） 农产品的质量与安全的挑战。随着人民生活水平的提高，对优质、安全、特色农产品的需求加大，这在一定程度上对农业的发展提出了更严格的要求。另外，近年来，各个国家和地区都在提高农产品的卫生进口标准，对于农产品的农药残留、重金属污染、有害微生物污染等增加检测项目，农业发展面临更大的挑战。

政策执行的力度。农民、涉农企业的信息获取能力较差，对于最新信息的获取具有滞后性，这使得农民、涉农企业对国家及省市政策把握不够，只关注有利于自己的政策，缺乏农业规划，陷入了谷贱伤农、菜贱伤农的恶性循环，同时信息的不通畅使得农民在农产品交易市场中处于劣势地位。

五、数字潍坊展蓝图

1. **提高农民综合素质水平** 无论是传统农业，还是现代农业，都需要高素质的农民群体，而农业现代化的每一个环节无不需要劳动者有新知识、新技能。潍坊市需要进一步普及农民基础教育建设，坚持加大培训力度，坚持科教兴农，推动农业科技进步。

2. **建立农业合作经济组织** 在这个互联网时代，要鼓励农民利用社交媒体、网络平台，建立多种形式的农业合作经济组织，让这些组织在服务、教育、培训等方面发挥应有的职能。

3. **培养先进人才，加强互联网知识宣传** 对村民进行电商知识培训，创建“电商人才孵化和创业”基地，助力推动农村电子商务人才队伍的发展壮大。

4. **加强农业信息网络基础设施建设** 投入资金与人力，加强农村网络基础设施建设，为农民获取农业资讯提供条件。

5. **政府加大投入力度** 政府应加大投资力度，引导农民使用现代生产方式，广泛使用现代科学技术，将更多的农耕机械投入实际应用中（邓修英等，2018）。

水蜜桃革命

徐曦雯（电商 171 班）

实践时间：2019 年 8 月 15—22 日

实践地点：江苏省无锡市惠山区阳山镇桃源村

《数字乡村发展战略纲要》发布以后，各地方都采取了相应的措施积极响应。党的十八大以来，农村信息基础设施加快建设，线上线下融合的现代农业加快推进，农村信息服务体系加快完善，但还存在诸多不足。推动农业现代化发展，实现乡村振兴的美好愿景，需要信息技术的保驾护航。数字乡村既是乡村振兴的战略方向，也是建设数字中国的重要内容。本文以江苏省无锡市惠山区阳山镇桃源村为例，通过“智慧农业——乡村信息化情况”的实地调研，了解了目前乡村信息化和数字乡村建设情况。调查发现，目前手机的普及率很高，智能手机也给农户带来了许多有效信息，但是，将手机与线上销售联系在一起仍然有困难。加快数字乡村建设，需要技术和人才队伍的支持。

一、引言

党的十八大以来，我国各方面都取得了不错的成绩，乡村振兴战略的实施也加快了农村地区的发展，城乡差距逐步缩小。2019 年 5 月，中共中央办公厅、国务院办公厅印发《数字乡村发展战略纲要》，旨在通过数字经济推进乡村产业发展，进而实现乡村振兴战略目标。我们以桃源村为例来了解目前乡村信息化发展程度以及在发展过程中的不足，并提出适当的建议。

1. 数字乡村的前世经历　2018 年，中共中央、国务院印发的《乡村振兴战略规划（2018—2022 年）》指出，大力发展数字农业，实施智慧农业工程和“互联网＋”现代农业行动，建设具有广泛性的电子商务发展基础设施，加快建立健全适应农产品电商发展的标准体系。2019 年 5 月，中共中央办公厅、国务院办公厅印发《数字乡村发展战略纲要》（以下简称《纲要》），旨在通过数字经济推进乡村产业质量变革、推进农村经济效率变革、推进乡村发展动力变革、推进农业发展方式变革，从而加快我国农业农村现代化发展，进而实现乡村振兴战略目标。数字乡村是伴随网络化、信息化和数字化在农业农村经济发展中的应用，以及农民现代信息技能的提高而内生的农业农村现代化发展和转型进程，既是乡村振兴的战略方向，也是建设数字中国的重要内容。当前，新一代信息技术创新空前活跃，不断催生新技术、新产品、新模式，推动全球经济格局和产业形态深度变革。党的十八大以来，以习近平同志为核心的党中央高度重视网络安全和信息化工作，作出一系列战略决策，统筹推进网信事业快速发展。农村信息基础设施加快建设，线上线下融合的现代农业加快推进，农村信息服务体系加快完善，但也存在顶层设计缺失、资源统筹不足、基础设施薄弱、区域差异明显等问题，亟须进一步发掘信息化在乡村振兴中的巨大潜力，促进农业全面升级、农村全面进步、农民全面发展。

立足新时代国情农情，要将数字乡村作为数字中国建设的重要方面，加快信息化发展，整体带动和提升农业农村现代化发展。进一步解放和发展数字化生产力，注重构建以知识更新、技术创新、数据驱动为一体的乡村经济发展政策体系，注重建立层级更高、结构更优、可持续性更好的乡村现代化经济体系，注重建立灵敏高效的现代乡村社会治理体系，开启城乡融合发展和现代化建设新局面。《纲要》为我国数字乡村建设未来 30 年提供顶层设计和发展导向：到 2020 年数字乡村建设取得初步进展；到 2025 年取得重要进展，乡村 4G 深化普及、5G 创新应用，城乡数字鸿沟明显缩小；到 2035 年取得长足进展，城乡数字鸿沟大幅缩小，农民数字化素养显著提升；到本世纪中叶，全面建成数字乡村。

2. 阳山镇水蜜桃的秘密 阳山镇先后获得全国生态小城镇、全国环境优美乡镇、全国“一村一品”示范村镇等，2012 年还进入“第三批全国发展改革试点镇”行列，经省政府批准设立“江苏省无锡阳山生态休闲旅游度假区”，并成为全市首批十个实现“城乡发展一体化先导示范区”建设的乡镇（街道）之一。

阳山镇植被茂密，环境优美，其境内有大阳山、小阳山、长腰山和狮子山四座山丘。其中大阳山是上亿年前形成的古火山，火山口至今仍然保持原貌，火山周边土壤常年受火山灰覆盖滋养，富含独特的微量元素，因而极其适宜水蜜桃生长。阳山水蜜桃是无锡著名特产之一，产于著名桃乡无锡阳山，以其形美、色艳、肉细、皮韧易剥、汁多甘厚等特点驰名中外。作为中国水蜜桃之乡，桃源村西靠大阳山，北依狮子山，位于阳山省级旅游度假区核心地带，全村区域面积 41 千米^2，现有 25 个村民小组，户籍人口 3 300 余人，近年来着力培育农村电商市场主体。

阳山有农家生态园项目，总体规划建设“一带六区”。“一带”为 2 千米景观带，“六区”分别指主入口森林公园景区、百果采撷观光园、竹海拾趣休闲区、蜜桃采摘区、农家之乐体验区、会议度假区。因地制宜，充分整合现有山林、桃园、茶场、竹海、池塘、苗圃、白鹭栖息地、林荫幽径、乡村民居等自然要素，以富民惠民、桃农增收为目标，初步把长腰山周边区域建设成为具有乡村农家韵味、生态环境优美、人与自然和谐相融的世外桃源。结合社会主义新农村建设，由镇政府统一改造原有农房民居，美化周边环境，鼓励和引导阳山桃农依托乡村家庭和地方特色资源投身农家文化事业，吸引观光游客前来消费，拓宽桃农增收渠道。该景点在桃花节期间正式对外开放，吸引了大量中外游客。阳山是中国著名的桃乡，水蜜桃的主产地。由于阳山是华东地区唯一的火岩层山，地质独特，含量多种微量元素，特别适宜水蜜桃的生长。阳山水蜜桃果形大、色泽美，香气浓郁，汁多味甜，风味独特，享誉大江南北。桃果肉含糖 8%～13%，有机酸 0.2%～0.9%，还含有蛋白质、脂肪、无机盐、钙、铁、胡萝卜素、维生素 C 等物质。在国际果品市场上，桃以其艳丽的外形、丰富的营养、独特的风味被称为“果中皇后”。桃有健美皮肤、清胃、润肺、祛痰利尿的功能，根、叶、皮、花、果、仁均可入药。桃果除鲜食外，还可制糖水罐桃、桃脯、桃酱、果汁、果酒等。

一位作家曾这样描写阳山的水蜜桃：拿过一个透明欲滴水蜜桃，轻轻撕开桃皮，汁液便顺手指淌了出来，一口咬去，鲜、甜、香，犹如琼浆玉液流出心田。白凤品种水蜜桃一般在 7 月上旬成熟，果实近圆形，果皮底色乳白，果腹部有虎纹条斑。果肉白色，肉细、汁多、易消融，香气浓，风味甜、稍淡。朝晖品种水蜜桃 7 月下旬成熟，果形圆整，果皮底色乳黄、稍带绿，着玫瑰色斑和绣条纹。晚熟品种一般在 8 月中旬。主要品种有白花和迎庆两种。迎庆还属特晚熟品种，在 9 月上旬结果成熟，每年 9 月后还有数量可观的水蜜桃。

3. 阳山水蜜桃的今生故事 阳山水蜜桃要走向未来，必须走集约化发展道路。2008 年，正逢桃树要进行新一轮更新。2018 年底，阳山镇以自然村为单位，开始推动土地流转，搞农场化改造、规模化经营。由此，阳山镇的农民有了新选择——可分、可合。选择“合”，就把土地流转给村里，要种桃就从村里承租搞规模种植，不种桃的就拿土地租金；而选择“分”，就由村里统一调整，划出个人满意的承包地。

10 年前的这场土地承包经营权改革，让阳山镇流转出了 65%左右的土地搞规模经营。目前在阳山，土地交由村级集体合作社经营的，农民以土地承包经营权作价入股，每亩的年收益在 1 500 元以上。当地特殊的土质，造就了阳山水蜜桃独特的口味；规模经营，又使阳山水蜜桃的整体品质得到保证。

农村信息基础设施加快建设，线上线下融合的现代农业加快推进，农村信息服务体系加快完善，但也存在顶层设计缺失、资源统筹不足、基础设施薄弱、区域差异明显等问题，亟须进一步发掘信息化在乡村振兴中的巨大潜力，促进农业全面升级、农村全面进步、农民全面发展。当前，我国数字乡村建设面临三点不足：一是信息化硬件设施相对不足，二是信息化软件应用水平不高，三是农村居民的信息科学普及程度相对不高。这些不足在桃源村的实地调研中得到了充分体现。此外，作为桃源村主要经济收入的水蜜桃具有易腐和不易存储的特点，利用信息化技术完成水蜜桃销售有利于减少损失。

二、世外桃源——实地调研

在进行社会实践之前，我们先对无锡市内的一些示范村搜集了一些资料并进行筛选，从而确定了比较适合本次实践“数字乡村建设”这一主题的地点——阳山镇桃源村。阳山作为中国的水蜜桃之乡，又适逢夏季是水蜜桃销售的黄金时段，十分有利于我们进行调研活动。

在社会实践的过程中，我们采取问卷调查的形式，并通过交谈获取更多信息。我们的问卷内容是围绕手机互联网的使用情况展开的，其中也包含了手机网络信息对农产品生产和销售的影响的相关问题。由于适逢水蜜桃成熟，我们沿途看到许多桃农在路的两旁搭起帐篷，将自己种植的水蜜桃套上海绵网，整齐码放在塑料筐中。我们沿路对桃农进行询问了解情况，发放调研问卷，有一些桃农忙着招揽生意或是不愿透露个人信息，拒绝了我们的调查。在这个过程中，我们也发现一个有趣的现象：一位桃农在自己的帐篷下搭建了一个简易桌面，上面支着一部手机，摆放着几个卖相极好的水蜜桃在做直播，通过这种方式招揽生意。在与桃农的交谈过程中，我们了解到，许多桃农家庭除了料理自家的桃园，自己平时在外面也有自己的工作，尤其是年轻人。因为果园也只有在收成之时才能够获取一定的收入，有极为明显的季节差异，整个家庭仅依靠一片果园难以维持生计，所以家庭中的青壮年主力在外打拼，以平衡这种季节性的收入空缺。留守在自家果园的大都是上了年纪的人，这给我们调查手机的使用情况带来了一些问题，使得样本不具有随机性。

在四处询问的过程中，我们也注意到，桃源村散布着圆通、百世、顺丰等众多快递揽收点，而待发货最多的显然是水蜜桃，我们也和几位物流人员进行了交流。由此可见，桃源村的水蜜桃销售对物流的依赖程度很高，这有很大一部分原因是由水蜜桃易腐不易储存的特点决定的。我们还在一些果园的外围参观，发现树上还有很多尚未成熟的套袋水蜜桃。我们在与居民区一位桃农的交流中得知，水蜜桃套袋可以有效减少水果病虫害，并有效阻止果面上农药残留，使水果更加鲜美可口，由于水蜜桃存放时间较短，为保证其储存质量，一般八分熟时就可以采摘，较成熟的直接上市，较不成熟的放入冷库储藏。水蜜桃种植方面，阳山拥有得天独厚的优势，这里的气候、土壤、水质都适合水蜜桃的种植，再加上科学合理的种植技术，才有鲜嫩多汁的阳山水蜜桃。桃农也说到，近期有一部分外地生产的水蜜桃运到阳山来，冒充阳山水蜜桃进行贩卖，但那些水蜜桃无论是外观还是口感都远远赶不上正宗的阳山水蜜桃。在水蜜桃销售方面，桃农一般都是通过老客户介绍带来新客源，有一部分通过微信朋友圈招揽生意。每当水蜜桃销售旺季，有一部分周围地区客户慕名前来购买。

三、阡陌交通——调研建议

通过一天的实地调研，我们对桃源村的信息化建设有了一定的了解。桃源村的青壮年劳动力大都有自己的工作，桃园都是家里的老人在料理，因此我们的调查对象普遍都在 45 岁以上，这样的人群对手机的依赖程度不高，手机大都还是他们的通信工具，有一部分人会通过手机了解天气、通过朋友圈销售水蜜桃，大家普遍对政府农业信息化了解不够；由于不了解互联网技术，所以也不愿意通过电商平台销售产品。总体来说，“水蜜桃革命”是一场科普与产销的双赢战，前景广阔、道阻且长，数字乡村建设还有很长一段路要走。

对于这些现象，我们提出以下几点建议：一是推进农业数字化转型。数字农业是现代农业的高级形式，侧重于将数字化信息作为农业新的生产要素，如智能灌溉、农业无人机、土壤监测系统等。通过数据而不是人自身的推断进行种植和销售，可以有效解决市场失灵问题。二是培育高素质农民。爱农业、懂技术、善经营是高素质农民的鲜明特征。三是进一步完善农业综合服务体系。推广 12316 平台，以 12316 农业综合信息服务平台为依托，开展信息进村入户试点。重点在“特”字上下功夫，彰显乡土特色，通过开发桃源乡村游、打造文旅庄园，全面推动特色田园乡村建设向更高水平发展。桃源村前寺舍在特色田园乡村建设中，进一步明确了村庄节点空间、公共空间、建筑和景观提升优化方向，完善了村庄道路交通体系，具有前瞻性的指导价值。四是要紧扣特色田园乡村的内涵，对传统特色文化进行梳理、保护和开发，科学修复自然生态体系，因地制宜开展乡村建筑、田园景观改造，更好地彰显桃乡特色风貌。

四、豁然开朗——实践收获

在国家、学校的高度重视下，大学生自身都清楚地认识到：大学生除了学习书本知识，还需要多参加社会实践，从而完善学生自身。无论是与本专业相关的知识内容，还是其他领域的知识，我们都需要不断地学习与钻研。

大学生要在社会实践中培养独立思考、独立工作和独立解决问题能力。通过参加一些实践性活动巩固所学的理论，增长一些书本上学不到的知识和技能。要想把知识转化成真正的能力，那就要依靠实践的经验和锻炼。

这个暑假我参加了学校的数字乡村主题的社会实践调研活动，在阳山的短短几天时间，不只是酷暑烈日，更多的是被拒绝参与调研的挫败。有大约80％的人都拒绝填写问卷或回答问题，我也在不停反思，是不是自己的用语不当，是不是有什么沟通方式不对，但可能我的阅历不够，没法得到答案。这几天的社会实践让我深刻感受到在社会上立足的不容易、桃农们的辛苦和我被拒绝的事实，都在告诉我社会的现状。为了未来更好地融入这个社会，现在我就要开始学会更好地为人处世，提高自己的社交能力和学习能力，为以后的工作学习生活打下坚实的基础。

附　　录

数字金融助力乡村振兴的有效性研究
——以农业产业百强镇马涧镇的四个试点村为例

孙　冉　陈梓琪　付亦丹　辛怡静　崔佳媛

“十四五”时期，实现数字金融在乡村的推广，是打造智慧乡村的关键举措。浙江省兰溪市马涧镇，在政府、银行、乡村社会三方合力的推动下，数字金融以乡村基层治理为媒介，以“诚信积分体系”为特色项目，顺利在四个试点村展开，形成了独特的“马涧模式”。为此，本文基于奥斯特罗姆的自主治理理论，构建评价“马涧模式”有效性的分析框架，从新制度供给问题、可信承诺问题和相互监督问题三个方面分别进行分析。研究发现，数字金融成功助力马涧镇翻开银政合作新篇章，构建诚信体系新风尚，打造农村金融新舞台，极具推广价值，为我国智慧乡村建设贡献了先进经验。

一、引言

2020年是我国全面打赢脱贫攻坚战的收官之年。关于如何巩固拓展脱贫攻坚成果，实现其与乡村振兴有机衔接，党的“十四五”规划提出：要优先发展农业农村，全面推进乡村振兴，而在乡村振兴众多发力点中，产业兴旺是乡村振兴的重要基础，是解决农村一切问题的前提与关键。

乡村产业振兴离不开金融支持，农村金融是发展农村经济、解决“三农”问题的重要力量。近年来，为助力乡村振兴，我国不断推进农村金融服务体系建设、创新农村金融产品和服务。但是，在当前阶段，我国农村产业发展对资金的需求仍未得到充分满足，金融发展面临着中小金融机构供给不足、服务“三农”和小微企业的金融机构较少等矛盾，提升普惠金融服务乡村产业振兴的能力和效果成为时代的迫切要求。

在数字金融推进过程中，完善征信体系是关键一环。杨锎（2017）提出，数字化时代下，因为客户信息不对称、不充分，所以银行缺乏完善的社会征信体系支持是普惠金融实践面对的一大难题。因此，他提出，为了更好地对业务发展和客户服务提供支持，银行需要建立起一个独立、真实、详细的客户大数据库。黄益平（2018）提出要准确理解数字金融微观运行机制。网络贷款是当前国内外研究最集中的领域，须挖掘互联网征信与传统征信系统融合的方式。张珩（2017）提出，政府应全面推动信用村、信用户建设，完善农户信用评级制度。

目前，数字金融在乡村的推广仍处于起步探索阶段，推广过程中遇见的诸多问题亟须解决，而学术界对于数字金融进入乡村机制的研究还不够完善。数字金融进乡村过程中，如何完善社会征信体系、整合分散的小农户、提高村民的使用意愿，是需要靠实践解决的难题。找到成功的应用案例，形成数字金融进乡村模式，具有极大的借鉴意义和推广价值。

二、分析框架

浙江省兰溪市马涧镇“数字金融进乡村”机制的设计在目前已取得了阶段性的成果，即将在试点村之外的富裕村推广，说明数字金融顺利为乡村所接受已不再是空想，“马涧模式”具有一定的复制推广价值。在实际调研的过程中，课题组发现，这项机制从建设开始到局部推广，是多方利益相关者共同作用的结果。

乡村基层社会治理体系是连接数字金融与乡村的桥梁，这一机制与奥斯特罗姆所提出的公共池塘资源自主治理理论有着相似之处。奥斯特罗姆认为自主治理的建立有三大难题，分别是制度供给问题、可信承诺问题及相互监督问题。如果这三大问题可以得到有效解决，就可以认为某一制度是有效的。总体上看，尽管数字金融不是传统意义的“公共池塘资源”，自主治理理论仍然为“数字金融进乡村”机制的设计提供了一种合理的分析框架。

三、案例选取

马涧镇为兰溪北部重镇，工业基础良好，目前拥有 100 余家经营性企业，包含规模以上企业 15 家。马涧镇林地资源丰富，水果种植面积 6 万亩，其中杨梅基地 2 万亩，被称为“中国杨梅之乡”，并于 2020 年 5 月入选国家级农业产业强镇建设名单。马涧镇目前拥有中国农业银行等金融机构四家。为深入服务乡村振兴，大力拓展农村市场，农行将马涧自助银行升级为“三农”金融服务点，有效地延伸了“三农”服务触角，打通了普惠金融的“最后一公里”。

2020 年下半年，马涧镇政府和农行兰溪支行在做好信息保密工作的基础上搜集了 4 000 余名村民的基础信息。数字乡村项目组同步在马涧镇公众号“山水马涧”平台上加载数字乡村板块，并搭建村镇门户云平台、村户联码门牌、诚信积分体系、金融板块等，初步形成本地标准化系统。

四、案例分析

这一部分将基于奥斯特罗姆公共池塘资源自主治理理论分析框架，结合兰溪市马涧镇四个试点村的典型案例，基于制度供给、可信承诺和相互监督三个评价维度，分析马涧镇“数字金融进乡村”模式的有效性，并研究数字金融进入乡村的机制。

1. 新制度供给问题 第一个难题是制度供给难题，即由谁来设计自主组织的制度，或者说什么人有足够的动力和动机建立组织。新的制度指“数字金融进乡村”。该制度以“山水马涧”数字平台为载体，以诚信积分体系的应用为核心，以乡村基层治理体系为媒介，以乡村振兴为目标导向，不仅直接增加了试点村农户的惠农贷款申请数量，还间接提升了乡村社会治理能力、环境整治能力、政务服务能力。

在新制度产生的过程中，参与者面临着一阶集体困境和二阶集体困境。一阶集体困境是指自组织制度本身如何选择与设计。奥斯特罗姆提出了多中心治理理论，即构建政府、市场、社会共同参与的“多元共治”模式。在数字金融进入乡村的过程中，共治的主体可以简化为政府、银行、乡村社会，形成“三元共治”的“数字金融进乡村”模式。政府、银行、乡村社会三者共同解决了一阶集体困境。在数字乡村的建设中，兰溪市政府、马涧镇政府不再扮演发号施令、采取行政措施的控制者、绝对主导者的角色，而是成为中间人，帮助银行和乡村社会搭好数字金融的舞台，促进银行和乡村社会的友好合作，从而实现构建数字乡村、助力产业振兴的目标。银行是“山水马涧”数字平台、诚信积分体系、农行掌银的设计者与建设者，成功在村级经济账户、村办企业账户等方面探索合作，并积极参与到政府社会基层治理中，参与到杨梅产业规划中。乡村社会是数字乡村建设的落脚点，乡村中的人是数字乡村建设的体验者与实际使用者，村民的需求是银行设计数字乡村平台的重要依据。

二阶集体困境是如何使新制度得以持续。第一，数字乡村建设推动了政府、银行、乡村三方通力合作：政府和银行共同召开项目启动会、推进会、培训会，并扎根马坞村进行现场推进；农行兰溪支行数字乡村建设金融服务小组、镇班子、村两委、网格员全体参加，镇驻村干部陪同推进。第二，镇领导干部和村两委经过多次研讨，将村庄环境治理、村庄和谐稳定、民生事业建设、遵纪守法公约等五个维度共39项细则纳入诚信积分考评体系中，并采取整村推进的模式。第三，农行兰溪支行积极打造惠农商圈服务体系，将掌银支付拓展到更多线下实体商店，将“惠农通点”覆盖到各类低消费场所，如理发店、面馆、小卖部等。为了帮助广大留守老人学会使用“山水马涧”数字平台，在老人子女的支持下，村两委手把手地帮助老人学习使用智能手机。

2. 可信承诺问题 可信承诺问题，即在制度供给得到圆满解决后，如何将参与者组织起来取得长期集体利益。马涧镇的数字金融进乡村项目惠及镇政府、商业银行、村两委、村民、农户、商户等多维利益主体，为各利益相关者带来切实利益。

马涧镇政府依托“数字金融进马涧”项目，“诚信积分体系”为主要抓手，以积分为评判依据，紧紧围绕“产业兴旺、生态宜居、乡风文明、治理有效、生活富裕”五大要求，给村民提供实实在在的优惠和便利，从而实现“产业振兴、人才振兴、文化振兴、生态振兴、组织振兴”，最终实现“农村美、农业强、农民富”的长远目标。

当地农行通过项目的实施与推进，成功开拓更广泛的乡村市场，增加乡村业务。通过诚信积分体系，农行对诚信状况良好的村民发放“惠农e贷”，新增惠农贷款50笔；存款业务方面，通过密切银政合作关系，成功营销村级经济账户4户、村办企业账户1户；利用“合伙人”模式，掌上银行的用户数量增加，新增存款50万元。

“数字金融进乡村”项目的主要帮扶对象是广大农户和村民，该项目通过打通诚信积分和金融属性，诚信积分可以换取农行小豆，在惠农商圈中利用掌上银行付款时，可以直接抵扣现金；通过打通诚信积分与农行信用村融资打分体系，为诚信积分良好的村民提供无抵押、无担保、利率优惠力度在2%～4%的信用贷款，降低农民的融资成本，为广大小农户提供实际的利益。

马涧镇下设的试点村村两委大多是当地杨梅种植大户，因此，该项目给他们带来的利益不仅仅停留在物质经济层面，而是上升至家乡建设中完成“自我实现”的精神成就。

“数字金融进乡村”项目在给普通村民带来了生活便利的同时，为镇内商户带来了发展新机遇。在惠农商圈中，村民使用掌银支付，换取的农行小豆可以抵减现金，此举大大激发了村民消费的热情，随之带动惠农商圈的商户营业额上升。

3. 相互监督问题 没有监督，就不可能有可信承诺，没有可信承诺，就没有提出新制度的动机。为保障数字金融能够在马涧镇提供可持续发展的服务，银政合作推出的“红黑榜”和村户联码门牌的设计，从一定程度上行使着相互监督的功能。

为鼓励村民踊跃加入诚信积分体系，营造争创文明的良好氛围，诚信积分体系的打分人主要由村两委、网格员、清洁工担任，同时，村民之间可以通过举报违规行为进行监督。村委工作组通过“红榜奖励，黑榜治理”规则，将村内诚信积分排名前数十位和后数十位的村民姓名公布在各村的大屏幕上且排名实时变动，有效形成“你追我赶”的文明争创氛围。在“红黑榜”的双重效用下，试点村的村容村貌得到显著改善，村民参与志愿活动的积极性有效提升。

马涧镇以“户”为基本单位切入，通过网格化管理有效解决数字化在乡村落地实施的痛点难点，成功打造以家庭作为治理单元的基层治理体系。同时，马涧镇携手农行重构城乡民情大数据库，创新基层治理运营闭环体系，建设乡村数字化治理系统和数字化运营服务体系，实现基层治理产业、人才、文化、生态、组织“五治”融合，从而实现治理效能提升的目标。

4. 制度设计准则 奥斯特罗姆在分析世界各地成功公共池塘案例的基础上，提出了成功治理公共池塘资源的若干准则。试点村“数字金融进乡村”建设案例中的制度设计涉及并遵循其中如下准则：

第一，清晰界定边界，即组织成员和非组织成员必须明确区分，即有权从公共池塘资源中提取一定资源单位的个人或家庭必须予以明确规定。金华农行的数字乡村项目将按“专业村（有特色实体产业的村落）—富裕村（拆迁户占比大的村落）—长乐村（文化旅游产业占主导的村落）—民族村（少数民族畲族，政策性扶持的村落）”的规划布局逐步深入、层层推进。目前“数字金融进乡村”的受众还是专业村（试点村）村民。

第二，占用和供应规则与当地条件保持一致。本案例中，马坞村因自然环境优越，历来以盛产水果而闻名。“马坞牌”杨梅更是在业内有着良好的口碑，面积多达 4 000 余亩，产值 400 余万元。结合这一优势，兰溪支行将杨梅种植户作为农业贷款的首要客户，通过不断完善诚信积分和掌银帮助小农户更易获得贷款，通过数字金融建设，帮助马坞村实现产业振兴。

第三，集体选择的安排。绝大多数受操作规则影响的参与者能够对规则进行修改。诚信积分体系细则是可更新、可更改的。修改机制为：首先，村民在使用中发现问题，并提出改进建议；其次，村两委将其汇总；最后，兰溪支行平台建设者改进与公示。

第四，监督必须是有效的，积极检查公共池塘资源状况和占用者行为的监督者，或是对占用者负责的人，或是占用者本人。本案例中，村两委、网格员、清洁工形成了诚信积分评分班子，确保村民参与诚信积分体系的过程中做到有效、有序。村两委通过“山水马涧”公众号中的“议事厅”“村务公开”等模块公开工作，接受村民的监督。村民之间逐渐形成相互监督机制，村民可举报乱扔垃圾、牲畜散养等问题，通过“山水马涧”公众号平台曝光后进行相应扣分。

第五，分级制裁，违约程度不同，惩罚也就相应不同，制裁的程度取决于违规的内容和严重性。马涧镇对养殖户、个体经营户、种粮大户等从事相关产业的农户，排名连续低于半数 3 次以上的，列入观察名单，月度考评重点巡查；连续低于半数 6 次以上的，列入黑榜，存在问题整改未到位的前提下，不得享受相关政策、工作支持。

第六，低成本冲突解决机制，占用者和他们的官员能迅速通过低成本的地方公共论坛，来解决他们之间的冲突。自从“山水马涧”数字乡村平台推广之后，村里的矛盾调解变成了“线上预约、线下服务”的模式，具备 24 小时线上受理、调节全记录功能。一些小矛盾通过线上渠道就可以得到有效解决。

第七，分权制组织，在一个多层次的分权制组织中，对占用、供应、监督、强制执行、冲突解决和治理活动加以组织。在“数字金融进乡村”政府、银行、乡村社会的“三元治理”模式下，兰溪支行积极推动六位（政府、银行、村两委、村办企业、农户、商户）共同发展。

五、治理成效

数字金融与马涧镇的基层治理相融合，并以此为媒介，成功在试点村内推进，形成了特殊的马涧经验，为我国智慧乡村建设提供新思路和新方法。马涧镇的“数字金融进乡村”项目已取得如下成果：

第一，翻开银政合作新篇章。政银联手组建数字乡村建设金融服务小组，截至 2020 年 9 月 30 日，累计收集村民家庭信息 1 215 户、村民信息 4 052 人，安装户联码智能门牌 1 176 块、覆盖率 96.8%，以“户”为单位，将基层治理从网格下沉到户，有效破解了基层治理到户难的问题。成功在村级经济账户、村办企业账户等方面探索合作，靠前服务，积极参与到政府社会基层治理中，参与到政府的杨梅产业规划中。

第二，构建诚信体系新风尚。兰溪市马涧镇以数字乡村建设为契机，创新开展“数字乡村诚信积分”试点工作，设立“诚信积分体系”和积分变现机制。按照各村镇治理的需要建立本地特色的综合诚信评分、评价体系。打通诚信积分和金融属性。积分就是融资能享受的普惠红利，将诚信积分与农行信用村打分体系打通，采取整村推进的模式。白名单贷款不需抵押、担保，而且利率优惠力度在2%～4%，降低农民的融资成本。

第三，打造农村金融新舞台。构建惠农商圈服务体系，将“惠农通点”覆盖到各类低消费场所，涵盖家具用品、餐饮娱乐、生活服务等各个方面。诚信积分考评运行过程中，村民可以将一定的诚信积分换取相应的“小豆”，从而获得激励，在使村民获得优惠的同时，带动实体店销售额的增长。

图书在版编目（CIP）数据

数字乡村建设 / 何军，李扬主编 . —北京：中国农业出版社，2022.7
ISBN 978-7-109-29636-7

Ⅰ.①数… Ⅱ.①何… ②李… Ⅲ.①农村—社会主义建设—数字技术—应用—研究—中国 Ⅳ.①F320.3

中国版本图书馆 CIP 数据核字（2022）第 116788 号

数字乡村建设
SHUZI XIANGCUN JIANSHE

中国农业出版社出版
地址：北京市朝阳区麦子店街 18 号楼
邮编：100125
责任编辑：孙鸣凤　肖　杨
版式设计：王　晨　　责任校对：周丽芳
印刷：北京中兴印刷有限公司
版次：2022 年 7 月第 1 版
印次：2022 年 7 月北京第 1 次印刷
发行：新华书店北京发行所
开本：720mm×960mm　1/16
印张：16
字数：310 千字
定价：88.00 元
